2019年度上海市教育科研市级课题（立项编号

Research on Demand for
International Higher
Education for Chinese
High School Students

我国普通高中学生境外高等教育升学需求研究

旷群 / 著

上海社会科学院出版社
SHANGHAI ACADEMY OF SOCIAL SCIENCES PRESS

序　言

现代大学脱胎于中世纪大学。中世纪古典大学诞生之初就是国际化的组织，可以认为跨国(境)学习是与大学相伴而生的教育现象。现代社会国际交往越来越普遍，跨国(境)学习成为普遍的现象，在国际服务贸易中占有较高比重，也是全人类进行知识与经验分享、文化交流与理解、贸易组织与实施的重要支撑力量，对于推动各国发展和国际化具有重要现实意义。

我国早在春秋战国时期跨境求学就非常普遍，以后，历朝历代都有跨境求学。唐朝更是出现国际学生汇聚长安盛景。近代由政府组织的跨境留学始于19世纪70年代，因办"洋务"的需要，清政府开始成批派遣学生出国留学。近代留学运动对我国学习引进西方科学技术、推动社会变革发挥了关键作用。留学对马克思主义引入中国发挥了重要影响，中国共产党的早期革命家中很多人在赴法勤工俭学中走向革命道路，新中国成立初期赴苏联留学对推动中国早期工业体系建设、科技教育体系形成具有不可替代的作用。

改革开放初期我国就恢复了选拔公派留学生，但总规模不大，后来自费留学规模逐渐扩大，今天我国各行各业的一大批领军人才都有留学经历。进入21世纪后，随着我国国民收入的不断增长，国外技术的迅速引进，自费出国留学趋于大众化，全面进入繁荣时期，留学人数呈现井喷式增长，近十余年来我国一直保持全球最大留学生源国的地位。在世界政治格局变化和新冠肺炎疫情的双重影响下，全球留学发展遭遇了严峻的挑战，我国的留学总人数虽然增速放缓，但仍然保持了上升趋势，留学目的国以及专业发生了较大的变化。

2020年教育部等八部门联合出台了《关于加快和扩大新时代教育对外开放的意见》，重申了出国留学对我国现代化人才培养的重要意义，表明了国家继续支持留学发展的态度。

从留学生的归国情况看，早期留学生归国比例比较低，随着我国经济的快速发展和就业机会的增加，完成学业归国就业比例越来越高。近年的疫情导致国外就业机会减少，加上保护主义和民粹排外情绪高涨，留学生的学成回国率迅速攀升。但新的情况又出现了，"海归"变"海待"的情况越来越多，国外学习回国就业的竞争力低于预期，甚至一些世界一流大学的非科技类专业回国就业也遇冷，留学的价值开始遭到怀疑。

在国家继续鼓励留学、留学归国就业挑战加大、家长和社会怀疑留学价值、留学热度依旧的背景下，开展相关研究以全面调查高中毕业生的留学需要，了解和把握其出国留学动机和期望，分析现实和预期的差距，为引导学生和家长理性进行留学决策，更好适应经济社会发展，降低留学投资风险提供建议，具有重要的现实意义。

旷群老师长期从事国际高等教育的教学工作，自己也是一位"海归"，对留学选择有更多理解和体验，多年来在这方面做了大量的研究工作，本书就是其为解析新时代高中生出国留学现象而进行研究的重要成果。

本书剖析了近些年来留学热潮产生的原因，对在我国境内高等教育供给不断丰富的背景下高中生家庭依旧选择海外高校的原因，展开了研究。研究中，作者走访了全国15个城市的27所高中和1所中外合作大学，收集了问卷2500余份，访谈了140多人次，完成访谈时间超过100小时，通过详尽的数据，分析我国高中生家庭境外高等教育需求产生的原因和特点，深入挖掘这种需求动机产生的根源，以及影响人们选择海外高等教育的因素，同时指出盲目性境外高等教育升学需求存在的现状以及产生的原因，对引导我国家庭形成理性留学规划有重要意义。

我国有关高中生出国留学的研究大多停留在现象和个案分析层面,本书的研究是近年我国有关高中生出国留学研究中少见的规范、深入的实证研究,遵循了学术研究的规范,有着扎实的实证调研和规范的数据分析,研究结论具有较高的可靠性,在本领域具有较高的参考价值。

华东师范大学教授、博士生导师

戚业国

2022年9月2日

目 录

序言 ··· 001

第一章　绪论 ··· 001
第一节　研究背景 ··· 001
第二节　研究问题 ··· 003
第三节　研究意义 ··· 005
第四节　研究创新与局限性 ··· 007
第五节　核心概念界定 ··· 009
第六节　文献综述 ··· 012

第二章　境外高等教育需求的本质 ································· 035
第一节　作为市场行为的留学活动 ··································· 035
第二节　国际服务贸易框架下的境外高等教育 ··················· 043
第三节　作为有限市场的境外高等教育市场 ······················ 052
第四节　作为家庭决策的留学选择 ··································· 060

第三章　高中生境外高等教育升学需求理论框架构建 ········ 067
第一节　多学科视域下的留学行为研究 ···························· 067
第二节　个体境外高等教育升学需求发生机制分析 ············ 080
第三节　境外高等教育升学需求影响因素的指标体系构建
　　　　 ··· 090

第四章　高中生出国留学调查的研究设计与过程 …………… 111
- 第一节　高中生出国留学调查的预调研 ………………… 111
- 第二节　高中生出国留学调查研究设计 ………………… 116
- 第三节　第一阶段调研过程 ……………………………… 119
- 第四节　高中生出国留学调查第二阶段调研 …………… 125
- 第五节　调查情况汇总 …………………………………… 127

第五章　高中生出国留学调查研究发现 …………………… 139
- 第一节　样本检验 ………………………………………… 139
- 第二节　高中生接受境外高等教育的意愿分析 ………… 145
- 第三节　高中生境外高等教育动机分析 ………………… 163
- 第四节　高中生留学目的地选择分析 …………………… 176

第六章　境外高等教育升学需求的社会心理解释 ………… 189
- 第一节　高中生境外高等教育升学需求的外部环境解释 … 190
- 第二节　信息不对称现象对境外高等教育升学需求发挥重要影响 …………………………………………… 204
- 第三节　感知消费性价值对境外高等教育升学需求的影响 … 226
- 第四节　社会流动诉求促进境外高等教育升学需求 …… 238
- 第五节　中国社会文化影响境外高等教育升学需求 …… 245

第七章　研究结论与政策建议 ……………………………… 260
- 第一节　我国高中学生境外高等教育升学需求研究结论 … 260
- 第二节　我国高中学生境外高等教育升学需求的变化趋势 ……………………………………………………… 273
- 第三节　政策建议 ………………………………………… 279

参考文献 ……………………………………………………… 291

第一章 绪 论

第一节 研究背景

高等教育国际化有着悠久的发展历史。早在欧洲中世纪,意大利的博洛尼亚大学和法国的巴黎大学曾吸引了整个欧洲大陆的学生,许多国家的高等教育亦肇始于此,例如,英国最古老的大学——牛津大学的诞生就与巴黎大学密不可分。到了19世纪,德国成为世界的新高等教育中心,来自美国、日本以及欧洲其他国家的许多学者均前往学习,不少国家纷纷借鉴德国的高等教育制度和办学经验。20世纪中后期,全球经济一体化以及高等教育大众化进程加快,高等教育领域内的国际化进程更是实现了跨越式发展,国际和校际学术交流活跃、合作频繁,学生的国际流动益发明显。进入21世纪,全球范围内的留学人数进一步膨胀。据统计,1975年在国外注册就读的学生人数仅为60万,2005年该数字激增到270万[1],2015年则有超过500万人在其本土国之外接受教育。预计到2025年世界留学总人数将达到约800万[2]。其中,高等教育领域的留学人员所占比例最高,2019年八大主要留学目的国在高等教育领域接收的国际学生总数就达到约390万[3]。

---

[1] OECD. Education at a Glance 2007: OECD Indicators[R]. Paris: OECD, 2007:304.
[2] 王辉耀.中国留学发展报告2016(No.5)[M].北京:社会科学文献出版社,2017:2.
[3] 王辉耀.中国留学发展报告2020—2021(No.7)[M].北京:社会科学文献出版社,2021:4.

同一时期,我国高等教育经历了由精英教育向大众化教育的转变,高等教育规模迅速扩大。数据显示,我国高等教育的毛入学率在1998年仅为9.8%,2010年为26.5%,2015年增长到40%,2021年达到57.8%,部分省市的高考录取率远远超过40%,个别甚至达到了90%以上,我国高等教育进入世界公认的普及化阶段①。随着我国高等教育规模不断扩张,对境外高等教育的需求也逐步攀升,留学人数呈现迅猛增长之势。2000—2014年的15年间,我国出国留学人数年均增长率均超过20%,留学人数从2000年的3.9万人增加到2019年的70.35万。②其中,高中毕业生的数量增长速度最快。③

目前,我国已经逐渐形成了一轮留学新浪潮,以自费留学为主,留学低龄化、留学层次与形式多样化等特点显著。《中国留学发展报告》系列调查数据显示:我国近些年超过90%的留学生是自费留学,且资金大多(超过90%)来源于父母。早期自费留学的主体通常来自经济条件优越家庭,父母以从事高收入职业为主,而当下留学生中来自普通工薪家庭的比例不断增大,其中不乏成绩优秀者。近几年,中国成为以美国、加拿大、澳大利亚、英国等国为代表的八大主要留学目的国的最大生源国,且规模呈现迅速上升之势④。其中,出国就读大学本科的学生增速明显,比如,在美国就读本科的中国学生人数与研究生人数齐平并有超越之势⑤。最受中国学生欢迎的留学目的国是美国、英国、澳大利亚、加拿大等老牌教育输出国,但是越来越多的学生逐渐关注新兴的教育输出国,如马来西亚、新加坡等亚洲国家及

---

① 教育部.我国建成世界最大规模高等教育体系 接受高等教育的人口达2.4亿[EB/OL].(2022-05-17)[2022-06-02]. http://www.moe.gov.cn/fbh/live/2022/54453/mtbd/202205/t20220517_628254.html.
② 教育部.2019年度留学人员情况统计[EB/OL].(2020-12-14)[2022-05-23]. http://www.moe.gov.cn/jyb_xwfb/gzdt_gzdt/s5987/202012/t20201214_505447.html.
③ 王辉耀,苗绿.中国留学发展报告 No.6[M].北京:社会科学文献出版社,2017:19-20.
④ 王辉耀,苗绿.中国留学发展报告 No.4[M].北京:社会科学文献出版社,2015:18-19.
⑤ 王辉耀,苗绿.中国留学发展报告 No.4[M].北京:社会科学文献出版社,2015:13-14.

德国、法国等欧洲大陆国家。就读专业的选择分布更加广泛,从过去以 FAME(金融、会计、管理、经济专业)与 STEM(科学、技术、工程、机械专业)为主逐步向其他学科延伸①。留学的形式也呈现出多样化趋势,通过预科、中外交换生、短期游学等多种出国项目留学的群体越来越大,在地留学的发展也欣欣向荣。

出国留学热潮也导致我国"高考弃考"社会现象盛行。2010 年的一项统计结果显示,我国高考弃考人数接近百万,其中 21.1% 的弃考者选择了留学。上海、北京、南京等大城市放弃高考直接申请国外大学的学生每年增幅为约 20%②。近几年,高考弃考人数不减,并且从一线城市蔓延到二、三线城市。从我国参加 SAT、ACT、托福、雅思等各类国际标准化能力测试的人数屡创新高的走势不难看出"洋高考"已经开始挑战高考亘古不变的地位,境外高等教育不再是高考落榜者的选择,国外名校俨然成为一大批优等生的首选志愿,放弃国内高等教育机会而选择留学似乎成了一种潮流。中国与全球化智库抽样调查结果显示,高中毕业后出国留学的学生成绩在班级中排名为前 25% 的占 68%,而仅有 10% 的学生排名位于班级成绩的后 50%③。上海高中的四大名校中,学生弃考留学的平均比例为 10%—20%(不计国际课程班的学生),这部分学生通常都是通过中考选拔出来的优秀学生④。

第二节　研究问题

近年来,各种与留学相关的问题逐一显现。国内外研究者们发

---

① 王辉耀,苗绿.中国留学发展报告 No.4[M].北京:社会科学文献出版社,2015:18-19.
② 王辉耀,苗绿.中国留学发展报告 No.1[M].北京:社会科学文献出版社,2012:9.
③ 王辉耀,苗绿.中国留学发展报告 No.4[M].北京:社会科学文献出版社,2015:59.
④ 黎凡.弃考留学:中国高等教育的尴尬[J].煤炭高等教育,2015(3):117.

现中国留学生在海外难以融入当地社会,在文化、学术和生活等方面出现不同程度的适应困难。前些年发生在美国的留学生绑架、殴打同伴的极端事件再一次敲响了留学风险的警钟。美国厚仁集团专门针对在美留学生发布的系列《留美中国学生现状白皮书》显示,近8年来每年平均超过7 000名中国学生被劝退,本科生占比超过七成,不乏常春藤名校学生。约80%的被劝退者是由于学术表现差或者学术不诚信[1][2]。此外,与中国小留学生相关的诸如学术造假、酗酒飙车等负面报道频频见诸报端[3]。上述事件引发了社会各界的强烈关注,不少媒体与教育界人士指出低龄化留学热潮背后暗藏隐患,出国不能作为高考失利的救命稻草,要提早规划,行前必须进行心理建设与危机干预[4][5][6]。

上述现象反映了两组矛盾,其一为当下我国境外高等教育旺盛需求与境内高等教育不断充足的供给之间的矛盾,其二为我国家庭对境外高等教育的旺盛需求与境外高等教育投资的低收益、高风险之间的矛盾。矛盾背后的原因以及折射出来的社会问题都值得深层关注。

教育消费是一种高层次的文化消费,需要以经济发展到一定程度为前提,然而教育消费又具有投资性质,是一种投资性的消费或者消费性的投资。人们的教育消费除了受到价格因素影响外,还会受到对教育回报率的理想预期的约束[7]。当前,花费数百万送子女出

---

[1] 姚卓文,韩文嘉.探因数千留学生何以被退学,出国留学不仅仅学好外语这么简单[N].中国特区报,2015-07-08(A09).
[2] 李文星,刘子瑞.美国的底线 八成留美被开除学生来自前200名校——《2016留美中国学生现状白皮书》发布[J].留学,2016(11):10.
[3] 白莉民.出国留学与预想不到的问题[M].上海:华东师范大学出版社,2008:7.
[4] 潘勤学."低龄化"留学热潮含隐患[N].中国改革报,2014-02-25(10).
[5] 姚敏.出国留学能否成为高考失利的最佳出路——专家提醒,出国留学宜早规划,切忌盲目跟风[N].中国消费者报,2011-06-24(A04).
[6] 王峥.出国留学三思后行[N].天津日报,2005-06-16(A15).
[7] 靳希斌.教育经济学[M].北京:人民教育出版社,2009:272-273.

国读大学的家庭数量不断壮大,然而从这些年我国学成归国人员(俗称"海归")的就业和薪资水平来看,家庭海外高等教育的投资收益率不佳,"海归变海带"已经不再新鲜,近些年不断曝出中国学生被海外学校开除的丑闻也说明存在不同程度的完成学业的困难。在这种情况下,有必要探讨一些问题:人们放弃境内高等教育机会而选择出国读大学的驱动原因是什么?他们在做留学决策时所考虑的主要因素是什么?人们对境外高等教育的需求产生是否受到经济因素之外的社会文化因素的推动?人们如何选择留学国家以及学校呢?人们的境外高等教育需求是否存在着盲目性?

针对上述问题,本研究将采取多学科视角,围绕我国高中生境外高等教育需求产生的原因以及需求的内容两大方面展开,具体分解为以下几个研究问题:

(1) 我国高中生家庭对境外高等教育的需求的强弱如何?需求的特点是什么?个体的留学意愿受何种因素影响?

(2) 我国高中生的留学动机是什么?境外高等教育需求动机产生的影响因素是什么?这些因素对留学决策的影响程度如何?

(3) 个体(家庭)选择境外高等教育目的地(包括留学国家、学校和专业)的影响因素是什么?这些因素对留学决策影响程度如何?

(4) 我国高中生及家庭对境外高等教育的认知状况如何?是否存在盲目性留学现象?

(5) 如何合理引导高中生家庭的境外高等教育的需求行为,避免盲目性留学,降低留学风险?

第三节 研究意义

一、理论意义

诸多学者对国际学生流动的基本现状、发展趋势及其影响因素进行了系列调查分析与深度研究,近些年来聚焦于中国留学生群体的研究也越来越多。本研究从消费者决策理论的角度入手,结合院校选择、推拉因素等相关理论的观点,构建多学科视角下的理论框架以及多维度的综合理论模型,拓展教育需求分析的理论视角,丰富留学行为的理论研究,具有一定的理论意义。

二、实践意义

未来10到20年,我国高等教育适龄青年的数量将逐渐减少,这意味着我国高等教育机构的生源将会减少,而我国高等教育市场也将逐渐从卖方市场向买方市场转变。可以预计,海外高校将会成为争抢我国高等教育生源的一大竞争对手[1]。

本研究通过对家长和学生开展留学认知现状的调查,在宏观层面从高等教育消费者角度分析我国高等教育与发达国家高等教育之间的差异,并揭示国际环境对我国高等教育发展的潜在不利因素,从而为我国高等教育找准差距、提升质量提供参考。本研究也能为我国相关留学政策的调整优化提供重要理论依据,有助于我国优化来华留学政策与策略,吸引更多优秀留学生,进一步推动我高等教育国际化进程,为创建世界一流、层次多样、兼收并蓄的高等教育体系提供助力。

本研究在微观层面通过分析高中生境外升学需求的影响因素寻找盲目性留学需求与选择产生的根源,并就解决源头问题提供合理建议,帮助个体与家庭规划留学,尽量减少盲目性留学决策,从而规避复杂多变的留学外部环境带来的风险。

---

[1] 陶美重.高等教育消费市场发展趋势[J].大学教育科学,2008,3(3):90-93.

第四节 研究创新与局限性

一、研究创新

1. 研究视角创新

关于学生国际流动的理论研究和实践研究一直以来都是国际教育研究领域的重要课题。经济学研究视角通常以人力资本理论、高等教育投资理论、消费最大效用理论为基础，这些理论假设人们做出投资或者消费决策时都可处于非常理性的状态，忽略了现实生活中人们极少会在完全理性的状态下做决策的事实。社会学的理论视角下较为普遍的是采用推拉因素理论模型，但是该理论模型强调外部推拉因素的相互作用，欠缺对个体特征、价值观等主观因素的考虑，同时推拉模型作为一个开放的模型，其涉及的推拉因素繁多，无法系统分类和归纳形成理论体系。

本研究的理论构建基于多学科的角度，弥补了上述理论的不足，将出国留学个体（家庭）作为境外高等教育服务的购买者，以消费者行为发生过程为基础，但是考虑了非理性人的特点，兼顾了决策中的理性与非理性的部分，结合院校选择理论、人力资本理论、推拉因素理论等构建了多维度的分析，拓展了境外高等教育需求研究的理论视角，具有一定的创新性。

2. 研究内容创新

本研究立足于我国现状，围绕当前热点现象，通过严谨科学的研究方法，剖析留学热潮背后的原因。以往研究往往侧重于需求发生过程中的局部研究，缺乏从行为发生的过程进行全局考量而形成的完整、系统的研究，如已有文献中针对留学动机与留学目的地的选择的研究成果较为丰富，但是对于留学信息搜索的研究非常少见。另一方面，鲜有研究通过数据分析社会、经济、文化等各种因素具体对某一群体的留学选择造成影响的程度。本研究将高中生在境外高等教育升学需求产生过程中各个阶段受到的多维度的影响因素通过数据加以呈现,考察个体特征因素与家庭背景因素对留学意愿的影响,同时对个体在选择境外高等教育时的认知进行考察,从中判断盲目性需求是否存在以及成因,并且通过大量的多方访谈加以佐证,补充了量化研究无法获得的细节性资料。研究内容较为全面,丰富了对我国高中生出国群体的实证调查研究,是对已有研究中以质性研究为主的重要补充,能够客观且较为全面地解释我国低龄化留学热潮产生的原因。

3. 研究方法创新

已有研究成果具有一定的局限性。国外研究往往从接受国的角度将不同来源国的学生混在一起研究,国内研究大多集中于学生的动机,对留学目的地的调查仅仅限于肤浅的描述,有些甚至没有将高等教育不同层次就读的学生群体分开。本研究样本的针对性强,根据当下公办高中国际部在高中生留学行为中发挥的重要作用,直接在高中国际部选取有明确留学计划的学生为主要调研样本,保证了数据的有效性。调查问卷的因素指标设计充分考虑境外高等教育升学需求影响因素的复杂性,分层次进行考量,包括个体主观因素与外部客观因素,并考虑了行为与动机之间错综复杂的关系;此外,还考虑了行为的积极动机与消极动机,设计了比较群体的调查,在同一学校的平行班对没有留学计划学生发放问卷了解留学的阻碍因素,从不同角度收集信息。

访谈资料丰富,访谈方式多样化,对不同需求主体(学生与家长)及其周围重要影响人群(国际部管理者、老师、留学中介)分别展开访谈。此外,增加了目前已经在国外就读的中国留学生群体的访谈,从空间层面展开对留学生活预期与实际情况差异的分析。为获取最真实的信息,根据访谈对象的特点选择了座谈会、一对一深度访谈、微信访谈等不同形式,具有一定的创新性。

二、研究的局限性及展望

人的行为较为复杂,由于研究者能力、时间和经费的限制,本研究中对高中生境外高等教育升学需求的分析可能仍然不够细致和深入。

从理论框架的构建来看,研究者从已有文献中梳理了制度、教育、社会、文化、经济、个体 6 个维度下的因素,但是人的决策过程中的影响因素错综复杂,难以把控,因素的归纳可能并不完全,在此基础上形成问卷可能会影响研究结果。

从实证部分来看,为获得全面详细的信息,本问卷设计的问题偏多,需要问卷填写者认真耐心地填写,而调查对象的年龄特点可能导致有些学生对问卷中的问题理解不透彻或者填写态度不够认真,影响问卷填写质量。尽管研究者在预调研后根据对问卷填写质量的分析结果修改了语言的表达,同时加强了后期问卷填写的辅导工作,但是无法完全避免一些特殊情况的发生。个体的留学往往是家庭决策行为,原本打算针对父母发放另外的问卷,但是受到条件限制不得不放弃。只能在问卷调查结束后增加了对父母的访谈,通过半结构性的深度访谈获得相关信息。

第五节 核心概念界定

一、境外高等教育

境外高等教育是指相对于国内高等教育,按照领土与国家主权来划分的外部高等教育市场中所获得的高等教育机会。境外教育也被称为留学、留学教育或者留学生教育。本研究中,按照国家现行表述方式(如《中华人民共和国出境入境管理法》),我国的港澳台地区属于我国领土,但仍然划归境外高等教育范围。

二、留学与留学生

留学指一个人离开本国前往其他国家或地区接受各种层次的教育。层次上可分为基础教育阶段（如中小学）和高等教育阶段（如大学本科、研究生），时间上分为短期或长期，形式上可以分为短期交换生和正规教育培养。通常情况下我国内地学生前往中国港澳台地区学习也被视为留学，本研究中指我国高中毕业生离开中国前往其他国家或地区（包括我国港澳台地区）接受大学本科阶段的长期的正规教育培养。

根据联合国教科文组织在2005年的定义，留学生（国际学生）是指个人为非永久居民的国家注册入学的学生，并且规定只有修读了一年及以上课程的外国学生才可以被统计为留学生[1]。本研究的留学主体界定为计划在国内完成高中学业后出国就读大学本科的高中学生，不包括短期出国学习，或者打算在国内读完大学本科再出国深造的学生。

三、教育需求

经济学中一般认为，需求是"有支付能力的需要"，是"家庭或厂商在一定价格上所选择购买的物品或劳务的数量"[2]。教育经济学中，教育需求即是指"社会和个人对教育有支付能力的需要"[3]。按照教育需求主体划分，教育需求可以分为两大类，即教育社会需求和教育个人需求。这个概念中包含3点：一个是需求主体，即社会和个人；一个是需求对象，即教育；一个是需求目的，即满足某种需要。在现代经济条件下，人们在教育需求上具备了较好的条件，既有强烈意愿和动机，又具备支付能力，教育需求不断扩充。

---

[1] 丁笑炳.基于市场营销理论的留学生教育服务[M].北京：北京大学出版社，2012：18.
[2] 斯蒂格利茨.经济学（上）[M].梁小民，等，译.北京：中国人民大学出版社，1997：73.
[3] 靳希斌.教育经济学[M].北京：人民教育出版社，2005：70.

本研究的教育需求指个人层面的教育需求,就是人对教育的需要,实际是人们对教育活动的依赖或要求①。个体教育需求的发生是由几个阶段组成的过程,包括个体是否需要教育活动,个体需要怎样的教育活动。个体教育需求的发生过程是在个体认知与自我实现需要的先天基础上,经由客观环境和核心他人的影响,依靠自我的成熟和调节而逐渐展现丰富和实现教育需求的过程②。因此,研究人的教育需求通常要研究人的教育需要如何发生,教育需求的本质是什么,教育需求的内容等问题。

四、境外高等教育升学需求

本研究关注个人层面的对境外高等教育的需求,将需求主体界定为在国内普通高中就读的有出国留学意愿的高中学生,探讨高中生家庭对境外高等教育的有支付能力的有效的需要。这里按照国家现行表述方式,境外高等教育包括我国的港澳台地区的高等教育。

本研究的对象为在我国公办高中就读的有留学计划的学生,不包括在独立的国际学校就读的学生群体。在境外高等教育需求的概念中加入"升学",主要是为表达上的准确,表明我国普通高中学生及家庭将海外高校作为高中毕业后的一种升学选择。在书中为简洁起见,也称为"境外高等教育需求"或"留学需求"。

本研究将境外高等教育升学需求看作由几个发生阶段组合的过程,在研究过程中将该过程分解为境外高等教育需求产生的原因以及境外高等教育需求的内容(即境外高等教育的选择)进行分析。需求具有内隐性,通常通过个体的留学行为或留学活动外显出来,因此本研究多次提到留学行为或者留学活动的概念。

---

① 张旸.教育需要论[M].北京:教育科学出版社,2011:42.
② 张旸.教育需要的个体发生机制研究[J].华东师范大学学报(教育科学版),2016,34(2):62-67.

第六节 文献综述

一、国际市场学生流动的研究及述评

国际高等教育市场上的学生流动是目前就留学活动展开的相关研究的重要主题,国外学者从国际流动角度对国际留学市场的情况进行了深入分析。凯尔(Kell)和沃格尔(Vogl)发现,学生国际流动自1975年起明显加强。1975年世界范围内的国际学生数量仅为60万人,到1990年达到120万人,而到了2006年,该数字竟然已经攀升到290万人,其增长比例高达141.67%。研究者们进一步指出国际教育被号称"五大国"(BIG FIVE)的少数国家所主导,即美国、英国、德国、法国和澳大利亚,2005年到这5个国家留学的国际学生数量占世界留学学生总数的一半左右。其中,赴澳大利亚留学的国际学生的数量增长最为迅速,2000年为15万人,仅仅过了9年,该数字竟然达到56万人[1]。

沃瑟斯(Wotherspoon)和席(She)同样指出,进入21世纪后,经济发达国家仍然是国际学生留学的主要目的地,美国、英国和加拿大接收的留学生人数更是遥遥领先。不同国家对于招募海外学生的动机和策略存在较大差异,比如,加拿大把招募海外学生作为技能型人才移民的重要渠道,英国采用了差异化的策略和体制来管控海外学生的流动,美国则是通过雇佣关系的留存和反应性的实践等策略来处理学生的流动[2]。

---

[1] Kell P, Vogl G. Transnational Education: The politics of mobility, migration and the well-being of international students[J]. International Journal of Asia-Pacific Studies, 2008, 4(2): 339-357.

[2] She Q, Wotherspoon T. International Student Mobility and Highly Skilled Migration: A Comparative Study of Canada, the United States and the United Kindom[J]. Springerplus, 2013(2): 132-145.

陈(Chen)等学者指出从世界范围内国际学生的流动趋势来看，国际学生交流网络是相对稳定的，美国和大多数西方发达国家处于国际学生交流网络的中心位置，东欧和亚洲国家则在这个网络中显得越来越重要，而非洲和中东地区仍然处于这个网络的次要位置。巴内特(Barnett)等人进一步指出，这种现象说明了学术霸权与世界的政治经济局势是息息相关的，换言之，一个国家在世界体系中所处的地位越高，那么其在国际学生交流网络中的位置就越重要[1]。

研究者们认为近些年国际学生的流动不应再像以前那样被认定为是消除贫穷的举措，而应该看作是发展中国家经济快速增长和综合实力迅速增强所带来的必然结果。总体来看，这些国家的优质高等教育资源较为有限，迫使本国精英不得不把目光投向海外高等教育。另一方面，这些国家中产阶级的崛起导致出国留学教育市场大增，因为中产阶级普遍重视子女的教育问题，非常愿意为子女寻求接收海外优质高等教育的机会[2]。

佐贝(Sobe)和费舍尔(Fischer)把"空间"和"空间性"的概念引入学生的国际流动研究中，指出国际学生的流动可以被视为一种劳动力市场的流动现象，也可以被视为教育服务产业的国际贸易，而且在年轻一代中广泛传播和认同的新媒体文化更是对教育"领地"和"地域"的塑造有着巨大的影响力。因此，运用空间性的分析框架有助于对全球留学教育进行更为深入、更为细致的研究[3]。

不少学者则把目光聚焦于个别国家、地区的国际学生的流动，选择某个国家或地区在一段时期内留学市场的变化或国际学生流动情

---

[1] Chen T S, Barnett A G. Research on International student flows from a macro perspective: A network analysis of 1985, 1989 and 1995[J]. Higher Education, 2000(39): 435-453.

[2] Kell P, Vogl G. International Students in the Asia Pacific: Mobility, Risks and Global Optimism[M]. Berlin: Springer Netherland, 2012.

[3] Cowen R, Kazamias A M. International Handbook of Comparative Education [M]. 2nd ed. Berlin: Springer Netherlands, 2009.

况及发展轨迹作为研究对象,从不同的理论视角和现实因素出发,试图找出导致其发生变化的原因。有学者认为美国诸多研究型大学较高的学术声望和巨大的影响力对国际学生仍然有着强烈的吸引力。然而,混乱的管理、社会支持的缺乏以及未能通过签证程序是阻碍其赴美高校深造的重要原因。据统计,在有意愿到美国读本科但流失掉的学生中,有40%的人指出,签证问题导致其最终没能如愿;有29%的海外本科毕业生表示,未能通过签证程序是阻碍其到美国高校深造的根本原因[1]。

陈良轩(Liang-Hsuan Chen)以国际化和高等教育国际化市场为理论基础,分别以2003—2004学年和2004—2005学年被招收进安大略省3所大学的本科生和研究生(均来自东亚国家)为对象,着重研究了高等教育国际化和市场化如何影响赴加拿大留学的国际学生的留学决策。结果表明,市场的分割状况决定了高等教育国际化和市场化的适用范围。国际化学术活动在学生选择加拿大的研究生教育的过程中扮演了至关重要的作用,市场化活动则对毕业生选择专业有着直接的影响[2]。

综上可知,国外学者对20世纪70年代以来世界范围内国际学生的流动状况以及发展趋势进行了相当深入的研究。他们普遍认为,国际教育随着发展中国家综合实力的增强以及这些国家内部中产阶级的崛起而呈现蓬勃发展之势,并且目前的国际教育市场是被美国、英国、澳大利亚等少数发达国家所主导。此外,还有一些学者对美国、加拿大等个别国家的国际教育发展状况和国际学生流动情况开展了细致探究,并尝试性地对这些现象的产生原因进行了解析。

---

[1] Smart J C. Higher Education: Handbook of Theory and Research[M]. Berlin: Springer Netherlands, 2006:545-590.

[2] Chen L H. Internationlization or International Marketing? Two Frameworks for Understanding International Students' Choice of Canadian Universities[J]. Journal of Marketing for Higher Education, 2008, 18(1):1-33.

二、我国出国留学现象的研究及述评

（一）关于我国留学政策及留学问题的研究

许多学者对改革开放以后我国留学政策的变化进行了梳理,并从不同角度阐述了留学政策与留学活动之间相互影响、相辅相成的关系。

出国留学政策的变迁映射出我国留学活动历史的演变,人们的留学行为与活动是留学政策形成、发展和变革的动力,留学活动的特点以及留学人员的生存状况则是促进出国留学政策调整的主要因素[①]。陈昌贵将我国留学政策的演变历程划分为3个阶段:恢复阶段(1978—1986 年)、调整阶段(1986—1991 年)、规范和快速发展阶段(1991—2006 年)。[②]我国政府在 1981 年首次提出"对自费留学人员在政治待遇上与公费留学人员一视同仁"的意见,自此,自费出国留学政策从无到有、几经修改、不断完善。根据留学活动的变化与特点,中央政府于 1993 年颁布了"支持留学,鼓励回国,来去自由"的留学方针,自费留学规模迅速扩张。2010 年我国政府进一步表明了对鼓励自费留学的积极态度,《国家中长期教育改革和发展规划纲要(2010—2020)》明确提出,要加强对自费留学的政策引导,加大对优秀自费留学生的奖励力度等一系列政策措施[③]。自费留学扩大了出国留学规模,同时政府也逐步建立和完善了出国留学管理运行机制与留学服务综合体系,目前基本形成了以"国家公派为主导,以自费出国留学为主体"的出国留学政策格局。我国自费留学政策的不断完善,不仅为个人提供了自由的教育选择方式,而且通过留学政策的

[①] 苗丹国,程希.1949—2009:中国留学政策的发展、现状与趋势(上)[J].徐州师范大学学报,2010(2):1-7.

[②] 陈昌贵.1978—2006:我国出国留学政策的演变与未来走向[J].高教探索,2007(5):30-34.

[③] 苗丹国.我国自费出国留学政策的持续性发展与趋势研究[J].江苏师范大学学报,2013(6):1-12.

调整,政府将教育选择权交还给公民,有力促进教育的多样化①。

在肯定自费留学发展在推动我国高等教育国际化进程、培养急需人才等方面所发挥的积极作用的同时,不少学者也关注到随着留学政策放松出现的一些留学问题。如朱家德提出,自费留学政策在带来个人收益和社会收益的同时,也给我国高等教育强国建设过程带来了人才流失和异化留学人员的意识形态等消极因素②。陈霓认为积极的留学政策在执行过程中难免出现留学中介管理、留学盲目性、错误的留学动机所带来的诚信危机等新问题,从而增加留学风险③。苗丹国指出自费出国留学活动面临一些新的问题与挑战,随着留学人数不断增长,留学人员的安全问题凸显,而且"安全"概念的内涵很丰富,不仅包括个人生命财产安全,而且延伸到心理安全和学习安全等④。

(二)关于我国低龄化留学现象及问题的研究

近些年来,我国低龄化留学的趋势备受关注,研究者展开了对低龄留学的利弊和发展趋势的细致分析。不少学者都指出,留学有利于开阔视野、锻炼意志、学习先进技术,增加家庭的教育选择权,减少国内高考压力,但是低龄层次留学带来的社会问题也不容忽视,大量基础教育阶段学生涌出国门会对我国高等教育发展带来负面影响,造成人才流失等各种问题⑤⑥⑦⑧。

---

① ③ 陈霓.改革开放以来我国自费出国留学政策分析[J].大学,2012(4):25-31.

② 朱家德.建设高教强国背景中出国留学政策的悖论[J].现代大学教育,2012(5):28-34.

④ 苗丹国.我国自费出国留学政策的持续性发展与趋势研究[J].江苏师范大学学报,2013(6):1-12.

⑤ 姚锐.高中毕业生留学现象分析及政策建议[J].教学与管理,2010(1):14-16.

⑥ 郭鑫,和欣,彭富强.中国学生留学低龄化问题的教育反思[J].四川文理学院学报,2011(7):126-128.

⑦ 周满生.教育国际化背景下我国低龄留学原因及利弊探析[J].比较教育研究,2013(10):13-16.

⑧ 黎凡.弃考留学:中国高等教育的尴尬[J].煤炭高等教育,2015(3):117-121.

众多研究针对留学低龄化的形成原因详细分析。例如,姚锐等认为当下高中毕业生已经成为我国自费留学大军的主体,这与包括我国高等教育长期以来质与量的同时匮乏、优质高等教育资源的供需矛盾、家庭支付能力的增强在内的多方因素紧密相关[①]。"自费出国留学及低龄化发展趋势研究"课题组在21世纪伊始分析了当时的留学状况,从经济背景、社会背景、文化背景、国际背景、学生个体5个维度解释了低龄化留学趋势形成的原因。研究者们认为,在全球经济一体化的大环境下,我国经济发展到了一定的水平,核心家庭对优质教育的追求以及高等教育输出国对我国留学市场的争夺等都是导致当前这种低龄化留学热潮的重要原因[②]。十余年之后,共青团中央通过对14—18岁的留学群体展开调查,发现导致留学低龄化的原因来自以下方面:家庭经济支付能力增强,家长们对国内教育体制、高考压力、就业形势的不满,对境外教育的高预期及对移民的向往等。此外,教育发达国家在全球经济不景气的大环境下,为刺激教育经济发展,大力开拓中国留学市场,抢占留学生生源也是一个重要的因素[③]。

研究者们同时也重点关注了低龄留学的负面影响。周满生较为全面地分析了基础教育阶段学生出国留学持续升温的弊病。他指出:首先,低龄化留学可能会导致我国人才与资金的大量外流,冲击教育和经济社会发展;其二,对学生个人而言,中外教育与学习模式迥异、生活方式的差异与语言的截然不同都可能对学生造成不良影响;其三,高昂的费用给学生家庭带来巨大的经济压力;其四,年轻的留学生心智尚未发育成熟,价值观易受外界影响发生偏离,与我国传

[①] 姚锐.高中毕业生留学现象分析及政策建议[J].教学与管理,2010(1):14-16.
[②] 姜海山,张沧海,吕志清,谢仁业,张秋萍.自费出国留学及低龄化发展趋势研究[J].教育发展研究,2000(2):35-40.
[③] 中国青少年研究中心课题组.我国低龄留学生发展状况研究报告[J].中国青年研究,2013(11):5-25.

统文化产生隔离。[①]李祖超等人发现,目前高中自费留学生存在着专业扎堆、学业荒废、盲目跟风等问题,并从学生、家长、留学中介和政府管理等不同角度分析了问题产生的原因[②]。黎凡则认为当下中国学生放弃高考、留学海外现象的背后体现了我国高等教育的质量、教育方式和国际化的3组供求矛盾,必然冲击我国高等教育发展,降低国内高校的生源质量,影响人才培养规格,并可能带来大量人才移居留学目的国、增加国内人才流失风险等问题[③]。

学者们普遍对我国留学政策的调整演化持肯定态度,认为留学政策的优化在培养社会主义建设的急需人才和优质人才、引入先进的科学知识与技术、推动我国高等教育国际化进程等方面发挥了积极作用。同时,不少学者指出我国留学群体逐渐呈现低龄化发展趋势,并对这种趋势所造成的不良后果以及主要的产生原因进行了细致分析。

三、留学意愿与动机的研究及述评

国内外大量关于留学的研究集中于学生的留学意愿及其动机,研究者从社会学、心理学、经济学等多学科视角出发,选择大学生群体或高中生群体进行实证调查研究,从不同层面分析解释各类学生的出国留学意愿,探讨其留学海外的真正动机。

学者分别就不同国家学生的留学意愿与动机进行调查。研究结果显示个体的留学意愿与家庭经济社会状况、学校、年级、性别等相关性较强,来自不同国别的个体的留学动机各具特色。

学者索尔兹伯里(Salisbury)等人对美国60所大专院校人文专业的4 000余名新生的出国留学意愿进行了调查。调查结果显示,家

[①] 周满生.基础教育国际化的若干思考[J].教育研究,2013(1):65-75.
[②] 李祖超,汪孟旋.我国高中生自费出国留学问题分析及对策建议[J].江汉大学学报,2013(5):114-118.
[③] 黎凡.弃考留学:中国高等教育的尴尬[J].煤炭高等教育,2015(3):117-121.

庭的社会经济状况正向影响美国学生的出国留学意愿，低收入家庭子女的出国留学意愿明显低于较高收入家庭子女的出国留学意愿，父母的受教育程度越高，子女的留学意愿越强烈。此外，上大学前积累的社会文化资本与学生的出国留学意愿正相关，读写能力越强，留学的意愿越强，性格开朗、对异域文化接受程度高的学生，其留学意愿也更强。就读的院校与专业也与学生的留学意愿密切相关[1]。在留学决策中，还存在着明显的性别差异和专业差异，女性学生比男性学生的留学意愿更加强烈，社会科学类专业的女生比人文学科类专业的女生更愿意出国留学，而人文学科的男生比其他专业的男生更不愿意留学[2]。尼豪斯(Niehaus)等学者借鉴此做法开展了一项关于美国本科生出国留学意愿的全国性调查。他们向20 000多名本科一、二年级的学生发放关于出国留学意愿的调查问卷，并运用逻辑回归方程，发现年级、专业和性别对学生留学意愿有显著影响。二年级学生的出国意愿要弱于一年级新生的出国意愿，科学、技术、工程和数学类专业学生(STEM)的留学意愿要弱于其他专业学生的留学意愿，女生比男生的留学意愿更强[3]。

桑彻斯(Sánchez)等人对美国、法国和中国学生的留学动机进行了比较研究。研究者从期望理论(Expectancy Theory)的角度构建了研究框架，着重分析了文化对留学动机与意向的影响。期望理论认为，人们是否产生某种行为决定于某种选择带来的预期结果的吸引程度，人们对于预期价值较高的事情会完成得较好，换言之，人们

---

[1] Salisbury M H, Umbach P D, Pascarella P E T. Going Global: Understanding the Choice Process of the Intent to Study Abroad[J]. Research in Higher Education, 2009(50):119-143.

[2] Salisbury M H, Pascarella P E T. To See the World or Stay at Home: Applying an Integrated Student Choice Model to Explore the Gender Gap in the Intent to Study Abroad[J]. Research in Higher Education, 2010, 51(7):615-640.

[3] Niehaus E, Inkelas K K. Understanding Stem Majors' Intent To Study Abroad[J]. College Student Affairs Journal, 2016, 34(1):70-84.

的行为受到他们对事物的看法、态度、价值和信仰的影响。通过访谈与问卷调查,研究者们发现,出国留学意向与行为实际上是动机与阻碍因素博弈的结果,不同国家的文化影响了留学者的动机与行为[1]。

随着我国出国留学人数的不断攀升,国内外对中国学生的留学意愿与动机的实证研究也逐渐丰富。通常国外研究者以已经在海外学习的中国学生为研究对象,而国内研究者则针对尚未出国的学生展开研究。

国外学者发现不同时期前往不同留学目的国的中国学生的留学动机存在显著差异。早在20世纪末,学者发现前往美国学习的中国学生的工具性留学动机较强,主要为追求名利,当时留学生普遍认为拥有海外留学经验以及获取美国学位是他们事业升迁的重要因素,而那个年代中国较低的人均收入、相对较差的生活条件以及缺乏职业发展机会是学生出国留学的主要推力[2]。

杨(Yang)在2007年对在澳大利亚学习的中国留学生的研究发现他们出国留学的最主要原因是中国境内高等教育供给不足,难以满足所有学生的高等教育需求。其次依次为:中国经济的高速发展使家庭支付能力增强,能够负担出国留学的费用;中国鼓励出国留学的宽松政策;中国家长认为送子女出国留学是一种时尚和潮流,或认为海外教育能够让孩子直接接触外语以及异域文化,获得更优质的教育资源,从而使其在将来的就业市场上处于优势地位。[3]

近期,学者吴(Wu)以在英国3所高校就读的169名中国大陆研

---

[1] Sánchez M C, Marianela F, Zhang M X. Motivations and the Intent to Study Abroad Among U.S., French, and Chinese Students[J]. Journal of Teaching in International Business, 2006, 18(1):27-52.

[2] Yan K, Berliner C D. Chinese International Students in the United States: Demographic Trends, Motivations, Acculturation Features and Adjustment Challenges[J]. Asia Pacific Education Review, 2011(12):173-184.

[3] Yang M. What attracts mainland Chinese students to Australian higher education [J]. Studies in Learning, 2007, 4(2):1-12.

究生为样本,采用问卷与深度访谈相结合的方式,调查分析了学生留学英国的动机。研究结果表明,体验不同文化与生活方式是最重要的留学动机,其次为体验全英文环境以及留学经历对未来职业发展的考量。研究者发现学术资本的获取不再是唯一驱动力,出国留学是获得人力资本的重要渠道。与此同时,培养社会能力、问题解决能力和独立能力,追求个人自我发展也是出国留学的重要动机。学生期望能够通过留学的经历为毕业后解决复杂的社会实际问题做好相关准备[1]。

国内学者对中国学生留学意愿与动机的研究近些年较为丰富。麦可思咨询公司自2010年起连续对我国本科毕业生留学现状展开大规模调查,发现我国本科生出国留学意愿较强,增强职业综合竞争力是留学的首要目的,其他依次为学习先进的知识与技能、增长见识、了解他国文化、接受先进的教育方式[2]。

潘昆峰和蒋承在其撰写的《我国大学生留学选择的影响因素分析》一文中,描述了2012年对北京68所高校的38 274名在校学生进行留学意愿调查的结果。该结果表明,家庭经济条件越好、学业成绩越好、就读院校层次越高的学生,出国留学的概率越大。此外,个人价值观对留学意愿有显著影响,学生个人对我国政府和社会评价越低,出国的可能性越大[3]。

陆根书等人在2014年就大学生出国读研的意愿进行了全国性调查,在北京、广州、武汉和西安4个城市中选取在不同水平、不同类型的12所高校就读的大学四年级学生展开调查,回收有效问

---

[1] Wu Q. Motivations and decision-making processes of mainland Chinese students for undertaking Master's programs abroad [J]. Journal of Studies in International Education, 2014, 18(5):426-444.
[2] 王辉耀,苗绿.中国留学发展报告 No.4[M].北京:社会科学文献出版社,2015:83.
[3] 潘昆峰,蒋承.我国大学生留学选择的影响因素分析[J].中国高教研究,2015(3):15-20.

卷4 903份。结果显示,大学生出国或出境接受研究生教育的意愿比较强烈,这种意愿是在学生自我因素以及环境因素互动的影响下产生的[①]。

还有不少学者针对特别人群展开研究,如郑美勋、代蕊华从学生家庭的角度揭示了我国学生出国留学的动机。通过调查中外合作项目中准备赴英国高校留学的一、二年级本科生发现:有机会获得国际认可的证书是出国留学最主要的动机,而国外高校的入学难度低、课程的质量较高、有机会提高英语水平与拓宽社交网络、能体验西方文化、使个人获得发展以及移民等也是中国学生赴海外留学的重要影响因素[②]。刘红霞等采用质性研究方法通过深度访谈发现新生代大学生出国留学的动机包括以下几种:接受更好的教育,更好地实现职业理想,促进自我成长与完善,获得成就认可,对国外环境和生活的向往,受外界环境和人员的影响。[③]

截至目前,专门针对高中生群体出国留学的研究还比较有限,但现有的研究结果显示,我国高中生的留学意愿非常强烈。刘扬等人对我国7个城市高中生自费出国留学意愿进行了大规模的抽样调查,调查结果表明:有近半数的被调查者表示,就算能被北京大学、清华大学等国内名校录取,也会选择出国留学。大多数学生青睐美、法、英等发达国家,相较于理工类专业,经济管理专业以及一些社会科学类专业更受学生们的欢迎。国外不同的文化体验、新的知识与技能、不同的教育方式以及就业前景等是出国留学的主要拉动因素。我国国际文化交流、教育方式的落后以及入学机会的不足是出国留

[①] 陆根书,田美,黎万红.大学生出国留学意愿的影响因素分析[J].复旦教育论坛,2014(5):36-44.

[②] 郑美勋,代蕊华.我国学生出国留学动机的调查报告[J].世界教育信息,2006(6):30-33.

[③] 刘红霞,房熹煦.新生代大学生出国留学动机研究——对北京高校中7名欲出国留学大学生的深度访谈分析[J].中国青年研究,2011(7):86-89.

学的主要推动因素[①]。杜屏与钟宇平的研究同样发现,我国大陆高中生对国际化高等教育的需求较为强烈,选择中外合作办学机构就读的学生人数超过了选择直接去海外读大学的人数,对未来经济的预期收益是出国留学的重要推动因素[②]。张彦玲、颜辉从家长层面的调查了解到父母期望中学生出国留学的意愿相当强烈,其根本动机在于躲避高考的压力,接受更优质的高等教育,以及锻炼孩子的独立生活能力[③]。

周金燕等学者借鉴"运气均等主义"的分配正义理论,对中国大陆七省市高三学生展开调查,通过建立有序逻辑回归模型发现高中生留学意愿不仅受制于"原生运气"(包括家庭收入、父亲教育水平、家庭居住地、性别、民族和家庭是否有海外亲戚等因素)的影响,同时也是"选项运气"(即控制原生运气后的期望经济回报)作用的结果[④]。

通过梳理已有文献发现,国外早期的研究大多关注经济发达国家学生的出国留学意愿,但在近些年的研究中,研究者的视野越来越宽广,开始关注从发展中国家前往澳大利亚、英国、美国、加拿大等老牌高等教育输出国的国际学生群体,探究其留学动机与影响因素。不少国外学者还采用多种研究方法,对我国学生的出国留学动机进行研究。我国国内的研究近些年也丰富起来,但是大多针对大学生群体展开,对高中生群体的研究尚有欠缺,尤其是缺乏大规模的实证调查研究。

[①] 刘扬,孔繁盛,钟宇平.我国高中生自费出国留学意愿调查研究——基于7个城市的抽样调查数据[J].教育研究,2012(10):59-63.
[②] 杜屏,钟宇平.中国大陆高中生国际化高等教育的需求状况分析[J].教育与经济,2006(1):51-54.
[③] 张彦玲,颜辉.深圳市中学生出国留学透视[J].教育科学研究,2001(2):38-40.
[④] 周金燕,王青山,刘云波.中国高中生留学地选择意愿的经济学分析[J].教育学报,2013(12):82-90.

四、留学选择理论模型的研究及述评

(一)基于投资收益角度的理论模型

许多学者认为境外高等教育是一种投资性消费或者消费性投资,兼具投资与消费的特性,所以应该从成本收益的角度就留学活动展开研究。较早的研究包括陈学飞等在21世纪初撰写的《留学教育的成本与收益:我国改革开放以来公派留学效益研究》一书,其中就分析了公派留学成本及收益。作者认为留学成本包括经济成本与非经济成本(如制度成本,留学人员个人及家庭付出的时间、情感、经历等),而收益分为个人收益和社会收益,其中个人收益指留学人员及家庭从留学行为中获得的收益,而社会收益包括留学人员所在单位的收益及除单位以外的其他社会主体的收益。留学人员之所以做出不同的留学决策与行为,其根源就在于对不同的留学决策下成本与收益的权衡比较[1]。

穆舍里(Muthaly)等人选取预期收益、信息质量、留学国特征、个体对留学目的国教育质量的看法四大影响因素构建了理论模型并对4所大学的301名大四学生开展了问卷调查,调查结果显示:对出国留学决策最重要的影响因素是预期收益(收益包括对西方文化的适应、移民机会和工作),学生所掌握的相关信息和留学目的国特征通过影响个体预期收益的期望,从而影响个体对海外研究生项目的看法[2]。

周金燕等人指出出国留学需求是个体投资性需求与消费性需求的结合体,前者强调高等教育带来的未来收益,后者关注的是个体现有的满足感,并在此基础上建构了投资与消费相结合的混合模型,用

---

[1] 陈学飞,等.留学教育的成本与收益:我国改革开放以来公派留学效益研究[M].北京:教育科学出版社,2003:28-30.

[2] Siva M, Lobo A C, Song J J. Marketing of Postgraduate Education in Taiwan: Issues for Foreign Universities[J]. Asia Pacific Journal of Marketing and Logistics, 2013, 25(1):118-130.

来分析高中生选择留学目的国的意愿与影响因素。结果显示,高中生在选择留学地时既会考虑留学地带来的消费性效用,也会考虑其投资性效用,而个人的家庭背景、个人特征等约束因素又会影响学生做出不同的留学地选择①。

刘扬和孔繁盛则认为留学专业的选择其实也是一种人力资本的投资行为,因为当个体选择高等教育的某个专业,就意味着增加了该领域的知识、技能及劳动生产率。由此可以推断,学生留学专业的不同会造成将来经济收益的差异。他们在此基础上建构了留学专业选择的理论模型并用于全国性调查,结果显示:学生在进行留学专业的选择决策时,受到了预期专业收益率等经济因素的较大影响②。李晓伟在研究中也发现,留学行为受到供需双方的影响,其中留学人员的留学花费、经济能力以及预期收益是影响其出国留学决策行为的重要因素③。

部分学位论文也从投资收益的角度对留学活动进行分析。如《广西个人自费出国留学的成本与收益分析》一文就从人力资本理论角度探讨分析了个人出国留学的成本、收益以及影响因素。研究结果显示,留学的实际经济收益并不乐观,但是个体主观认为留学的非经济收益丰厚④。王琪通过计划行为理论构建分析框架,完成了对湖北地区高中生自费留学行为的实证调查⑤。

(二) 基于消费决策心理的理论模型

自20世纪末澳大利亚和英国率先开放高等教育国际教育,在全球范围内提供国际教育服务以来,各留学输出国政府纷纷把提供这

---

① 周金燕,王青山,刘云波.中国高中生留学地选择意愿的经济学分析[J].教育学报,2013(12):82-90.
② 刘扬,孔繁盛.海外留学高等教育专业选择问题研究[J].复旦教育论坛,2010(1):53-57.
③ 李晓伟.自费留学的经济分析[J].科技与教育,2002(4):54.
④ 曾雅婷.广西个人自费出国留学的成本与收益分析[D].南宁:广西大学,2013.
⑤ 王琪.高中生自费出国留学投资决策研究[D].武汉:华中农业大学,2014.

种服务视为经济增长的亮点。有研究者运用消费心理、消费决策等理论构建理论框架研究留学行为。

库维略(Cubillo)等学者认为留学是一种高投资的复杂购买行为,其决策过程增加了选择的复杂性,学生前往留学目的国,获得的将是"服务包"。这些服务既包括提供高质量的教育等核心服务,也包括院校提供的与教育活动相关的附属服务,以及一系列由留学目的国和城市提供的安全便利生活、签证服务等辅助服务。他从市场营销角度出发,按照国际教育所提供的服务层次划分出5个维度,并根据以往文献梳理出影响境外高等教育购买意图的各类因素,最终建构了留学决策的综合模型。该模型以购买意图为自变量,包括个人因素、国家形象效应、城市形象、院校形象和专业五大因变量,在每个因变量下面又设置三到五个子变量[1]。拉德(Rudd)等在此模型的基础上建构了新的情境模型,发现中国学生决定赴英国留学的影响因素按照重要性排序依次为:英国高等教育的学术魅力、对西方文化的渴望与追求、大学设施、大学的形象与名声、与城市形象相关的外部因素[2]。

有学者认为,国际高等教育服务具有高成本、与购买者高相关度、替代品的存在和决策所需的时间长等特点,所以属于高卷入度的购买行为,该类购买行为的基本决策过程为:认知问题—搜索—评估—选择,在此基础上,他们建构了不同留学目的地的选择模型[3][4]。

---

[1] Cubillo J M, Sanchez J, Cervino J. International students' decision-making process[J]. International Journal of Educational Management, 2006, 20(2):101-115.

[2] Rudd B, Djafarova E, Waring T. Chinese students' decision-making process: A Case of a Business School in the UK[J]. The International Journal of Management Education, 2012(10):129-138.

[3] Kemp S, Madden G, Simpson M. Emerging Australian education markets: a discrete choice model of Taiwanese and Indonesian student intended study destination [J]. Education Economics, 1998, 6(2):159-169.

[4] Bao Y. Marketing strategies for promoting Ulster Business School to China (Shanghai)[D]. Belfast: University of Ulster, 1997.

李(Lee)等学者从消费决策过程的角度,通过对中国留学生及家长的访谈,探讨了中国家庭文化因素对个人出国留学决策的影响,发现根深蒂固的儒家教育理念与孝道对留学决策过程的影响较大,而对西方文化的向往和独生子女政策则是影响留学决策过程的次要因素[1]。

勒布朗(LeBlanc)等学者把学生视为教育消费者,通过Sheth-Newman-Gross消费价值模型来权衡高等教育服务的五大类价值,进而做出决策。其中,功能价值是指学生毕业后将获得的工作、可观的薪水和升迁等利益,社会价值指学生获得的与某社会群体的联系(如大学同学),情感价值指学生选课的愉悦心情,认知价值指接受的教育服务是否能满足个体对知识的渴望(如学生对获得的教育质量和课程内容的判断),条件价值指学生对大学的选择与判断(如院系的大小、班额等)[2]。

李鸿泽则指出在知识国际化、经济全球化以及国家实施鼓励留学政策的时代背景下,中国学生在进行留学决策时不仅会考虑留学可能获得的国际文凭资格证书,而且也很重视其他教育消费性收益的因素,包括提高外语水平、体验西方文化、拓宽社会网络、获得移民资格等[3]。

(三) 基于高等教育个人选择的理论模型

高等教育个人选择理论认为个体在选择高等教育时通常经历3个阶段,首先确定接受高等教育的意图,之后收集信息,形成信息选择集合,最后选择学校与专业。研究者在此基础上建构了出国留学决策的3阶段模型。在第一阶段,个体受外界情境的影响,为达到教

---

[1] Lee C, Morrish S C. Cultural values and higher education choices: Chinese families[J]. Australasian Marketing Journal,2012,20(1):59-64.
[2] Lai L, Lung J W Y, et al. The perceived value of higher education: the voice of Chinese students[J]. Higher Education,2012,63(3):1-17.
[3] 李鸿泽.从教育消费性收益看当代留学动机[J].世界教育信息,2007(8):53-55.

育或职业目标而产生出国学习倾向或意图,之后通过各种信息搜索途径,收集院校和专业的入学要求、收费状况等信息,从而形成一个选择集合,最后根据需求、期望和偏好评估并筛选留学方案,选择并注册某一个海外学习项目。有研究者指出,留学选择与大学选择过程同样需要提前计划,并经历数月甚至数年的时间。在此过程中,个体的出国留学选择受到各类资本因素的影响,如支付能力、文化资本、知识与职业的适应性、课程的丰富程度等。当学生选择符合预算的留学项目时,会考虑花费与预期收益,以及留学的直接成本与间接成本,此时家庭收入及其他经济资本因素就会产生影响。对于个体而言,他们还会考虑自身学术能力、成绩、教育与职业意向以及留学经历等因素对达到职业发展目标的人力资本的提升。此外,文化适应性、学生获取信息的资源与途径、对国际事务的兴趣、外语能力高低、海外旅游经历等社会与文化资本也都是影响学生留学决策的重要因素[1]。

(四) 基于推拉理论模型的研究

在诸多实证研究中,基于推拉理论框架的研究数量最为丰富。推拉因素理论认为,影响学生国际流动的因素由来自本土国的推动力因素和来自目的国的拉动力因素构成,个体在两组因素的共同作用下做出留学决策。

麦克马洪(McMahon)和阿特巴赫(Altbach)是最早将推拉因素理论引入留学现象研究领域的学者,他们关注国际学生从发展中国家流入发达国家的宏观影响因素。麦克马洪于20世纪六七十年代就指出经济发展水平、留学本土国在世界经济活动中的参与程度、国家对教育的重视程度是促进人们产生留学决定的推力因素。留学目的国对学生的吸引力主要受到本土国的经济规模、两个国家之间的

---

[1] Mark H S, Paul D U, Michael B P, Ernest T P. Going Global: Understanding the choice process of the intent to Study Abroad[J]. Research in Higher Education, 2009 (50):119-143.

经济文化联系、来自目的国的外交援助,以及学生是否能在目的国获得经济资助等因素的影响①。在此基础上,阿特巴赫将此模型扩展,认为来自本土国的推力因素表现为消极因素推动学生流向海外,如低水平的高等教育质量、研究设施不足、高等教育入学机会缺乏等;而来自目的国的拉力因素则表现为包括留学目的国高水平的教育质量、先进的教育设施、经济资助等在内的积极因素②。

我国学者在此基础上再次拓展推拉模型,将机械的单向推拉理论延伸为双向推拉理论。通过2003年针对清华大学241名本科生进行的出国留学意向调查及分析,将人才输入国和接收国的推拉因素归结为经济、教育、政治、社会环境、文化及个人六大方面,研究者认为在本土国和留学目的国都同时存在着正向与逆向的两组力量,正向的推拉力与逆向的推拉力共同发生作用,从而促使个体进行决策③。

学者李梅则从中观层面补充了推拉因素框架的内容,其在《高等教育国际市场——中国学生的全球流动》一书中重构了内外互动推拉理论,认为除外部推拉因素的影响外,还必须考虑个体的内部因素,如个人的动机、期望、家庭背景等对学生国际流动的影响。具体而言,外部推拉因素作用于个体后,个体将根据自身条件权衡后再决定是否留学,进而选择不同留学目的地及学校④。她运用该理论框架分析了在中国香港和澳门地区接受高等教育的中国内地学生的特

---

① McMahon M E. Higher Education in A world Market: An historical look at the global context of international study[J]. Higher Education, 1992, 24(4):465-482.

② Philip A. Compare Higher Education: Knowledge, The University and Development[M]. Hong Kong: The University of Hong Kong, Comparative Education Research Center, 1998:240.

③ 田玲.中国高等教育对外交流现象研究[M].北京:民族出版社,2003:222-230.

④ 李梅.高等教育国际市场——中国学生的全球流动[M].上海:上海教育出版社,2008:65-67.

点及其选择留学学校的影响因素[1]。

推拉因素理论在研究中频繁地应用于留学目的地选择的研究中。最具代表性的是澳大利亚学者马扎鲁尔（Mazzarol）和苏塔尔（Soutar）的研究，从微观层面分析在澳大利亚就读的亚洲留学生群体选择留学目的地的影响因素。研究结果表明，影响亚洲学生留学的主要推力因素为：海外课程比本土课程更好，本土国内缺乏入学机会或无法选择想要就读的专业，渴望了解西方社会，毕业后希望能移民。影响他们选择留学目的国的拉力因素为：对目的国的了解与认知、重要他人的推荐、花费、环境以及地理位置相近等因素。影响院校选择的拉力因素则包括：学校的教育质量、与学生熟悉的学院或机构之间的合作关系、师资、校友的口碑、招生规模、对国内的资历的接受程度[2]。

美国研究者埃德尔（Eder）等人对留学美国的本科学生进行了深度访谈，并结合推拉因素理论构建了留学目的地选择模型，发现个体选择留学目的地的影响因素分为三大类：推力（包括个人发展、语言和职业）、拉力（包括院校、地理和美国文化）以及结构因素（签证、花费）。前两类因素促进留学决策的产生，最后一类因素则制约留学决策。个人发展、院校和签证分别是这3类因素中最重要的[3]。

吴（Wu）以在英国深造的中国留学生作为研究对象，发现他们选择前往英国大学研究所的主要原因依次为提升英语能力、高质量的

---

[1] Li M, Bray M. Cross-border flows of students for higher education: push-pull factors and motivations of mainland Chinese Students in Hong Kong and Macau[J]. Higher Education, 2007(53):791-818.

[2] Mazzarol T, Soutar G N. Push-pull factors influencing student destination choice [J]. International Journal of Education Management, 2002(2):82-90.

[3] Eder J, Smith W W, Pitts E R. Exploring Factors Influencing Student Study Abroad[J]. Destination Choice, Journal of Teaching in Travel & Tourism, 2010(10):3, 232-250.

高等教育系统、全球认可的学历和英国耗时较短的硕士项目,重要他人(家人、朋友等)对选择的影响并不大,课程排名与教育质量是最重要因素之一。此外,学校在社交网络上的声誉、花费以及地理位置是考虑因素。研究者发现学校的排名以及留学中介等因素对学生而言并不重要,这与之前的研究结论有所差异。在学科和专业选择的影响因素中,个人偏好排名第一位,其余依次为就业前景、专业与个性及能力的匹配度、课程内容[1]。博迪科特(Bodycott)也在推拉因素理论框架下,比较了中国家庭中父母与子女的留学认知,发现两者在留学信息获取渠道、出国留学的推动因素及选择留学目的地影响因素等方面存在差异[2]。

以肯达齐(Kondakci)为代表的学者近些年对以发展中国家为留学目的地的国际学生群体开展研究。研究者们在推拉因素框架中加入了行前和行后的概念,并把留学因素划分为公众原因与个人原因,通过对土耳其高等教育机构就读的国际学生的调查研究,发现对于来自发展中国家的学生而言,经济因素与学术因素是主要拉力因素,而对发达国家的学生而言,个体内部因素是主要因素[3]。卡特维尔(Cantwell)对在墨西哥就读的留学生的研究同样发现来自经济发达国家的学生主要受到个人因素的驱动,而其他拉丁美洲国家的学生前往墨西哥读大学则是受到大学排名的影响[4]。

---

[1] Wu Q. Motivations and decision-making processes of mainland Chinese students for undertaking Master's programs abroad[J]. Journal of Studies in International Education, 2014, 18(5): 426-444.

[2] Bodycott P. Choosing a higher education study abroad destination: What mainland Chinese parents and students rate as important[J]. Journal of Research in International Education, 2009(3): 349-373.

[3] Kondakci Y. Student mobility reviewed: attraction and satisfaction of international students in Turkey[J]. High Education, 2011(62): 573-592.

[4] Cantwell B, Luca S G, Lee J J. Exploring the orientations of international students in Mexico: Differences by region of origin[J]. Higher Education, 2009(57): 335-354.

(五) 综合模型

上述几种理论并非泾渭分明,往往存在许多交叉与关联,在实际问题的剖析中,人们可能会同时运用多种理论来解释留学行为,因此不少研究者建构了综合性模型分析留学行为。

马兰热(Maringe)和卡特(Carter)认为留学决策是一个多阶段的复杂过程,通常是由有意向进入境外高等教育机构就读的学生在有意识(偶尔也有无意识)的状态下完成的。从概念而言,选择既是过程又是结果,后者在决策过程的任何一个节点上都可能被具体化。在此基础上,他们结合高等教育个人选择理论与推拉因素理论,建立了留学选择的 6 因素模型[①]。

加拿大学者陈(Chen)融合推拉因素模型、高等教育个人选择的经济模型、市场理论模型等,选取关键要素建立综合模型并对在加拿大读研究生的亚洲学生展开调查。认为学生个体的留学决策先后经历倾向阶段、搜索选择申请阶段和抉择阶段,决策的每个阶段都会受到个人因素、重要他人、外部推拉因素的影响。其中,个人因素包括家庭社会经济背景、个体特征及偏好、学术能力、社会资本、创新资本,重要他人包括父母亲友、老师、雇主及配偶的影响,推拉因素是指来自本土国和目的国的推力与拉力因素、由外界激发产生的个人驱动力以及院校特征等。研究结果表明,学费与奖学金、加拿大研究生的教育质量、签证程序是最主要的影响因素。个体并非遵循先选择国家,然后选择院校,最后是专业的顺序,而是同时申请多个国家的多所院校,在拿到的若干录取通知中选择就读的学校,这与前期研究的结论有所不同[②]。学者李(Lee)同样在出国留学 3 阶段模型中融入了外部推拉的影响因素以分析留学生选择中国台湾地区作为留学

---

① Maringe F, Carter S. International students' motivations for studying in UK HE [J]. International Journal of Educational Management, 2007, 21(6):459-475.

② Chen L H. Choosing Canadian graduate schools from afar: East-Asian students' perspectives[J]. Higher Education, 2007, 54(5):759-780.

目的地的原因①。

由此可知,关于国际学生留学因素的研究非常丰富,并且多以实证研究为主,我国学者主要是以推拉因素理论模型和投资收益模型作为研究的理论基础,从留学输出国的角度来探究出国留学决策的影响因素。比较而言,国外学者的研究理论更为丰富,主要是从高等教育个人选择理论、推拉因素理论和国际高等教育市场化理论等视角对国际学生流动的影响因素进行解析,并且从留学目的国角度对国际学生流动的影响因素进行分析和解释。从研究地域上看,随着经济全球化的发展和国际教育市场化的融合,近些年来,不少学者开始研究以发展中国家为留学目的地的国际学生群体。中国庞大的留学市场使得学者们对中国学生留学问题的关注与日俱增,一些学者甚至已经开始研究中国传统文化及价值观对个体留学决策的影响,但有待进一步深化。

五、留学行为的研究总评

综上所述,关于国际学生留学行为的国内外研究已较为丰富。从研究内容来看,研究者们重点关注了出国留学的意愿、动机,选择留学国家、院校和专业的影响因素,留学决策模型建构,低龄化留学现象与问题等多方面的内容。从研究的理论视角来看,教育经济学的人力资本理论、社会学的推拉理论、市场营销相关理论等被广泛用于理论框架的构建。从研究结论来看,国内外的研究结果普遍认为,个体与家庭的境外高等教育选择受到内部与外部各种因素不同程度的影响。

然而综观现有文献,关于我国高中学生出国留学问题的研究稍

---

① Lee C F. An investigation of factors determining the study abroad destination choice: a case study of Taiwan[J]. Journal of Studies in International Education, 2014, 18(4):362-381.

显不足。早期的国内研究在研究对象上通常未将公费与自费留学群体分开,近年虽然关注我国自费留学群体的研究逐渐增多,但单独针对高中生的研究也不多见,国外关于该群体的研究更是鲜见。实际上,不同的出国留学群体势必在留学行为上表现出很大的差异,有研究者就曾指出,高中生通常先决定留学再考虑留学目的地,而大学生往往先确定研究项目,再考虑去哪里留学①。从当前的现状来看,我国自费留学的高中生群体不断壮大,已经成为我国留学大军的主体。因此,对高中生留学群体展开深入研究显得尤为重要。其次,从研究方法上看,关于我国自费出国留学的研究多流于文献梳理与事实介绍,很少运用规范的科学研究方法对其进行深入调查和系统研究。

从研究内容上看,已有的研究过于零散,重复研究较多,问题关注面较窄,缺乏使用大规模样本的系统性研究。国外的研究则大多从留学目的国的角度,对来自我国大学本科阶段的留学生的研究仅关注留学决策过程的某个节点。目前有少量研究开始涉及中国特殊的文化价值对留学行为的影响,但较为肤浅,有待深层次阐述与分析。

当下尽管留学相关的各种问题不断爆发,然而我国高中生选择远赴海外接受高等教育的趋势依旧,因此更应该对造成这种现象的原因进行深层次挖掘,以减少留学风险的产生。现有研究聚焦于低龄化留学带来的问题,并提出了一些建议,但这些建议并未建立在科学规范的研究范式之上,而是停留于文献梳理与讨论的浅层次层面,其研究结论也必然会受到非议与质疑,因此,有必要从现代家庭和个人留学动机产生、留学评估选择的整体过程着手,关注其留学决策过程,并分析外部因素与个体背景(社会经济情况、学术背景、学历水平、经济来源等)在整个过程中产生的影响,规避盲目性留学。

---

① Chen L H. Choosing Canadian graduated schools from afar: East-Asian students' perspectives[J]. Higher education, 2007(54):759-780.

第二章　境外高等教育需求的本质

从本质而言,境外高等教育需求是一个内隐的过程,通过留学行为或者留学活动得以实现。全球化背景下,个体的留学活动是家庭决策下的一种遵循国际服务贸易规则的有限市场行为。境外高等教育需求的发生与实现是以高等教育资源全球化配置为前提,以高等教育国际市场为重要场所。

第一节　作为市场行为的留学活动

我国早期留学主要是一种政府行为,由政府资助留学费用、选拔留学人员、选择留学目的地。随着我国改革开放的持续发展,目前的留学主要是自费留学,更多体现市场行为的特点。要分析留学活动市场行为的本质,有必要从市场3要素的角度,分别对留学活动发生的场所、产品的特质以及供求双方等主要要素进行阐述。

一、境外高等教育市场的客观存在

境外高等教育是一个客观存在的市场。市场通常必须具备五大特点:(1)必须涉及一种或者多种稀有商品的生产,商品对消费者有使用价值而对生产者有交换价值;(2)存在一个明确的生产领域;(3)存在货币交换;(4)生产者之间和消费者之间都存在竞争关系;(5)存在市场的主体性,即适应市场生产、消费和交换的属性和行为①。境外高等教育具有较为明显的市场特征,该市场中的生产领域是海外教育办学机构(通常指国外的高校),提供学生商品与知识商品。其中,学生商品包括自我完善商品和培训性商品,前者指学生或家庭购买的可以提高学生素质的商品(如海外学历文凭等),后者指雇主购买的用以提高雇员的价值创造潜力的商品。知识商品指可交易的知识财产,包括专利产品、有版权的著作等②。高校提供商品,学生(家庭)或者企业作为跨境消费者支付费用获得此类商品的使用价值。作为生产者的高等教育机构之间存在资源竞争,作为消费者的学生之间存在高等教育入学机会的竞争等。境外高等教育市场存在适应市场生产消费和交换的属性和行为,例如,出国读大学会促进个人某些方面的发展,从而制约没有获得境外高等教育入学机会的人的发展。由此可见,境外高等教育市场是客观存在的,其最显著的特点就是供需双方来自不同的国家。

学术界关于高等教育的产品一直以来争议颇多。学者戚业国较为全面地对高等教育产品作出解释,指出高等教育提供 4 种产品:高深知识、社会精神产品、直接用于交换的社会产品、教育教学产品,其中,个人获得的更多是教育教学活动,教育教学活动也是培养人的主要产品③。他认为大学通过教育教学活动提供教育服务,学生通过教育服务获得能力的提升④。本书无意对高等教育产品的定义进行讨论,但是基于以上阐述可以确定的是对于学生及家庭而言,其在大学中获得的教育是一种具有服务性质的实践活动,也可以说家庭在教育市场上购买的教育产品主要是教育服务⑤。

---

① 西蒙·马金森.教育市场论[M].金楠,等,译.杭州:浙江大学出版社,2008:22.
② 西蒙·马金森.教育市场论[M].金楠,等,译.杭州:浙江大学出版社,2008:22,27.
③ 戚业国.民间高等教育投资的跨学科研究[M].上海:复旦大学出版社,2001:60-61.
④ 戚业国.民间高等教育投资的跨学科研究[M].上海:复旦大学出版社,2001:57.
⑤ 靳希斌.教育经济学:第 4 版[M].北京:人民教育出版社.2009:140.

服务是一种能够给消费者提供某种效用,满足消费者某种需求的产品①。在高等教育市场中,教育服务产品是由教育工作者提供的一种非实物的社会成果,与医生和演员提供的产品类似,同样具有使用价值和交换价值②。境外高等教育服务是一种特殊的教育服务产品,在国际高等教育市场中进行交易,既具备高等教育服务产品的普遍性,又具备独特性,具体表现为:首先,境外高等教育服务是无形的,但可以满足一定需求,具有使用价值;其次,境外高等教育的生产者和提供者分别来自两个国家,人力资本的创造和使用在不同国家进行,消费者必须离开自己的国家前往留学目的国并利用当地的高等院校的教育教学活动中提供的知识信息与物质条件创造出人力资本供毕业后使用,尽管这种人力资本增量在全球范围内有效,但多数情况下被其拥有者带回留学来源国使用;再次,境外高等教育服务的生产过程与消费过程高度重合,具有同时性和共生性,高等教育工作者在生产教育服务产品的同时由学生进行消费,形成认知技能,积累人力资本;第四,境外高等教育服务的购买者是多层次的,包括社会、国家、企业和个人,我国已经进入以自费留学为主体的新留学时代,因此以个人(家庭)购买者为主体;最后,境外高等教育服务产品的质量具有差异性,这种差异是由于各国的高等教育发展水平的不均衡而导致。

二、高等教育市场的国际供需配置

高等教育与市场经济的关系,即高等教育需求与供给的关系,既是伴随市场经济的发展而产生的现实问题,也是进一步研究高等教育资源配置的重要课题③。留学市场的形成与高等教育市场的

---

① 靳希斌.国际教育服务贸易研究[M].福州:福建教育出版社,2005:13.
② 郭秀晶.我国高等教育境外消费出口市场研究[D].天津:天津大学,2009.
③ 陈宏军,江若尘.高等教育个人需求的系统分析与高等教育需求类型关系的诠释[J].清华大学教育研究,2006,27(2):31.

国际供需配置有紧密关系，以下将对高等教育供需关系与配置进行阐述。

高等教育需求是国家、企业和个人对高等教育有支付能力的需要[1]。按照需求主体不同，高等教育需求可以被划分为高等教育社会需求与高等教育个人需求两个层面。前者指在一定社会历史发展阶段，基于国家未来经济社会发展对劳动力和专门人才的要求而产生的对教育有支付能力的需要；后者是指个体出于对未来知识、技能、收入、社会地位的预期对高等教育有支付能力的需要[2]。

高等教育供给满足不同主体的需求，对个人而言提供入学机会（教育机会供给）和教育服务（教育服务供给）。高等教育机会是指个体进入大学享受大学课程学习、分享各种设施、感受校园文化、加入团体合作与交流并由此获得知识与技能的机会，教育服务是指个体进入大学后获得的各类教育教学活动。对社会而言，高等教育供给即完成教育过程后携带人力资本增量进入劳动力市场的高校毕业生，以及无形的知识产品。毕业生的需求主体主要是劳动力市场上各级各类用人单位，而无形的知识产品则没有定向的需求主体，任何个人和机构都可能是"消费者"。高等教育社会需求与高等教育个人需求之间的联系复杂且紧密，简而言之，正是社会对高等教育产品的旺盛需求导致了个人高等教育需求的不断增长[3]。

高等教育市场并非一个完整统一的整体，而是由众多市场组成的市场体系，并且可以按照不同角度划分为不同市场，如从参与者角度来看，就包括消费者市场、劳动力市场、院校市场。在消费者市场中，学生（家庭）作为消费者购买教育服务产品，选择由不同大学提供的高等教育服务[4]。按照供求关系，高等教育市场被划分为供方市

---

[1] 申培轩,陈世俊.论高等教育供需及其调节[J].济南大学学报(社会科学版),2005,15(3):77-80.

[2][3] 靳希斌.教育经济学:第4版[M].北京:人民教育出版社,2009:85.

[4] 蒋凯.高等教育市场及其形成的基础[J].高等教育研究,2013(3):9-21.

场与需求市场,按照领土与国家政治主权可以被划分为国内市场和国际市场,又称为内部市场与外部市场。

一个国家的高等教育市场被分割为内部和外部两个完全独立的市场,每个市场中都存在需求和供给的配置。本国公民在内部市场产生的对高等教育的需求被称为内部需求,而本国的高等教育机构在内部市场提供内部供给;其他国家公民产生的高等教育需求是外部市场中的需求,即外部需求,同时由其他国家和地区的高等教育机构提供的高等教育机会属于外部供给。同一个国家在内外市场中所提供教育服务产品性质不同。通常国内市场(内部市场)中针对本国公民提供的高等教育服务,属于准公共产品,基于谁受益谁支付的原则,教育成本由政府、企业和个人分摊。在国际市场(外部市场)中针对国际学生(留学生)的高等教育服务更偏向于私人产品,由于学生学成后大多离开教育供给国,回到本土国进入下一个生产环节,因此他们对于高等教育提供国产生的外部效益较少,在这种情况下,留学生接受的境外高等教育服务的价格就应该等于或高于成本。在实践过程中,世界上没有任何一个国家对自己的国民实行完全的产业化政策,但对外国留学生的教育可以实行准市场政策,通过开放外部市场获取政治、经济、文化等多种收益[1]。

高等教育的供需矛盾是永恒而普遍存在的,表现为供不应求或供大于求,这两种形式往往同时存在,但总体而言,高等教育发达国家供大于求现象更为严重,而欠发达国家供不应求的矛盾更为激烈。实际上,无论发达国家抑或发展中国家,供不应求总是存在的,主要原因是人们对于高等教育的需求是无限的。当高等教育数量需求得以满足时,人们对高等教育质量的需求会不断提升,然而社会对个人教育的供给总是有限的,因此高等教育市场中供需失衡永远存在。当内部市场的供需数量失衡,个体因为无法获得足够的入学机会产

---

[1] 郭秀晶.我国高等教育境外消费出口市场研究[D].天津:天津大学,2009:45.

生差额需求,供需质量失衡个体希望得到不同类型与质量的高等教育而产生差异需求①。高等教育毛入学率较低的国家以超额需求为主,高等教育毛入学率较高的国家以差异需求为主。这种供求矛盾是境外高等教育需求发生的前提条件。

教育国际化的深化发展促进了国际高等教育市场的成熟,为高等教育资源供需在全球范围内配置提供了有利条件,形成了国际高等教育服务交易的重要场所。一些高等教育资源充裕的国家可能由于高等教育过度发展以及本国适龄人口减少,导致内部市场可提供的高等教育资源超出本国公民的需求,因此可以为高等教育资源缺乏的国家提供部分高等教育入学机会,形成补充供给,并通过这种方式缔结战略联盟或创收。当然,高等教育数量充裕的国家的人们也可能为满足多元化的教育需求而在国际市场寻找教育服务产品,这时由外部市场提供差异供给满足内部市场的差异需求。总而言之,一个国家内部市场中产生超额需求或差异需求都可以由外部市场供给,经济全球化的影响下,高等教育资源在全球范围内形成了供需配置体系②(图 2-1)。

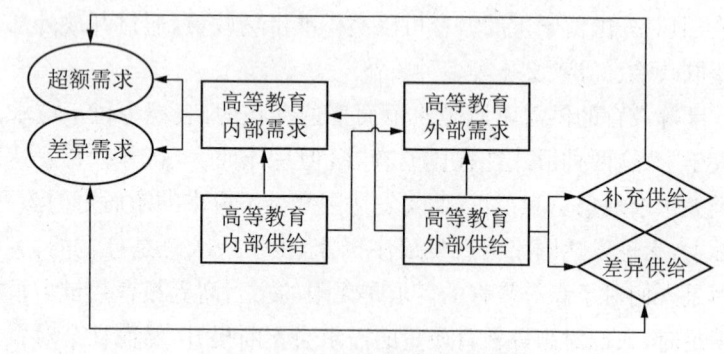

图 2-1 高等教育供需配置图

---

① 蒋凯.高等教育市场及其形成的基础[J].高等教育研究,2013(3):9-21.
② 李梅.高等教育国际市场——中国学生的全球流动[M].上海:上海教育出版社,2008:59,136.

三、留学市场行为的发生过程

微观经济学中,市场是指由需求方和供给方通过交换构成的行为关系①。个体留学是消费者跨越内外市场的界限购买高等教育服务产品的行为,是一种典型的市场行为。高等教育发展的不均衡、高等教育的差异性是这种交换行为产生的根源,经济快速发展、全球一体化等是促进因素,高等教育资源全球化配置的市场为留学活动的发生提供了交换场所。

随着全球经济一体化进程加快,各国对于国际型人才的需求增加,留学教育成为培养通晓世界文化和国际事务人才的高效手段。欠发达国家在通过国际高等教育补充内部供给不足的同时期望通过学生流动与发达国家建立经济、政治、文化等各领域的合作。为提升国家竞争力,有些国家会利用境外高等教育为本国培养经济建设人才,一方面派遣学生去发达国家学习先进技术与知识,另一方面又通过引进海外优质教育资源提升本国教育质量。

境外高等教育社会需求的增长必然导致个体留学需求。高等教育对个体及家庭而言是一种具有投资意义的消费,境外高等教育也是如此。境外高等教育能够为受教育者带来人力资本增量,成为在社会下一个生产环节中获取经济利益的重要资本,换而言之,境外高等教育是否能给个体及家庭带来收益取决于学生毕业后所得到的知识、能力等能否满足社会生产环节的需求。倘若社会对个体通过境外高等教育获得的知识技能等需求增加,则人们对境外高等教育需求就随之增大。

个体的留学行为是个体及家庭在高等教育多元化供给的状态下,根据意愿、经济能力、学术能力、消费偏好等具体情况综合衡量后

---

① 李梅.高等教育国际市场——中国学生的全球流动[M].上海:上海教育出版社,2008:134.

在高等教育国际市场所选择的一种高等教育服务消费过程。如图2-2所示，教育需求者由于在本国缺乏接受高等教育的机会（超额需求）或者无法得到自己满意的大学或专业的就读机会（差异需求），因此支付高额学费在其他国家（地区）购买高等教育服务。要消费这种特殊的商品，个体必须远离家人前往留学目的国学习和生活，同时投入精力与智力。消费结束后个体将获得知识与能力，倘若将这种能力（即人力资本）投入其来源国的劳动生产中获取收益，则成为留学归国人员，即俗称的"海归"；倘若毕业后留在留学国定居工作，那么其所获得的人力资本是在留学目的国的劳动市场中使用，则成为该国的移民。

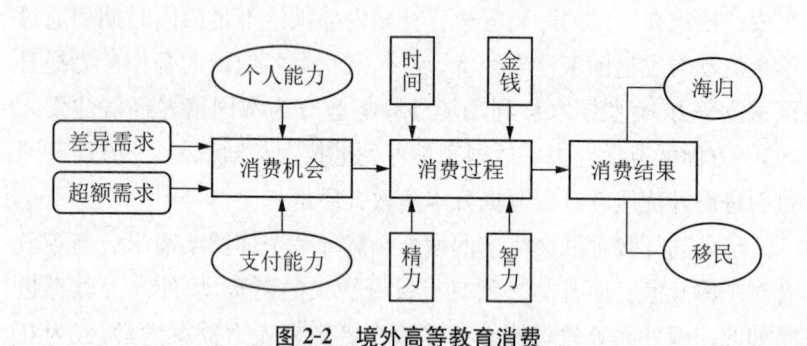

图 2-2 境外高等教育消费

境外高等教育服务的购买与普通消费购买不同，除了受到价格、个人偏好的影响之外，还受到政策、个人能力、社会文化等因素的制约。例如，个体需要获得本土国与留学目的国双方的政策允许才可以消费境外高等教育，在获得入学机会时需要满足申请院校对学术水平、语言能力的要求，消费过程中需要有足够的学习能力才能完成消费，在消费过程中要经历两种文化的转换并需要有跨文化的文化适应能力才能保证留学成功等。总而言之，个体的留学行为是一个具有投资意义的消费过程，是高等教育消费的一种特殊类型，其行为较普通消费行为更为复杂，受众多因素影响。

第二节　国际服务贸易框架下的境外高等教育

全球化贸易发展的大环境下，留学教育逐渐演变为以营利为目的的教育贸易服务形式。高等教育国际服务贸易就是指国与国之间主要出于经济目的而进行的高等教育输入与输出的交易[1]。境外高等教育消费是高等教育服务贸易的最主要的形式，遵循国际服务贸易规则。

一、国际教育服务贸易的基本形式

国际服务贸易兼具国际贸易与服务产品的特点，是指发生在国家(地区)之间的服务商品的交易行为与交易过程，通常指 WTO 成员国机构或者公民对居住生活或者工作在另一成员国境内的个人或机构消费提供的服务[2]。由于服务商品具有不可贮存性和不可运输性，服务贸易往往通过服务商品提供者和服务商品消费者的跨国界移动来实现[3]。国际教育服务贸易是国家或地区间相互提供作为教育服务的具有特殊作用的价值[4]。表现为以学生国际流动为主要标志，兼有教育产品或教育物资进出口服务贸易[5]。

依据 1994 年在乌拉圭达成的《服务贸易总协定》(GATS)，国际服务交易包括 4 项内容：跨境交付、境外消费、商业存在、自然人流动[6]。1991 年《联合国临时中心产品分类》将教育服务划分为 12 类

---

[1]　熊庆年，王修娥.高等教育国际贸易市场的形成与分割[J].教育发展研究，2001(9):44-49.
[2][4]　靳希斌.国际教育服务贸易研究——规则解读与我国的承诺[J].北京师范大学学报(社会科学版)，2004(1):14-19.
[3]　靳希斌.国际教育服务贸易研究[M].福州：福建教育出版社，2005:16.
[5]　靳希斌.教育经济学：第 4 版[M].北京：人民教育出版社，2009:164.
[6]　靳希斌.教育经济学：第 4 版[M].北京：人民教育出版社，2009:163.

国际服务中的第 5 类,其中高等教育是重要分支。高等教育的范围涵盖中学后技术职业教育服务和其他高等教育服务。高等教育服务主要是指高校利用教育设施设备、教育技术,为满足学习者的需要,为教育消费者提供的用于提高或改善受教育者智力素质和思想观念素质,促进教育需求者人力资本增值的非实物形态的产品[①]。

4 种贸易模式在高等教育领域中均有具体的表现形式(表 2-1),目前来看境外消费是最主要的贸易模式,占绝大多数的贸易发生额。

表 2-1 教育服务贸易模式的类型

服务模式	特 点	高等教育领域的类型	流动形式
跨境交付	服务提供者在一成员的领土内向另一成员的领土内的消费者提供服务	远程教育 在线教育 虚拟大学	项目流动
境外消费	服务提供者在一成员的领土内向来自另一成员的消费者提供服务	学生出国留学等	人员(学生、教育消费者)流动
商业存在	服务提供者在一成员的领土内建立产业实体提供服务	设立分校 联合学位 特许经营	机构流动
自然人流动	一成员的服务提供者以自然人的身份进入另一成员的领土内提供服务	教师、科研人员、职员应聘到境外工作	人员(教师、培训者)流动

资料来源:蒋凯.全球化时代的高等教育:市场的挑战[M].北京:北京大学出版社,2013:209.

《服务贸易总协定》(GATS)中规定了包括最惠国待遇、国民待遇、透明度、逐步自由化等在内的教育服务贸易原则。然而,由于成员国之间的教育服务水平相差甚远,因此许多具体协议并非作为一

---

① 郭秀晶.我国高等教育境外消费出口市场研究[D].天津:天津大学,2009.

揽子协议对全体成员国生效,而是采取成员国各自承诺并签字生效的形式。成员国在其他成员国教育服务提供者进入本国市场审批中必须严格遵守已在具体承诺表中同意和明确给予其他成员国教育服务提供者的待遇[①]。

市场准入和国民待遇的条款是WTO成员国在教育服务贸易中作出具体承诺的主要法律依据,各成员国的服务贸易具体承诺表包括了关于上述4种贸易模式的市场准入和国民待遇承诺的各项内容。由于教育直接关系到国家主权、民族文化继承等重要问题,各成员国对教育市场的开放持谨慎态度,发达国家由于教育发展水平较高,在信息和人才等方面占有优势,所以承诺开放的态度积极、力度较高。总体而言,各国在跨境交付、境外消费方面的承诺力度较大,而对自然人流动的限制最大。境外消费的服务贸易模式在所有分部门做出承诺中所占比例最高,在高等教育领域的开放程度也是最高的。

二、国际教育服务贸易的理论基础

国际教育服务贸易是教育国际化发展与国际服务贸易的结合体,因此学术界通常运用贸易理论作为支撑国际教育服务贸易的理论基础。较有代表性的主要包括比较优势理论、自由市场理论和公共选择理论。以下将从这三方面对国际教育服务贸易进行理论分析。

比较优势理论是国际教育服务贸易理论的重要发展主线。由古典经济学家大卫·李嘉图(David Ricardo)建立,强调相对优势,是对亚当·斯密的绝对优势理论的扩展。绝对优势理论认为一个国家如能将其国内生产中相对成本较低的产品出口,就能获取贸易利益;倘若该国不生产在本国成本较高的产品而改用进口的方式,也能从中获利。比较优势理论下,假如某国没有任何优势产品,那么就需要考

[①] 靳希斌.国际教育服务贸易研究[M].福州:福建教育出版社,2005:33.

虑比较优势的原则,将资源集中投入有相对优势的领域①。对一个各方面都很强大的国家或者个人,就应当将有限的时间精力以及资源等生产要素投入最擅长的地方,这种情况下,全球范围内的自由贸易可以提高总体的生产效率,增加消费总量②。

从绝对优势和比较优势的角度可以清晰地解释国际教育服务贸易的发展。比如,在两个国家中,A国的高等教育强而B国的职业教育强,那么A国可以向B国输出高等教育,而从B国输入职业教育,这样两者在交易中都会受益,这种情况下体现的是绝对优势。另一种情况是,A国无论在哪个层面的教育都占有绝对优势,但依旧可以和其他国家交易,假设A国在高等教育方面最具优势,那么其在发展教育时应该选择将重点放在高等教育上并将高等教育服务出口到其他国家,后者则将可用资源投入其他教育领域,同时将其他层次的教育服务和产品出口到A国。通过这种方式,各国可通过集中资源生产和出口优势产品,实现教育服务贸易的进出口从而获利,这就是比较优势③。

自由贸易市场理论推崇全球性的自由贸易,主张在国际贸易上消除国与国之间的贸易壁垒和障碍。国际教育服务贸易的主要贸易壁垒不是关税,而是各WTO成员国制定的各种政策、法律、法规。要保持国际之间的自由贸易,各国应该全面开放教育市场,取消限制国际教育服务贸易开展的政策、法规等,消除国际教育服务壁垒,实现国际教育服务贸易自由化④。

公共选择理论则从教育进口国的角度解释了国际教育服务贸易的发生。该理论认为公共物品由政府公共财政与社会资金提供,其中,国家税收是政府提供公共物品支付的影子价格,也是纳税人为自己所消费的公共物品支付的代价。换言之,政府提供的公共物品与

---

①③④ 靳希斌.国际教育服务贸易研究——规则解读与我国的承诺[J].北京师范大学学报(社会科学版),2004(1):14-19.

② 石邦宏.国际教育服务贸易的相关理论及其解释力[J].教育研究,2005(6):54-61.

个人或者企业纳税人之间存在的一种买卖关系或交易关系。该理论应用到教育领域即是纳税人交税给政府,政府再投入教育中,纳税人通过纳税获得了受教育的权力,实质上是自己付钱获得了受教育的机会。那么,当政府所提供的教育效率较低,受教育者有权选择更优质的教育,一旦国际教育市场开放,也可以选择境外教育市场,从而产生国际教育服务贸易[①]。

三、国际服务贸易视角下的留学活动

在高等教育领域,境外教育消费贸易指出国留学或者接受境外高等教育,目前是4种教育服务贸易模式中最重要的模式,也是开放程度最高、限制最少的形式,贸易发生额占教育服务贸易发生额的90%以上[②]。目前全球每年有超过500万留学生在其本土国以外的国家接受教育,其中接受高等教育的人数最多、增长最明显,预计到2025年将达到800万人[③]。

留学教育并非一直属于贸易活动,其经历了从援助到贸易的发展历程,从单纯的文化交流活动、政治活动转变到现有的商业活动。留学教育的历史可追溯到欧洲中世纪,当时学者游学盛行,重在加强国家之间的文化交流,在漫长的发展历程中逐步衍生出政治功能。"二战"后,留学教育规模逐渐扩展到全球范围,提供高等教育机会成为发达国家援助发展中国家的一种重要方式,以美国为代表的发达国家的大学留出名额招收优秀国际学生并提供经济资助,用来吸引外国优秀学生为本国储备人才、完成人力资本增量,同时达到文化渗透的目的。20世纪70年代之后,全球化概念的提出增强了世界各国之间在政治经济文化等领域的相互依赖和联系,在高等教育领域,留

---

① 石邦宏.国际教育服务贸易的相关理论及其解释力[J].教育研究,2005(6):54-61.
② 赵蒙成.WTO与我国的对外高教贸易[J].苏州大学学报(哲学社会科学版),2002(1):124-127.
③ 王辉耀,苗绿.中国留学发展报告 No.5[M].北京:社会科学文献出版社,2016:2.

学生的数量以及留学区域范围都迅猛扩张,各教育输出国纷纷展开对经济利益的追逐,形成了新的特点,留学教育逐渐演变为一种经济行为,国际教育贸易产业逐渐形成①。

国际高等教育服务贸易形成的重要标志是全成本收费政策的出现。20世纪70年代中期,英国率先取消了对海外学生的学费优惠措施,对国际学生采用全成本收费政策,澳大利亚、新西兰、加拿大等英联邦国家紧跟其后,改援助式留学政策为商贸式留学政策,之后美国、德国、法国、荷兰等老牌资本主义国家纷纷效仿,实施收费政策,新兴的亚洲高等教育发达国家(如新加坡、马来西亚等)也很快加入了队伍。80年代后期,教育服务贸易被统计为国际服务贸易额的重要组成部分之后,各国留学政策表现出非常明显的功利性,留学教育的经济要素被强化,招收国际学生发展留学教育产业成为主要高等教育输出国赚取外汇的主要途径。

国际高等教育服务贸易背景下,留学教育的蓬勃发展主要与以下几个方面的原因相关。

首先,发达国家高等教育规模的过度扩张导致教育资源过剩,为境外高等教育消费市场奠定了产业基础。以英美为代表的西方国家从20世纪50年代起高等教育规模迅速扩张,很快完成从精英阶段向大众化和普及化阶段的转变过程,与此同时,社会适龄人口逐步减少,生源萎缩问题凸显。许多国家出现高等教育供大于求的矛盾,吸收全自费国际学生是一种高效的解决途径②。

其次,发达国家高等教育拨款的削减刺激了国际高等教育供方市场的发展。20世纪70年代在新自由主义的影响下,发达国家调整公共政策,减少公共事业支出,削减对高等教育的公共资助,减少对高校的拨款。受弗里德曼倡导的全成本学费的影响,政府将院校补

---

①② 熊庆年,王修娥.高等教育国际贸易市场的形成与分割[J].教育发展研究,2001,21(9):44-49.

贴改为个人补贴,并且允许公立高校收取偿还其成本的学费①。新自由主义提倡的"大市场、小而能政府"的政治经济思想对许多国家尤其是发达国家产生了深远影响。美国与英国率先开启新自由主义政策,实行低税低福利政策,促进自由贸易与市场发展,澳大利亚等其他国家紧跟其后②。在政府的鼓励下,英国、澳大利亚等国家面向国际市场招收全自费留学生,用于补充由于拨款缩减和国内办学成本提升导致的经费短缺③。以澳大利亚为例,早在2001年就有40多所大学完全依靠国际学生的学费弥补经费不足,而如今几乎已经蔓延至所有高校④。

再次,高等教育发展不平衡构成了国际高等教育服务贸易快速发展的根本原因。境外消费教育服务贸易市场表现出明显的不均衡性,其中占优势的几乎都为发达国家,其中一个最主要的原因就是各个国家之间高等教育发展的差异。发达国家高等教育资源相对过剩,在满足本国民众高等教育需求之余能够为国际学生提供高等教育机会。与此同时,发达国家高等教育水平普遍较高,名校云集,处于世界高等教育市场中顶端的精英大学成为全球学生的"吸铁石",主要原因就是个人在此获得的学位和专业的经历可以提高其在全球范围内的就业机会。马金森指出正是这些超级大学联盟让其他国家那些本该享有显赫地位的领军大学光芒尽失,沦为全球市场中第二梯队,"与其他大学一起提供国际教育并从事国际认可的研究"⑤。

---

① 蒋凯.高等教育市场及其形成的基础[J].高等教育研究,2013(3):9-21.

② 李梅.高等教育国际市场:中国学生的全球流动[M].上海:上海教育出版社,2008:22.

③ Shanka T, Quintal V, Taylor R. Factors influencing international students' choice of an education destination——A correspondence analysis[J]. Journal of Marketing for Higher Education, 2006, 15(2):31-46.

④ Edwards R, Edwards J. Internationalisation of education: a business perspective [J]. Australian Journal of Education, 2001, 51(1):104-117.

⑤ 马金森,李梅.全球化背景下高等教育公私属性的思考[J].教育发展研究,2007,29(5):8-11.

此外,发达国家本身由于较强的经济实力和较高的社会发展程度,对发展中国家的学生吸引力较大,这也使其在境外消费服务贸易中处于优势地位,容易赚取利润。当下英国、美国、澳大利亚等几个国家已经成为国际教育服务贸易的主导国[①],数据显示,包括英美在内的八大留学目的国接收了超过90%的留学生。近几年,中国则逐渐发展成为第三大留学国[②]。

第四,经济与贸易的全球化进程是国际高等教育服务贸易发展的动力基础。经济全球化背景下,国家的发展对人才需求提出了新的要求,社会需要具有国际竞争力的人才,具有海外学习背景和国际视野的人才在就业市场上越来越受欢迎。全球化背景下,个人在具有一定学术声誉的大学获得的境外学位是全球化的位置商品,在许多国家具有使用价值[③],进一步促进了个人在国与国之间的流动。

第五,境外消费贸易带来的巨大利益是国际高等教育服务贸易发展的重要驱动因素。留学教育给接收国创造直接经济利益的同时还带来了更为重要的附加价值,留学生在学习期间不仅需要交纳比当地学生高出数倍的学杂费,而且要支付学习期间如住宿、食物、娱乐、旅游等各种生活费用,为接收国的持续发展提供巨大资源,创造可观的经济收益。以几大主要高等教育输出国为例,2000—2011年十余年间,美国教育出口额从102.8亿美元增长到227.26亿美元;加拿大高等教育服务出口增长4倍,占其服务贸易出口总值的比重翻了一番;澳大利亚的教育贸易出口额增长6倍,占该国服务贸易出口总额的比例翻了3倍,跃升到30.1%,教育服务贸易成为澳大利亚最重要的服务贸易出口项目之一[④]。OECD成员国已经从教育服务贸

---

① 靳希斌.国际教育服务贸易研究[M].福州:福建教育出版社,2005:137.
② 王辉耀,苗绿.中国留学发展报告 No.6[M].北京:社会科学文献出版社,2017:3.
③ 马金森,李梅.全球化背景下高等教育公私属性的思考[J].教育发展研究,2007,29(5):8-11.
④ 李航敏,陈文敬.全球高等教育服务贸易发展态势及对我国的启示[J].国际贸易,2014(3):63-66.

易中获得了巨大的贸易收入①,2018年度,留学生为美国经济贡献了447亿美元,为澳大利亚贡献了324亿澳元②。境外消费教育服务贸易带来的附加价值比经济价值更有意义。许多来自欠发达国家或地区的留学生获得海外学历与学习经历后回国,逐渐成为各行业或领域的决策者,其决策或多或少会倾向留学国家,这也是留学教育援助的重要目的。尽管当下留学教育商业目的浓厚,但是其政治文化影响也不可小觑。正是因为境外消费教育服务贸易给高等教育输出国带来直接经济收益和潜在收益,各国政府纷纷加大优惠措施大力吸引国际学生。

最后,贸易壁垒的打破逐步清除了障碍,进一步激发民众的留学意愿。各成员国在签署协定时都承诺"努力降低教育服务领域中的贸易壁垒,以一种或者集中方式开放某个或者数个教育的分支领域",高等教育是5个教育分支领域中开放度最大的领域③。在高等教育服务中,贸易壁垒主要指各国制定的具有限制性的教育法律法规,各服务贸易出口国对此进行了制度性的尝试以打破贸易壁垒限制,吸引更多国际学生。例如,制定相关法规规范国际教育质量管理,其中澳大利亚的《海外学生服务法》就有效地对国际教育活动相关的方方面面进行法律规范,维护了澳大利亚教育在全球的声誉;简化入境签证手续;逐渐开放语言限制、放宽打工就业及居留的限制;等等④。

综上所述,出国留学是境外消费教育服务贸易的最主要的表现形式,遵循国际服务贸易的规则,能够用国际贸易理论进行解释。在经济贸易全球化的推动下,教育服务贸易出口国在经济利益与潜在

---

①③ 张民选,黄复生,闫温乐.大学的收益:留学生教育中的经济学意义[J].教育研究,2008(4):22-29.
② 苗绿,曲梅.国际学生来华留学与发展[M].北京:中国社会科学出版社,2022:13.
④ 周水源.世界高等教育境外消费出口的发展走向研究[J].中国高等教育,2010,30(Z1):77-78.

附加价值利益的驱动下,利用自身高等教育资源优势以及优惠政策大力发展此项贸易。

第三节 作为有限市场的境外高等教育市场

经济学领域中,市场按照竞争程度的强弱通常被划分为四大类型:完全竞争市场、非完全竞争市场、寡头垄断市场、完全垄断市场。完全竞争市场是一种成熟、完善、全方位的市场,完全垄断市场是另外一个极端。在完全竞争市场中,交易的产品具有明显的排他性和竞争性,价格是主要的市场调节手段。尽管境外高等教育相对于国内高等教育的市场化程度更高,但是依旧不具备完全竞争市场的特征,其供需关系受到除价格之外的各种条件(如政策等)的限制,是一个非完全竞争市场,是一个有限市场,不符合完全竞争市场的规律。

一、境外高等教育供需双方受到限制

在市场经济中,价格是引导经济决策、配置稀缺资源的重要信号,通常市场通过价格调控供需平衡①。在完全竞争市场中,普通商品的供求矛盾通过价格的调整来缓解,需求旺盛时价格升高,供给旺盛则价格降低。境外高等教育市场中,尽管价格发挥了一定的调控作用,但能力选拔以及双方国家留学政策也起了至关重要的作用。由此可见,境外高等教育市场并非完全竞争市场,具有准市场或者有限市场的特点。

境外高等教育市场中,商品的供给方与需求方都受到一定程度限制。一方面,境外高等教育服务的出售受到限制。教育涉及政治

---

① 格里高利·曼昆.经济学原理:微观经济学分册[M].梁小民,梁砾,译.北京:北京大学出版社,2015:91.

和国家安全，因此教育主权、国家安全一直是影响教育市场的重要因素，各国政府在境外高等教育市场中严格控制教育主权，绝不会交给市场管理，这是一种典型的非市场行为。在完全竞争市场上，产品或服务一般由非政府部门提供，在生产服务者之间自主进行竞争，价格通过市场来决定。然而在境外高等教育市场上，教育服务可能由公立高校提供，也可能由公立高校与私立高校共同提供。境外高等教育供给是在政府的指导下进行，通常必须在满足本国高等教育机会的基础上将富余的机会提供给国际留学生。签证政策成为控制留学生数量的重要手段，如澳大利亚、加拿大等国一直以宽松的签证制度吸引国际学生，法国从1998年开始要求驻外机构在签发入境签证上简化手续，为外国留学生赴法留学提供方便，美国曾因签证困难将大量留学生挡在门外，但是近些年也进行了签证制度调整，自此以后，每年前往美国的留学生数量增长迅速。

另一方面，境外高等教育的购买方受到来源国政策以及能力选拔条件的制约。国家留学政策的放宽与收紧与留学人数的变化直接相关。以中国为例，20世纪末政府开始逐步放开，鼓励自费留学，近20年来不断优化留学政策，自费留学人数逐步攀升，一跃成为全球最大的留学生输出国。自由贸易市场中，普通商品的购买几乎不会对消费者的购买权进行限制，但是境外高等教育市场中个体必须通过能力选拔才可以获得购买教育服务的机会，除了需要具备一定的经济能力之外，还要求受教育者具备相应的认知能力、知识储备才能完成消费。尽管各国高校对国际学生的选拔制度有差异，但能力是筛选关键。国际学生必须满足各种入学要求（如学业成绩、外语能力、综合素质能力等）才可以获得入学机会，而且在消费过程中必须表现出相应的学习能力才能保证消费成功。境外高等教育市场中常常运用能力选拔与学费调整双重手段来调控供需关系从而缓解供不应求或者供大于求的失衡现象。例如，精英型大学为维持其地位优势，通常设定较高的录取标准控制招生规模，选拔出符合精英条件的学生；大众化的学校提供更多的机会，相对录取标准较低，但是也设置一定条件选拔有能力完成学业的学生。当一所学校收到的申请较少，则通常会降低录取条件以满足招生数量的需要。

综上所述，从市场供需关系的角度来看，境外高等教育市场未达到完全市场竞争条件，其交易是在国家主权的控制下进行，而不是完全开放的自由市场，其供求关系也不由价格调控，而是受到政策与人才选拔标准的制约。

二、境外高等教育兼顾公私属性

马金森认为境外高等教育产品属于高等教育产品的一种特殊形式，并非固定公有或者私有，而是在公私之间寻求一种不稳定的平衡，具有公私混合性质，他批判服务贸易总协定框架下假设国际高等教育产品为私人产品缺乏全球化高等教育公共产品的考虑[1]。

高等教育的主要私人产品是位置商品，为学生在将来的工作收入、社会地位和特权的竞争中提供相对优势[2]。高等教育最重要的位置商品是学位学历证书，高等教育机构给学生配置稀有的教育机会，学生学习后获得的位置商品往往通过学位证书表现，并将用于劳动力市场或后续教育之中[3]。高等教育作为地位商品具有一些重要特征：第一，大学之间的竞争和学生之间为进入顶尖大学学习而产生的竞争一起构成了地位市场；第二，地位商品具有较强的等级性且是分层的，一些地位比其他地位更有价值，精英大学往往因为处于金字塔的顶端而市场需求最大，有些专业也因为等级较高所以需求大；第三，地位商品是绝对稀缺产品，高等教育的顶尖生产者（精英大学）的数量是固定的，不会扩大规模满足所有人需求；第四，一个人对地位

---

[1] 马金森,李梅.全球化背景下高等教育公私属性的思考[J].教育发展研究,2007,29(5):8-11.
[2] 朱适.经济全球化背景下高等教育产品的属性及供给[J].江苏高教,2010(4):95-96.
[3] 西蒙·马金森.教育市场论[M].金楠,等,译.杭州:浙江大学出版社,2008:28.

商品的投资会导致其他人地位投资价值的减少,文凭数量的增多自然会减少每一张文凭所代表的位置信号[1]。鉴于高等教育地位商品的特质,人们往往会投资更高层次的教育达到预期收益,与此同时,当同一层次教育的价值降低,就会通过更加严格的筛选制度限制新人进入以保护固有的价值,也就是说同一层次教育中,声望较高的院校中所获得的教育声望被加强[2]。

位置商品的获取很好地诠释了境外高等教育私人产品的特性,倘若学生在国内市场上无法通过位置竞争获得高等教育位置产品,国际市场上的高等教育产品就变得至关重要。学生追求的是境外高等教育的地位价值和比较优势,包括海外学位、流利的外语、海外留学经历,以及可能存在的移民机会等[3]。全球化背景下,境外学位通常在多个国家具有使用价值,属于一种全球化的私人产品[4]。

尽管高等教育领域缺乏全球性的政策空间,导致高等教育的全球化外部效应容易被忽略,但是境外高等教育生产全球化的公共产品是不容忽视的。公共产品的显著特性表现为非竞争性和非排他性,每个人的使用不会妨碍另一个人的使用[5]。境外高等教育积极利益和外部效益的表现无不表明境外高等教育产品具有公共属性,例如,高等教育在全球各领域的知识系统和研究系统中起到的核心作用,一个国家的教育对另一个国家公民的影响,人才跨境流动产生正负外部效益(对研究的发展产生的积极外部效益,但对流出的国家来说造成人才的流失),世界范围内的学术自由协定与系统互相认

---

[1] 蒋凯.全球化时代的高等教育:市场的挑战[M].北京:北京大学出版社,2013:78.
[2] 西蒙·马金森.教育市场论[M].金楠,等,译.杭州:浙江大学出版社,2008:30.
[3] 朱适.经济全球化背景下高等教育产品的属性及供给[J].江苏高教,2010(4):95-96.
[4] 马金森,李梅.全球化背景下高等教育公私属性的思考[J].教育发展研究,2007,29(5):8-11.
[5] Samuelson P A. The pure theory of public expenditure[J]. Review of Economics and Statistics, 1954, 36(4):387-389.

定,国际研究协作、跨国的文化交流、国际理解等都是具体表现[1]。

境外高等教育带给个人较大的私人收益,同时也通过接受教育者产生许多正向的集体利益,具有较强的外部性。从产品属性的角度判断,境外高等教育并非产生完全私人产品,依旧属于有限市场性质。

三、境外高等教育市场中的信息有限性

完全竞争市场必须具有两大特征。其一,供给价格能正确地反映成本;其二,消费者所掌握的市场信息应该准确而完整,也就是说消费者被假定掌握完全信息后进行理性选择[2]。如前文所述,境外高等教育的供需并不完全受到价格调控,同时在许多国家依然存在各种针对国际学生的经济资助,因此价格并不能充分反应成本。另一方面,境外高等市场中信息不对称现象严重,信息有限性特征非常明显,生产者和消费者双方都无法获得完全信息进行理性选择。

首先,境外高等教育市场的信息并不充分,大多数个体对高校的选择并不是建立在完全信息之上。由于高等教育服务的供给方与需求方来自不同国家,受制于地理距离、语言文化差异等因素,导致信息不对称、信息不完全现象非常严重。这种信息不充分现象表现在两个方面。其一,个体掌握的决策信息具有一定的局限性,容易受到不正确信息甚至虚假信息的影响,境外高等教育需求主体对于留学目的国、留学院校以及专业的选择无法建立在完全信息的获取上,由此家庭对要购买的教育或教学服务可能缺乏理性判断;与此同时,高校在对申请者进行资格审核时,也存在无法掌握正确而充分的信息并对所获得信息进行准确判断的现象。

---

[1] 马金森,李梅.全球化背景下高等教育公私属性的思考[J].教育发展研究,2007, 29(5):8-11.

[2] 毛勇.教育市场之探讨[J].高教探索,2008(3):21-26.

其次，境外高等教育的决策者无法做到完全理性。完全市场理论背景下，消费者被假定为完全理性的经济人，然而教育服务的消费决策容易受到社会文化因素影响，教育消费的选择与决策往往受到个体的信念、感情、情绪等心理因素影响而并非受到利益最大化支配，因此教育消费决策中本身就存在非理性的成分。个体和家庭在利用信息进行成本收益、最大效用分析选择时，具有有限理性，比方说由于受到非完全信息或信息处理能力的局限，人们往往容易根据局部信息或者经验和直觉来进行境外高等教育选择。境外高等教育市场中供需双方来自不同国家，拥有不同文化背景，信息的传递与解读相对于境内市场的高等教育服务消费而言更容易出现理解偏差，对理性决策的影响更大。

综上所述，从境外高等教育市场中的信息特点的角度而言，受教育者无法获得完全信息，也不能做到完全理性，不具备有完全竞争市场的特点。

四、境外高等教育机构缺乏清晰的产权利益结构与售后保障

从产权利益结构和售后服务保障的角度来看，境外高等教育市场的竞争远未达到完全竞争市场的要求。

在全球范围内，大学的产权结构和经济利益目标并不清晰。当前私立大学的发展并没有改变非营利性院校为主体的格局，高等教育机构的最大投资者和拥有者依旧是各国政府，政府不会让大学被市场淘汰，完全市场竞争也不太可能发生于高等教育市场中。此外，多数高校追逐的主要目的并非经济利益最大化，不同产品提供者（高校）之间的竞争重点是学术声誉而非最大化的利益，就算高等教育国际化能够带来丰厚的利润，多数名校也并不会完全按照商业化运作的方式，像普通市场上对待受欢迎的商品一样扩大生产规模来满足需求，而是将发展重点定位于科研能力的增强、与国外知名院校的深度合作、学校国际地位的提升、学生国际素养的培养、打造品牌等维

护学校学术声誉并提升国际影响力的工作上。高等教育地位商品稀缺性的特点使得唯有创造较高学术成就与学术声誉的学校才能在国际市场保持不败,一旦高校仅仅为追求眼前利益最大化,过度扩大国际学生招生规模,消费者获得的地位商品的价值就会降低,未来就可能遭遇招生困难等问题。

在一个完全竞争市场中,产品售后是必要的环节,消费者对于达不到规定消费标准的产品,能够找到有效途径进行退换,通常政府的相关部门或者第三方机构承担质量监督功能。在境外高等教育市场中,由于跨境教育涉及的供需方较为复杂,难以形成统一的售后保障体系,尽管联合国于2005年制定的《跨境高等教育质量提供指南》为跨境教育中的利益相关者:政府、高等教育机构、学生团体、质量保障与认证机构、学术认可机构和专业机构提供了行动指导[1],然而这仅仅是从宏观层面制定的指导性政策,目前还没有一个国际公认的高等教育质量认证体系保障境外高等教育消费的售后质量。

服务贸易总协定强化了跨境高等教育全球市场的经济利益目的,却缺乏对跨境高等教育发展核心问题——质量保障的有力规范[2]。高等教育质量是一个体系,也是一个过程,由输入质量、过程质量、输出质量构成[3]。境外高等教育的质量构成与此类似,但由于跨境支付、跨境消费、消费效果的延迟性都导致其质量保障更为复杂。境外高等教育消费中服务质量、服务提供者的诚信、服务购买者获得的商品是否物有所值都存在问题。教育服务的质量主要表现为与教育活动相关活动的质量,如专业与课程体系质量、教师授课水平

---

[1] 王立生,林梦泉,李红艳,等.跨境教育及其质量保障的探究与实践[J].学位与研究生教育,2016(3):33-38.

[2] 李洁.跨境高等教育发展及质量保障制度建设——基于中外合作办学视角的探讨[J].集美大学学报(教育科学版),2017,18(5):35-40.

[3] 王德林.售后服务:高等教育质量保障的新理念[J].现代教育科学,2004(1):49-51.

高低、办学条件好坏等①。在境外高等教育市场,留学生处于信息弱势地位,容易受到错误信息、不充分信息的误导,其权益可能会受到损害,如教育机构或者中介散布的虚假信息,境外高等教育机构宣传夸大其词,实际办学水平与提供的教育服务水平不相符,学校提高学费却不改进办学设施提升教育质量等②。在普通的市场实物交易中,人们通常是一手交钱一手交货,或者是先享受服务再付钱,但是境外高等教育服务完全不同,学生可能需要跨境支付,先缴费后上课。一旦到了目的地发现问题,由于各国对教育质量监控手段的差异、人生地不熟、语言受限等问题,消费者难以如其他商品一样享受质量保障如退换货等权益。

个体消费境外教育服务后的效果也无法保障。教育服务效果是指个体在接受高等教育服务后其智力素质等各方面所发生的变化。通常用学生接受教育服务前后人力资本变动的差异或者人力资本增值的幅度来表示③。学生通过支付昂贵的费用购买境外高等教育,并前往异国他乡消费,在过程中需要付出精力、时间和智力,其主要目的是要提高自身劳动力商品的质与量,以适应人才市场竞争的需要。对个体而言,教育服务只是一个中间环节,而获得的自身劳动力增值才是最终的产出。要保障教育服务效果,就必须让毕业生能够满足社会对人才的需求。但实际上,由于缺乏有效信息渠道和判断力,又受到语言、文化、地域限制,留学生所接受高等教育的效果未必能达到预期,例如,留学生获得的学历资格在劳动力市场上未必能达到预期的价值,甚至有可能出现由于境外高等教育机构所提供的教育质量有限导致其所颁发的证书无法在就业市场获得雇主认可的极端情况。上述情况一旦出现,消费者既不可能退款也不可能换货。

---

①③ 刘俊学.高等教育产出的理性思考[J].中国高教研究,2003(2):34-37.
② 张民选.跨境教育中的学生利益保护[J].教育发展研究,2006(4):26-33.

第四节 作为家庭决策的留学选择

境外高等教育市场中,教育决策者与直接消费者往往分离。在我国,通常由父母支付昂贵的留学费用,而接受教育的是没有支付能力的子女。留学对于一个家庭而言是一件大事,不仅因为需要花费一笔较大资金,而且这种消费在今后对家庭成员存在持续的影响。因此,个体的留学行为通常是一种家庭集中决策后产生的行为。

一、个体留学是家庭决策行为

家庭是建立于婚姻和血缘关系基础上的基本的社会组织形式,是人们社会生活的基本单位,在传统社会中既是生产单位也是消费单位,在现代社会中大多数家庭已经不是生产单位,但仍然是消费单位[1]。家庭消费是指家庭中为实现基本生活、子女教育以及家庭地位等目标的消费支出。家庭对重大消费活动,如住房、子女教育等通常以家庭集中决策的形式进行消费决策[2]。境外高等教育是家庭为子女教育选择的一种高等教育形式,属于重要的家庭消费决策行为,但也具有投资意义。

美国社会学家帕森斯指出人的行为系统受到价值与规范系统支配,不同社会的价值与规范体系各不相同[3]。中国传统社会的家庭决策的价值规范强调家长的决策权,通常丈夫或父亲成为家庭消费安排的重要决策者。现代社会中,子女在家庭决策中的扮演的角色越来越重要,但是对于没有经济收入的子女,家庭收入主要提供者(通常是父母)依旧是家庭决策者。我国社会中父母与子女之间关系

---

[1] 王宁.消费社会学:第2版[M].北京:社会科学文献出版社,2011:134.
[2] 陶美重.高等教育消费研究[D].武汉:华中师范大学,2007.
[3] 王宁.消费社会学:第2版[M].北京:社会科学文献出版社,2011:133.

的亲密度远远高于西方国家，父母角色期望就包括供养子女接受教育①。因此，我国教育的个体需求表现出较强的复合性，既包括受教育者的需求又包括家长对高等教育的需求，其中家长的需求甚至更为强烈②。对于高中生家庭而言，境外高等教育的花费数额巨大，受教育者更缺乏决策权，个体留学行为往往是家庭决策后产生的行为，由创造经济来源的父母扮演关键决策人的角色，子女作为决策参与者通常对留学决策的内容（如留学学校、专业等）较有话语权。

二、家庭投资视角下的个体留学行为

家庭境外高等教育投资是人们的一种高等教育投资选择，具备家庭教育投资决策的一般特点，所不同的是境外高等教育的投资额较大，潜在风险也更大。

家庭的高等教育投资决策是指家庭为实现子女接受高等教育的某种特定目标，根据子女自身条件以及客观可能性，以占有的信息、资源以及经验为基础，感知、分析、判断、评估实现某种特定目标的影响因素后，对于是否投资与如何投资等未来行为所做的决定③。家庭的高等教育投资行为的驱动力来自教育带给受教育者及家庭的收益。由于资源的有限性约束，投资者会考虑教育带来的收益是否大于成本再决定是否投资，理性的人在预期收益的现值大于或者等于支出的现值情况下才会决定进行某项投资。

境外高等教育投资成本比国内高等教育投资的成本更高、构成也更为复杂，不仅包括高出国内高校数十倍的学费，高昂的生活费、机票、国际化考试、国内语言培训费、海外高校申请费用等经济成本，还包括受教育者投入的时间、接受教育的机会成本（即如果不接受教

---

① 戚业国.民间高等教育投资的跨学科研究[M].上海：复旦大学出版社，2001.
② 靳希斌.教育经济学：第4版[M].北京：人民教育出版社，2009.
③ 许祥云，张凡永，等.高等教育投资：家庭的决策与选择行为[M].厦门：厦门大学出版社，2016：13.

育而做其他事情带来的收益）。另外，受教育者由于所处环境发生变化，还需要付出额外时间与精力适应两种文化的转换，家庭成员之间付出情感上的长期分离等。

境外高等教育投资收益可能比其投资成本更高，这与境外高等教育投资收益的品种更多以及高等教育质量的差异性有关。境外高等教育的收益包括海外学位、流利的外语、就业优势、移民机会等。高等教育位置商品具有较强的等级性，由于各国之间高等教育发展水平不均衡，个体在国际市场上同一高等教育层次中所获得的相对学术声誉更高的大学教育能带给受教育者及家庭更多的收益，可能会给受教育者带来更高的收入水平和社会地位。当下的国际学生流动呈现出边缘到中心、发展中国家到发达国家的趋势，通常高等教育发达国家的经济水平也较高，留学者在此阶段学习到的先进技术和高深的知识、熟练的外语能力、对当地文化的通晓都对其生产力和劳动效率的提高有深远作用，一旦学成归国后，能够快速运用到下一个社会生产环节中，在国际经济全球化的大背景下，自然比本土大学毕业生更受国内雇主喜爱，为长期顺利的职业发展奠定基础。海外文凭稀缺的时代，接受境外高等教育归国后更容易获得社会认可，获得社会阶层上升的资本，通过提升自身的社会地位改善家庭地位。

三、家庭消费视角下的个体留学行为

家庭教育消费包括子女教育消费与成人自身教育消费[①]。境外高等教育消费属于家庭子女教育消费的一种类型。家庭支付费用在国际高等教育市场获得由境外高等教育机构提供的教育服务，形成一种特殊的购买关系。

境外高等教育消费具有一定的特征，具体表现如下。

首先，境外高等教育属于享受型和发展型消费。居民的消费动

---

① 靳希斌.教育经济学：第4版[M].北京：人民教育出版社，2009：286.

机分为3个层次,第一层是为满足自身生存的需要;第二层是为满足自身发展的需要;第三层为满足自身享受的需要。①对我国多数家庭而言,境外高等教育消费成本较高,是我国社会消费结构优化升级后,部分家庭满足住房与汽车的需求后产生的发展型与享受型消费。

其次,境外高等教育消费是为满足人们多元化教育需求的消费。随着社会的发展,人们对高等教育的要求越来越高,不再仅仅为了获得高等教育机会而选择出国留学,海外大学成为一种满足多样化需求的供给。

再次,境外高等教育消费的效用持久,贯穿人的一生。境外高等教育商品不会随着消费结束而消失,完成消费后就转化为受教育者的精神财富与能力,在未来的生活工作中继续发挥作用。

第四,境外高等教育是具有投资性的消费行为。消费者消费结束后投入下一个社会生产环节后能产生收益。

第五,境外高等教育对消费主体的资格与消费能力有要求,具有竞争性和选拔性。境外高等教育消费机会的获得具有选拔性,受教育者不仅需要具有较强的支付能力,还必须通过学术能力和外语语言能力的选拔才可以获得入学机会。此外,要保证消费成功,受教育者必须付出智力、精力、时间。

最后,境外高等教育消费支付与消费过程不同步,境外高等教育服务消费具有滞后性,并且消费主体必须离开熟悉的环境前往异国他乡完成消费。

家庭消费境外高等教育的主要目的是为子女获得教育体验的最大满足感。经济学概念中消费指利用物品或者劳务满足人类需要的行为,效用最大化是其追求的直接目标。"效用"通过消费者体验的反应,是指消费者在消费过程中感受到的满足程度,是指个体在其选

---

① 靳希斌.教育经济学:第4版[M].北京:人民教育出版社,2009:286.

择的某商品组合中获得的享受水平[①]。家庭购买了境外高等教育服务后，其子女可以通过出国留学获得各方面的消费体验，如感受异国文化，接触来自不同文化背景的人群，开阔视野，获得国际化体验，感受不同于国内的教育模式，锻炼独立生活能力，磨炼意志力等，也有家长为弥补自身缺乏留学经历的遗憾，或者获取家庭声望等不惜花重金送子女留学。这些虽然不能为消费者及家庭带来直接的经济收益，但能带给消费者精神上的愉悦和满足。

四、我国家庭境外高等教育决策特点

境外高等教育决策既是家庭投资决策又是家庭消费决策，个体的留学行为既是家庭投资行为又是家庭消费行为。不同类型家庭的境外高等教育决策差异较大。

家庭境外高等教育决策受到决策者的文化层次与对境外高等教育认知的影响。决策过程中家长是主要的决策人，子女的参与程度与家庭背景相关。通常父母文化程度较高、收入较高的家庭，民主氛围更浓厚，在家庭高等教育决策中父母更尊重受教育者的意愿，子女的参与程度越高[②]。同理，更民主的家庭，子女参与留学决策的程度更深。留学决策包括"是否留学"和"去哪里（选择留学目的国、学校等）"两大阶段，整个决策过程由家长与子女共同完成，但多数情况下父母缺乏留学经历，没有建立对境外高等教育的直接认知，或者因为语言等能力限制缺乏获取信息和利用信息的渠道，一旦确定留学后，子女将会更主动地参与到留学目的地、学校选择的决策中。我国当下留学服务产业发展较快，越来越多的外部力量（如留学中介、学校等）参与到家庭境外高等教育决策过程中。

个体留学既是家庭投资决策行为又是家庭消费决策行为，不同

[①] 陶美重,强侠.个人高等教育消费的经济学分析[J].湖北社会科学,2006(5):156-160.
[②] 戚业国.民间高等教育投资的跨学科研究[M].上海:复旦大学出版社,2001:144.

行为在市场表现出截然不同的规律。部分家庭将子女留学作为一种家庭消费行为，追求留学经历给受教育者带来的体验与满足感，留学的主要目的为开阔视野、体验文化、自我完善、获得自我成就感、社会交往资本等。部分家庭将子女留学作为一种家庭投资，期望孩子毕业后能够找到高薪工作，获得较好的经济报酬，改善家庭生活条件与社会地位，也有部分家庭两者兼有，对其而言，子女留学既有投资意义，也有消费意义。

个体留学决策的关注重点与家庭收入和家庭消费结构直接相关。从消费经济学角度来看，收入是消费的基础，无论是在何种分配制度下，家庭的收入水平决定消费水平、消费方式和消费结构。家庭消费结构的差异影响家庭境外教育决策。通常收入高、经济富裕的家庭更倾向把出国留学作为一种消费形式，而经济条件相对较差的家庭则更倾向将留学作为投资，期望获得比国内同一层次高等教育更高的经济回报。

社会消费结构变化为我国家庭境外高等教育决策带来新的特点，家庭消费结构的升级使得越来越多家庭的境外高等教育决策逐渐从投资行为向消费行为转变。近年来中国恩格尔系数持续降低，食品支出占个人消费支出比重明显下降，经济快速发展，消费结构不断升级。居民消费结构经历了由生存型消费向发展型消费，商品消费向服务消费，传统型消费向新型消费转变，服务型支出消费大幅增加。越来越多中等收入家庭完成从物质敏感时期向体验敏感时期转变。人们更注重消费带来的体验愉悦感、满足感，具备追求满足享乐、发展以及健康需求的消费能力，也就更注重子女的发展，在教育决策上对经济回报的考虑越来越小。家庭决策受到经济因素影响减少，而受到社会文化（如自我完善的诉求、社会交往诉求、中华传统文化）等其他方面的影响逐渐增大。

综上所述，个体的留学行为是一种具有投资与消费双重意义的家庭决策行为，是投资性的家庭消费行为，也是消费性的家庭投资行为。有些家庭将其作为投资活动,也有些家庭将其作为消费活动,还有家庭介于两者之间。随着我国家庭消费结构不断升级,越来越多家庭将送子女出国留学视为一种教育消费行为,对经济回报的预期不高,更多追求的是教育消费带来的体验与满足感,以及境外高等教育经历对子女的自我完善、自我发展的作用。

第三章 高中生境外高等教育升学需求理论框架构建

第一节 多学科视域下的留学行为研究

随着全球范围内留学规模不断扩大,留学行为广受中外研究者的关注,学者们运用经济学、政治学、社会学等理论探讨学生留学行为的成因等相关问题,本书试对上述理论逐一进行简要阐述。

一、留学行为的经济学视角

(一) 人力资本理论

人力资本理论形成于 20 世纪 60 年代初,以舒尔茨和贝克尔为代表人物。该理论认为,完整的资本概念应包括物力资本和人力资本两种形式。其中,人力资本是体现在劳动者身上的资本,表现为个体的能力和素质,即知识、技能、资历、经验和熟练程度等[1]。从货币形态来看,其表现为提高人力而付出的各项开支,包括而不限于保健支出、学校教育和在职教育支出、劳动力迁徙支出。教育是形成人力资本的重要途径,通过教育可以改善人的能力素质,从而提高其劳动生产率,个体劳动生产率的提高对社会劳动生产力有重要意义。

根据人力资本理论,人力资本投资实质上就是通过对人的投资

---

[1] 加里·贝克尔.人力资本[M].梁小民,译.北京:北京大学出版社,1987:5.

来提高人的生产能力和收入能力的一切活动[1]。舒尔茨认为教育并非单纯的消费活动,教育是帮助受教育者获得某种生产能力,这种能力蕴藏于个人体内,在将来能够发挥积极作用[2]。也就是说,教育是一种生产性的投资活动,从宏观层面可以推动国民经济增长和社会福利增加,从微观层面可以使投资者获得更高的收入和社会地位。

早期人力资本理论认为通过教育投入能为个人带来较高的生产能力从而创造较高的收入,并在此基础上发展其他理论证明高等教育是个体及家庭最为重要和有效的人力资本投资方式。其中,筛选理论提出教育投入使得个人获得较高的文凭,高文凭意味着较高的收入的假设,劳动力市场划分理论则认为受教育后的个体能够进入主要劳动力市场从而获得较高的收入,社会化理论的解释是教育投入让受教育者具有较高的社会化水平从而获得较高的收入[3]。

从人力资本投资与收益的视角来看,高等教育投资即是指为了提高现有劳动力的智力水平和劳动能力,增加其知识技术水平,实现最大预期收益,降低磨损与贬值风险而在高等教育领域中进行的物质、资金和劳务等的投入活动。投资收益是指投资者投资于某种资产后在一定时期内所获得的总收益。关于高等教育的投资收益,则是指高等教育投资对个体以及社会产生的增量收入,也就是人力资本中知识的价值增量的经济体现,通常包括社会收益与个人收益两大部分。高等教育个人投资收益是指个人因为投资高等教育而产生的增量收入,可分为经济收益与非经济收益两类。经济收益指个人通过接受高等教育所获得的知识增长与能力提高,并因此获得更高

---

[1] 西奥多·舒尔茨.人力资本投资——教育和研究的作用[M].蒋斌,张蘅,译.北京:商务印书馆,1990:31.

[2] 西奥多·舒尔茨.论人力资本投资[M].吴珠华,等,译.北京:北京经济学院出版社,1992:31.

[3] 西奥多·舒尔茨.论人力资本投资[M].吴珠华,等,译.北京:北京经济学院出版社,1992:8.

的额外经济收入,包括具体未来收入的提高、未来更合理的支出、未来较大的职业机动性以及发展前景。非经济收益指个人通过教育认知世界所带来的精神满足,比如提高个体的心理健康水平、闲暇质量及消费能力,提高个人的道德素质、思想水平和社会活动能力等[①]。

从人力资本投资的角度来看,自费出国留学实际上是个体(家庭)对受教育者进行的人力资本投资,是一种以支付当前的投资成本来获取未来收益的投资行为。对于家庭和个人来说,学生跨国或跨境接受教育投入成本较高,获得的潜在收益也较大。由于高等教育水平和质量的差异性,出国留学往往能够获得比国内更优质的教育资源,接受国外高等教育能够更好地提高受教育者的知识水平和素质水平,增加受教育者未来的预期收入、职业选择的机会和流动的适应能力。

(二)教育供需理论

供需理论阐明市场供给与需求之间的关系对商品价格的影响。当市场上商品供给大于需求,则商品价格下降,反之,则商品价格上升,当两者平衡时,商品的价格最接近于其实际价值。

教育供给是指某一时期内,一国或一个地区各级各类学校教育机构所能提供给受教育者的机会。教育供给主要受资源分配多寡、对劳动力需求总量与结构的预期、教育的单位成本和师资状况的影响。教育需求是在一定时期内个人愿意而且能够购买的教育服务的数量。教育的个人需求主要取决于个人智慧程度、家庭的社会经济背景、职业的需要、教育的预期报酬率、学杂费的高低、社会经济状况和家长对子女的影响[②]。

全球一体化大背景下,高等教育供需配置的范围扩张到全球范围,高等教育的内部市场需求可以由外部市场供给来满足。另一方面,随着人们经济生活和文化生活水准的提高,终身教育及文凭在个

[①] 方守江.中国学生国际流动:驱动力及风险防范[D].上海:华东师范大学,2010.
[②] 靳希斌.教育经济学[M].北京:人民教育出版社,2001:80.

人生涯中的作用提升,人们日益增长的教育需求与现有教育供给能力产生的矛盾愈加突出。当一个国家或地区的教育资源配置不合理,教育产品的质量、品种无法满足人们对教育的需求,便会造成有限的教育供给与人们旺盛的教育需求失衡。主要表现形式为两种:一种为补充需求,一种为差异需求。前者指一个国家内部的供给在数量上无法满足国内需求,因此人们选择出国(境)接受高等教育;后者指一个国家内部的供给在数量上充足,但是无法满足人们对不同类型或质量高等教育的需求,因此需要境外高等教育供给。高等教育发展的不均衡为这种供需配置提供了前提条件①。

(三) 国际教育服务贸易

国际教育服务贸易是指国家与国家之间(地区与地区之间)出于经济目的,在教育的一定领域,以特定方式进行的教育服务的输入和输出②。高等教育国际贸易则是指各国之间为了经济目的所进行的高等教育的输出与输入,属于一种国际服务性贸易③。

1994年世界贸易组织通过了《服务贸易总协定》(GATS),把教育服务归为12类服务贸易中的第5大类。服务贸易总协定作为基本法规,规定WTO成员国在从事教育服务贸易活动过程中必须遵循包括最惠国、国民待遇、透明度、逐渐开放等在内的基本原则。教育服务贸易包括4种模式:跨境交付(通过跨境的远程教育、网络教育提供教育服务)、境外消费(主要指出国留学、进修、学术访问)、商业存在(海外办学)、自然人流动(学术人才的流动)。多数WTO成员国至少在一个教育分部做出一项承诺,愿意通过协商谈判的方式,消除分歧并促使政府下放办学权利,逐步取消限制性的教育法律法

---

① 李梅.高等教育国际市场——中国学生的全球流动[M].上海:上海教育出版社,2008:59.
② 靳希斌.国际教育服务贸易研究[M].福州:福建教育出版社,2005:18.
③ 熊庆年,王修娥.高等教育国际贸易市场的形成与分割[J].教育发展研究,2001(9):44-49.

规,最终在全球范围内形成自由开放的教育市场。其中,高等教育领域开放程度最高,又以境外消费(出国留学)为主要的贸易形式[①]。

国际高等教育贸易框架下,留学教育的商业化气息浓厚,市场中的教育供给呈现多样化,高等教育私人教育产品特征被强化。教育的品牌、师资、设备、学费、教育管理、文化传统等因素导致教育服务产品的差异性,为教育服务的提供成为具有商品交换关系的市场行为创造了条件和可能。世界知识经济的发展使教育在经济中作用日益凸显,人们生活水平的提高也为追求更多更好的教育服务创造了良好的经济条件。科技的发展使得交通变得更加便利,为人们越洋跨海到异国他乡学习提供了便捷的交通条件。另一方面,正是由于意识到高等教育服务贸易中蕴藏的巨大利润,许多国家为吸引和满足不同需求偏好的消费者,在留学生接收政策上出台了许多优惠和便利措施。显而易见,追求教育服务贸易中的超高利润,进一步推动了境外高等教育需求。

二、全球化与教育国际化视角

20世纪后半叶,世界各国经济的相互依赖性不断增强,商品市场和要素市场相互作用、相互联系,形成了全球一体化的市场体系。各国经济、教育文化间的关联度也日益增强。联合国开发计划署1999年在《人类发展报告》中指出:"经济全球化不仅意味着资本和商品在国际上自由流动,同时也意味着各国人民生活在一个不断缩小的空间,相互依赖与日俱增。"不同地区、国家和社会制度的文化、思想、信息交流与碰撞大量增加,世界面临更加包容开放、更强调竞争与互联的变化[②]。

经济全球化带来了人才需求和人才标准的国际化,进而直接推

[①] 靳希斌.国际教育服务贸易研究[M].福州:福建教育出版社,2005:32-35.
[②] 方守江.中国学生国际流动:驱动力及风险防范[D].上海:华东师范大学,2010.

动高等教育的国际化。教育国际化的概念在20世纪80年代首次被提出,美国卡内基高等教育政策研究理事会主席、前加州大学总校校长克拉克·科尔在《扩展高等教育的国际维度》一书的序言中提出"我们需要一种超越赠地学院观念的新的高等教育观念,即高等教育要国际化,高等教育要面向世界发展"[1]。加拿大学者奈特将高等教育国际化定义为"在院校与国家层面,把国际的、跨文化的、全球的维度整合进高等教育的目的、功能或传递的过程"[2]。从此定义可以看出高等教育国际化是跨国界的高等教育合作与交流,是把跨文化氛围与大学的教学科研以及社会服务功能结合的过程。在高等教育国际化大背景下,世界各国的高等教育在全球范围内实施供需配置、资源流通,实行跨国贸易的竞争与整合。

高等教育国际化是一个动态的发展过程,在30多年的发展历程中,内容与性质都发生了变化,作为高等教育国际化发展的必然产物,跨境教育背后蕴藏的价值取向与学生的留学活动关系紧密。早期跨境教育活动的价值取向是相互理解,带有政治、文化、学术目的;允许和鼓励国内和国外师生通过奖学金项目和学术交流项目进行流动,支持教育机构的合作伙伴关系,如欧盟各国于20世纪80年代开始实施的"伊拉斯谟计划"就是典型的案例。该计划通过欧洲各国间的人员交流、课程、学分、文凭以及学术资格相互承认等,建立相互开放的高等教育体制,促进欧盟劳动力市场形成,促成100多万学生在欧盟境内的留学活动。人力资本积累成为以美国为中心的国家发展跨境教育的主要价值取向。依附论的学者把西方发达国家称为世界中心,而把发展中国家称为外围。外围国家依附中心国家,在国际关系中处于劣势,中心国家把外围国家当作资本积累的来源,其中包

---

[1] 洪柳.高等教育国际化背景下我国出国留学现状及分析[J].河北师范大学学报(教育科学版),2013,15(2):29-33.

[2] Knight J. Internationalization remodeled: Definitions, rationales and approaches [J]. Journal for Studies in International Education, 2004(1):9.

括物力资本与人力资本。早期美国等"中心国家"通过向外围国家提供留学机会与条件,积累人力资本①,后来德国、英国、加拿大和法国为主的国家将技术移民作为一种教育出口策略,强调招收经过筛选的国际学生,并试图留住成就突出的学生为东道国的社会发展服务。

20世纪80年代起,经济收益取代相互理解成为跨境教育的主要价值取向,强调通过开辟国外教育市场,扩大留学生招收渠道来弥补政府经费投入不足。大多数高等教育输出国改变以往政府对外国留学生实行全额资助或优惠的收费政策,将留学教育和教育服务等商品化,以谋取商业利润。发展中国家重视能力建设的价值取向,把跨国教育看作是满足国内高等教育需求、丰富高等教育供给、提升高等教育质量、强化高校建设和增强高等教育系统竞争力的一种手段。能力建设策略重视本国学生的出国留学,开发境内市场,引进国外的教育项目和机构,从而提高本国高等教育水平。亚洲的许多国家如中国、马来西亚、印度尼西亚、新加坡等国普遍采取这种策略②。

从以上跨境教育策略来看,无论是采取哪种方式,都对留学活动产生了积极的推动作用,经济全球化和教育国际化推动跨境高等教育蓬勃发展。

三、留学行为的社会心理视角

(一) 社会分层与社会流动

社会分层是社会结构中的一种现象,指按照一定标准,社会成员根据其在社会生活中占有社会资源的多少、获得社会资源机会能力的大小,划分成高低有序的等级与层次的过程与现象。通常包括社会分层结构的静态层面和社会流动的动态层面③。

---

① 田玲.中国高等教育对外交流现象研究[M].北京:民族出版社,2003:219-220.
② 方守江.中国学生国际流动:驱动力及风险防范[D].上海:华东师范大学,2010.
③ 潘秀新.论社会分层与高等教育的相互关系[J].吉林省教育学院学报,2012(1):52-54.

德国社会学家韦伯最早提出三位一体的社会分层理论,他从财富、声望与权力3个角度区分社会层次。其中,财富是社会分层的经济标准,声望是指一个人获得的社会认可和他人的肯定评价,由社会公认的评价方式确定,声望地位是指个体在由社会公认评价方式确定的高低有序的阶梯中所处的位置,权力是社会分层的政治标准,是根据人们是否拥有权力以及拥有权力的大小确定。社会分层对个体而言是指其获取社会资源的能力与机会的不同而形成不同层次与等级的过程。在任何社会中,人们总在追名逐利。正如马克思所说,"人们奋斗所争取的一切都同他们的利益有关"[①]。

关于社会阶层的流动,帕累托、布迪厄都提出过相关理论。前者的精英群体循环理论认为社会阶层不是静止的,是可以流动的。在现代社会中,不存在终身不变或者世袭的阶层,个体的能力与才干决定社会阶层的归属,那些初始社会地位很低的人可以凭借努力与天赋晋升到社会上层,那些出身名门的人如果资质愚钝、生性懒惰,也可能跌落至社会下层[②]。布迪厄等人持有的再生产理论则认为社会阶层是可以代际复制的,上层阶级会通过制度化的方式固定自身的资源优势,其中教育制度本身就是文化专断[③]。

现代社会中,高等教育成为个体获取社会资源的手段,目的是实现社会流动,提升社会层次。不论是从精英群体循环理论还是再生产理论,都可以解释家庭为提升或者保留社会阶层而对教育,尤其是高等教育提出的诉求。也就是说,无论出身阶层如何,父母都会将提升子女社会阶层的诉求寄托在教育上。社会下层将高等教育视为向上层阶级流动的渠道,认为通过子女接受高等教育可以提升整个家庭的社会地位;社会上层家庭则期望通过资源优势,为子女获得更多更好的高等教育机会,力求实现教育继承。这就是为何争夺与抢占

---

① 陈曙红.中国中间阶层教育与成就动机[M].北京:中国大百科全书出版社,2007:9.
② 戚业国.民间高等教育投资的跨学科研究[M].上海:复旦大学出版社,2001:190.
③ 陈曙红.中国中间阶层教育与成就动机[M].北京:中国大百科全书出版社,2007:10.

教育资源,尤其是优质教育资源,成为各阶层共同追求的主要目标之一①。

当下全球范围内,高等教育发展不平衡,高等教育发达国家大多为经济发达国家,"依附论"的提出者认为学生从世界外围(发展中国家)流向世界中心(发达国家)②。外围国家学生支付高昂的费用获得进入中心国家学习的机会,期望能够获取更多高层次的社会资本,助力未来进入精英阶层,成为管理者或者决策者,或者毕业后能够留在当地生活,实现提升社会阶层的目的。另一方面,留学费用通常较高,能够出国留学的学生往往都来自较为富裕家庭,在海外留学的经历能助其回国后进入更高层次的社交圈。这些都构成了出国留学的动机。

(二) 资本转换

布迪厄(又译布尔迪厄)将资本定义为在一个特定的社会领域里有效的资源,个体占有的资本数量决定其在参与社会领域竞争中能够获得的特殊利益。他的资本概念是马克思所定义的"资本"的延伸,涵盖非经济形式与经济形式的资本③。

布迪厄认为资本具有3种基本形态:经济资本、文化资本、社会资本,他指出上述3种形式的资本必须得到官方或者社会的权威认定才有价值,所以也将其统称为"符号资本"。经济资本指可以直接兑换成货币的资源,包含诸如现金和财产这样可以量化的资本④。文化资本以3种不同形态存在,其一为体化资本,即指一个人内化的语言、技能、情趣、行为和知识系统,系统通过个体的本身表现出来;

---

① 李煜.制度变迁与教育不平等的产生机制——中国城市子女的教育获得(1966—2003)[J].中国社会科学,2006(4):97-109.
② 中国高等教育对外交流现象研究[M].北京:民族出版社,2003:220.
③ 宇红,王欢.解读布尔迪厄的社会资本理论[J].理论界,2004(3):97-98.
④ Bourdieu P. The Forms of Capital[C]//Richardson J G(ed.). Handbook of Theory and Research for the Sociology of Education. New York: Greenwood Press, 1986: 243.

第二为物化资本,是通过实物形式存在的文化资本,可以传递,比如书籍、图画、词典等;第三为机构资本,以制度化的形式存在,是可量化的文化资本,通常指由学校等权威社会机构授予和认可的学术资历、专业或奖励证书。虽然由不同机构分别颁发,但其交换价值是社会共同认可的。社会资本是指个体或群体凭借占有持久的相互认可的或多或少社会化的人际关系网络而产生的实际或虚拟的资源总和,也就是个体在现代社会中由于社会关系网络成员资格而能够获得的社会资源,是通常以某种高贵头衔的形式被制度化了的资本①。

在布迪厄看来,3种资本能够相互转换。经济资本是其他资本类型的根源,适于各种用途,也可以转换为金钱的形式,并且能够实现代际相传,经济也能够有效地转换为象征资本(包括文化资本与社会资本),文化资本在某些条件下也可以转换为经济资本和社会资本,社会资本在一定条件下也能够转换成文化资本与经济资本②。

根据布迪厄的观点,一个人的社会地位由上述3种形式的资本总量决定。由于国际学生通常需要支付较高的费用,学生呈现出由欠发达国家与地区往发达国家流动的趋势。经济资本丰富的家庭通过支付高昂的费用获取境外高等教育资源,是一种通过消耗经济资本为子女获取文化资本的行为。高等教育位置商品的特点,通过文化资本的积累可以为个体及家庭获取更多社会资本,最终创造新的经济资本。

(三) 社会互动

社会互动理论1958年由美国社会学家霍曼斯提出,他认为人们的社会行为是针对其他人的,因此人们在日常生活中随时都会意识到自身行为和反应带给他人的影响。人们的行为往往是对环境刺激

---

① 刘永兵,赵杰.布迪厄文化资本理论——外语教育研究与理论建构的社会学视角[J].外语学刊,2011(4):121-125.
② 董泽芳,赵玉莲.从布尔迪厄文化再生产理论看社会分层与高等教育公平[J].现代大学教育,2015(6):1-6.

的主观解释①，作为社会人的消费者必然受到社会与周围群体的影响②。

社会互动影响具体的消费需要，包括教育消费需要。学者靳希斌曾指出我国居民的教育消费行为表现出从众、刻意追求、随意被动等特点，这就是教育消费动机社会性的表现，其中，出国热是一种典型表现③。社会互动的相关理论中，社会交换、群体压力、从众等角度都可以解释家庭境外高等教育决策心理。

社会交换是社会互动的重要内容，关注人们在互动过程中付出的代价与获得的酬劳。社会交换理论将人际之间的社会交往界定为"一种至少是在两个人之间进行的交换活动，无论这种过程有形或无形，也无论其报酬与代价的大小如何"。霍曼斯和布劳等人认为人们的社会互动就是一种社会交换关系，其背后隐藏着个人利益，因此可以从交换的观点去考察社会互动与社会行为④。个体的留学行为为家庭的社会互动带来了相关利益。由于全球范围内学生流动呈现从发展中国家往发达国家的趋势，人们往往认为接受境外高等教育能够为本人带来更多有助于社会交往的资本（详见第六章）。家庭中父母为子女支付境外高等教育费用并从中获得相应利益，尤其是在我国这个注重家庭的社会，子女的成长带给父母快乐与欣慰，子女的成就也可以帮助父母在社会交往中获得更多尊重（"面子"），子女能力的提升减轻了父母的负担，为父母将来养老提供保障，这就是一个社会交换的过程。

群体压力导致境外高等教育升学需求。群体要求每个成员遵守

---

① 周晓虹.现代社会心理学：多维视野中的社会行为研究[M].上海：上海人民出版社，1997：306.
② 王宁.消费社会学：第2版[M].北京：社会科学文献出版社，2011：39.
③ 靳希斌.教育经济学：第4版[M].北京：人民教育出版社，2009：285.
④ 周晓虹.现代社会心理学：多维视野中的社会行为研究[M].上海：上海人民出版社，1997：311.

一定的行为准则,因此每个群体对其成员都形成一定压力。群体里大多数成员的意见往往会产生无形的力量影响每一个成员的行为[①]。我国受儒家文化影响颇深,有尊师重教的传统,但是我国的高等教育长期以来主要靠能力选拔而不以支付能力为标准,高等教育机会的长期匮乏使得社会上形成"只要有机会父母就应该让孩子读大学"的群体认知,这种认知可能形成群体压力迫使家长在国际高等教育市场寻求供给。

境外高等教育升学需求也可能产生于模仿、从众效应、跟潮效应,以及示范效应。人们的许多消费需求往往是因为互动的群体(如亲戚、朋友、邻居等)购买或者使用,而并非真正需要,由此容易产生盲目模仿以及从众行为。模仿是指有意或者无意地对某种刺激做出类似反应的行为方式。模仿行为具有三大特点:第一,下层阶级具有模仿上层阶层的倾向;第二,在没有干扰的情况下,模仿的增长速度呈现几何级数;第三,通常个体对本土文化以及行为方式的模仿与选择优于外国文化及行为[②]。有学者指出个体的高等教育投资行为具有很强的模仿性,一个人率先通过支付高额学费为其子女获得高等教育机会的行为往往会带动众人模仿[③]。自费留学刚刚兴起的阶段,通常只有部分富裕家庭接受,但很快被许多人所模仿,吸引越来越多各种层次家庭加入。从众效应与跟潮效应类似,是个体受到群体压力的影响,在知觉、信仰、判断,以及行为上表现出与群体多数成员一致的现象。研究发现中国社会的从众心理更为突出[④],超过半数的人在子女的教育中存在盲目支出现象,而且收入越高,盲目支出

---

① 周晓虹.现代社会心理学:多维视野中的社会行为研究[M].上海:上海人民出版社,1997:341.
② 周晓虹.现代社会心理学:多维视野中的社会行为研究[M].上海:上海人民出版社,1997:325-326.
③ 戚业国.民间高等教育投资的跨学科研究[M].上海:复旦大学出版社,2001:144.
④ 周晓虹.现代社会心理学:多维视野中的社会行为研究[M].上海:上海人民出版社,1997:343-344.

的可能性越大①。人们从众行为的发生可能受到参照群体行为影响,参照群体可能是周围人群,也可能是消费者所崇拜或喜爱的群体(如英雄、明星等)②,成功人士的海外留学经历可能产生示范效应,引起教育消费者的效仿。综上所述,部分家庭境外高等教育升学需求可能是一种由跟潮效应或者从众效应产生的教育消费需要与选择。

(四) 推拉因素理论

推拉理论最早是用于解释人口迁移行为发生原因的重要理论,该理论认为迁移是迁出地的推力与迁入地的拉力共同作用的结果③。作为解释国际学生流动动因的主要理论,推拉因素理论通常把国际学生流动归结于流出国的推动因素和流入国的拉动因素,以及学生自身因素共同作用的结果。

推拉因素理论认为,学生个体是在推力因素和拉力因素的共同作用下做出留学决策的,前者指本土国推动学生出境接受教育的因素,后者指留学目的国吸引外国留学生前往的因素。推拉因素是一个开放且较为全面的系统,经历多年的发展,越来越完善。早期的研究仅仅关注单一的宏观影响因素,现代成熟的推拉因素体系既包括宏观,也包括微观层面因素,既包含可感知、可量化的物质因素(如就业机会、工资收入),也包括不可感知、不可量化的精神因素(如个体喜欢程度、适应能力等)④。

麦克马洪早在20世纪六七十年代就梳理出促进学生产生留学决定的推拉力因素。阿特巴赫则在此基础上,进一步把影响留学决策的因素划分为消极因素和积极因素。他把来自本土国的推力因素,如低水平的教育质量、研究设施不足、高等教育入学机会缺乏等

---

① 靳希斌.教育经济学:第4版[M].北京:人民教育出版社,2009:285.
② 王宁.消费社会学:第2版[M].北京:社会科学文献出版社,2011:40.
③ Lee E S. A theory of migration[J]. Demography, 1966(3):47-57.
④ 田玲.中国高等教育对外交流现象研究[M].北京:民族出版社,2003:223.

视为消极因素,而把来自留学目的国的拉力因素,如高水平的教育质量、先进的教育设施、经济资助等视为积极因素[①]。随着研究的不断深入,研究者们进一步丰富和扩展推拉因素理论,研究层面逐步深入到微观层面,例如,澳大利亚学者马扎鲁尔和苏塔尔认为对学生留学决策造成影响的不仅包括宏观层面的外部推拉因素,也包括家庭环境、动机及个人喜好等个体微观层面的内部因素[②]。学者李梅进一步拓展该理论,提出内外互动推拉理论,认为个体的留学行为除了受到外部的推拉因素影响之外,还必须考虑诸如个人动机、期望、家庭背景等个体内部因素。个体在进行留学决策时,不可避免地受到外部推拉因素与个体内部因素的共同作用,正是这两方面因素的共同作用,才使得个体根据自身条件进行权衡比较,最终做出决策[③]。

第二节 个体境外高等教育升学需求发生机制分析

研究个人境外高等教育升学需求发生机制需要弄清两个问题:个体出国留学的需求是如何发生的?他们需要的境外高等教育是怎样的?

一、境外高等教育升学需求发生的条件

需要是个体在生活中感到某种欠缺,力求得到满足的心理倾向,是人脑对现实中的生理要求和社会要求的反映。需要是行为的动

---

① Altbach P. Comparative Higher Education: Knowledge, The University and Development[M]. Hong Kong: The University of Hong Kong, Comparative Education Research Center, 1998:240.

② Mazzarol T, Soutar G N. Push-pull factors influencing student destination choice [J]. International Journal of Education Management, 2002(2):82-90.

③ 李梅.高等教育国际市场——中国学生的全球流动[M].上海:上海教育出版社, 2008:59.

力,是由某种生理条件引起的动机状态,往往通过个体对外界对象的欲望或者对于达到目标的意向而表现出来①。教育需要就是人对教育的需要,实际是人们对教育活动的依赖或要求,也就是想从教育中获得什么②。人们由于缺乏感而希望能够从教育中有所获得;而教育也正因为能够满足人们的需要才有存在的意义和价值③。

教育需求是指有购买能力的教育需要,教育需求包括两个条件:人对教育的需要、支付教育费用的能力④。境外高等教育需求是人们对境外高等教育有支付能力的需要,是一种有效的现实需要。当下我国社会中的境外高等教育个体需求的发生满足了两大条件:其一,随着我国近些年经济的高速发展,人均可支配收入增长较快,有能力支付国外昂贵的高等教育相关费用的家庭越来越多;其二,个体是否需要或者需要怎样的教育活动,基于他们的认知需要和自我实现需要,并受限于所处的时代与环境,人们之所以产生境外高等教育需求是因为期望能从中获取利益与价值。

出国留学是一种跨越国界的具有投资性的消费行为,人们支付费用购买高等教育服务。以下将从消费者行为发生的角度对个体留学行为的产生进行分析。

二、消费者购买行为理论

(一) 个体行为产生过程与规律

人的行为是指人为了满足自身需要,达到某种目的而表现出来的一系列活动过程⑤。心理学研究发现人的行为是大脑对刺激物的

---

① 张旸.教育需要论[M].北京:教育科学出版社,2011:39.
② 张旸.教育需要论[M].北京:教育科学出版社,2011:42.
③ 张旸.教育需要论[M].北京:教育科学出版社,2011:11.
④ 马永霞.个人高等教育投资论[M].哈尔滨:黑龙江人民出版社,2002:33.
⑤ 许祥云,张凡永,等.高等教育投资:家庭的决策与选择行为[M].厦门:厦门大学出版社,2016:33.

反应,心理活动支配行为,个体由于缺乏某种生理或心理因素而内心紧张,从而形成与周围环境之间的某种不平衡状态,这种反映通常以欲望、渴求、意愿的形式表现出来,现代心理学用 S-O-R 模型来解释人的行为的产生过程,认为个体在外界环境的刺激下产生需要,导致其反应(行为)[1]。其中,S 代表环境或者外界条件的刺激,R 代表人由此产生的行为,O 是中间变量表。由于个体在思想观念、心理状态、身体状态、知识经验等方面差异较大,因此对于刺激会反应不同,从而导致其行为不同。

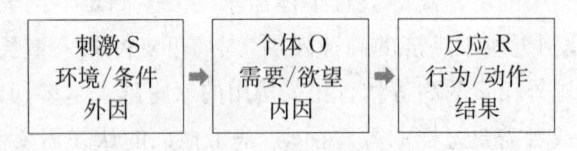

图 3-1　S-O-R 模型

人的行为产生的规律如图 3-2 所示,在外部环境与条件刺激下,个体产生需要,需要决定动机,动机产生行为,而行为则指向目标,一旦目标实现,又会产生新的需要。客观环境是事物发展的外部因素,是决定个体行为的外部条件。个体需要和行为的产生无法离开客观环境的影响与作用,客观环境既包括自然环境,也包括社会环境。需要是个体的客观要求在主观上的反映,是人们对某种目标的欲望。人的需要通常以动机的形式表现。人的动机是在个体的主观需要和客观环境相互作用下产生的,人的行为产生于动机,然而行为不仅仅被某种单一的动机推动,多数情况下人的行为是在复杂的多种动机综合作用下形成的,但其中必然有某种动机占主导[2]。

---

[1] 卢泰宏,周懿瑾.消费者行为学:中国消费者透视[M].北京:中国人民大学出版社,2015:27.

[2] 许祥云,张凡永,等.高等教育投资:家庭的决策与选择行为[M].厦门:厦门大学出版社,2016:33-34.

客观环境 → 主观需要 → 内在动机 → 具体行为 → 方向目标

图 3-2　个体行为发生过程模型

从人的行为产生的过程与规律来看,在分析个体某种行为时,需要考虑3个层面的问题:首先,任何行为都是个体主观因素与环境客观因素互相作用的结果,因此需要考虑内部因素(个体主观因素)与外部因素(外部客观因素);其次,需要考虑行为与动机之间错综复杂的关系;此外,需要考虑行为的积极动机与消极动机,即行为的促进因素与阻碍因素[①]。

(二) 消费者购买行为过程模型

消费者购买某种商品的行为也是一个刺激与反应的过程,源于某种刺激,结束于其购买某种商品使用后得到满足,中间经历一系列步骤。首先,个体在刺激作用下产生对某种商品的生理或者心理需要。当个体处于一种需要状态,有一种紧张的状态驱使其试图减轻或者消除该需要,这种紧张的轻重程度决定消费者缓解紧张的迫切程度,从而激发一种驱动力,推动个人采取行动[②]。个体的需要或带有功利性(希望达到某种功能性或实用性利益)或属于享乐性(一种体验的需要),这种希望达到的最终状态即消费者的购买目标,之后进行一系列的购买决策实施购买行为并作出购后评价。

科特勒(Kotler)的消费者购买行为模型较为清晰地描述了消费者购买行为的一般过程。他认为消费者受到来自外界环境的刺激做出反应,但是由于个体特性差异,购买者的选择不同。该模型立足于刺激与反应,强调输入与输出,但是首次涉及消费者决策观点,研究

[①] 许祥云,张凡永,等.高等教育投资:家庭的决策与选择行为[M].厦门:厦门大学出版社,2016:35.

[②] 所罗门.消费者行为学:第8版[M].卢泰宏,杨晓燕,译.北京:中国人民大学出版社,2009:153.

者认为消费者受到刺激后会产生一系列复杂的心理过程,由消费者个体内部自我完成,不能被观察、了解和剖析,为黑箱阶段,包括两部分:消费者特征、消费者决策过程,前者影响个体对刺激的认知和反应,后者影响购买结果[①]。

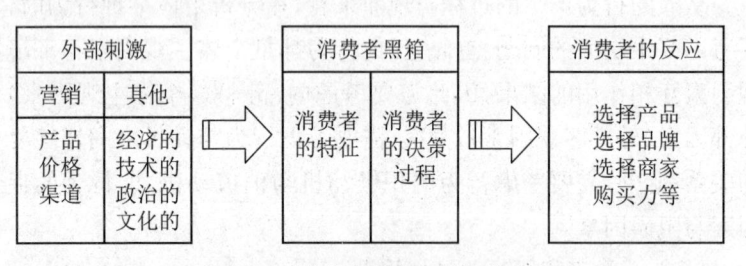

外部刺激		消费者黑箱		消费者的反应
营销	其他	消费者的特征	消费者的决策过程	选择产品 选择品牌 选择商家 购买力等
产品 价格 渠道	经济的 技术的 政治的 文化的			

图 3-3 消费者刺激—反应模式

消费者决策指个体为达到某个预定目标,在几种备选方案中进行选择,选取最优方案。购买(消费)决策就是指消费者为了实现满足需求这一目标,在购买过程中进行评价、选择、判断、决定等活动。消费者决策是一个非常复杂的过程,研究者基于理性逻辑的视角,将复杂的决策过程划分为若干过程阶段,其中,5 阶段模型与 7 阶段模型是后期研究的理论基础。莫文(Mowen)和米勒(Minor)认为消费者的决策过程由 5 个阶段构成,分别为认知问题—搜索信息—评价备选方案—选择与决策—购后评价,首先个体认知问题,之后开始搜索相关信息并形成备选方案,接着对不同方案进行评价比较,选择最优方案,购买使用后,消费者会根据自己的感受评价,验证该次购买决策是否正确,布莱克伟尔(Blackwear)将此模型扩展,形成了 7 阶段模型[②]。

[①] 江林.消费者心理与行为[M].北京:中国人民大学出版社,2015:140-141.
[②] 卢泰宏,周懿瑾.消费者行为学:中国消费者透视[M].北京:中国人民大学出版社,2015:11.

需求确认 → 搜集资料 → 购买评估 → 购买 → 使用 → 用后评估 → 处置

图 3-4　消费者决策 7 阶段模型

三、个体境外高等教育消费过程

根据前文所述的消费者决策阶段的划分，我国高中生境外高等教育消费决策同样经历了需要确定、信息搜索、选择决策、反馈等阶段(图 3-5)。这里的需要是指一种有效需要，即可以支付得起的需要。

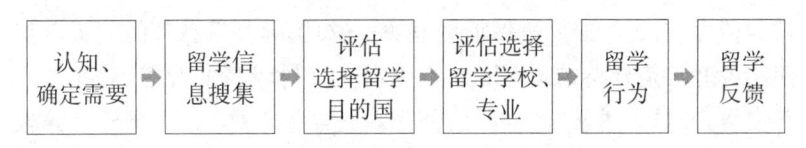

认知、确定需要 → 留学信息搜集 → 评估选择留学目的国 → 评估选择留学学校、专业 → 留学行为 → 留学反馈

图 3-5　境外高等教育消费过程模型

首先，学生或家庭认识留学并产生想要留学的想法，这里称之为境外高等教育需要。引起境外高等教育需要的刺激可以来源于个体自身未满足的需要，也可以来源于外部环境，如教育机会、出国热潮等，既可能包括功利性的需要，也可能是体验性的需要。境外高等教育需要是产生留学行为的基础，也是有效留学决策的前提。

确定需要后，个体及家庭受到满足需要的动机驱使，开始寻找解决问题的各种方案。充分和可靠的信息是制订有效方案的前提条件，因此，学生和父母会通过多种信息渠道广泛获取相关留学信息以满足需要。在这个阶段，报纸电视等传统媒体、新兴的网络媒体、熟人的口碑传播，以及他人的留学经历及行为带来的启示都是重要的信息渠道，留学国的基本情况、学校专业等相关信息都是重要的留学信息内容。

决策者在广泛收集大量信息后会对这些信息进行筛选、整理、加工并形成多种备选境外高等教育方案。但是由于各种方案各有利弊,学生与家庭需要评估不同的方案,比较后进行择优决定。在此过程中,个体会先考虑留学国家,再选择院校与专业。

学生出国后会根据自己在国外读书和生活的感受产生反馈。留学反馈对于下一次的境外高等教育服务的购买产生积极或消极的影响,即学生本人会根据对留学经历的满意程度考虑将来是否继续赴国外深造。通常出国留学对于大多数人而言都是一次性的行为,因此留学反馈对他人的影响较大。

值得一提的是,境外高等教育消费不同于一般消费,其特殊性表现在以下几点。(1)境外高等教育服务是无形的,需要消费者投入足够的精力、智力和时间确保消费成功。(2)国际高等教育的购买者与使用者通常是分离的。国际留学生需要支付较高的费用,对我国家庭而言,支付方通常是父母,而使用者是学生个体。(3)境外高等教育决策是一种计划性较强的消费决策,过程历时较长,可能会历经几年的时间,受到外界影响因素更复杂。(4)境外高等教育消费决策属于高卷入度的消费决策。卷入度指消费者对购买决策过程的关注和感兴趣的程度。高卷入度的购买通常指对消费者非常重要的购买活动,与个体的自我意识与自我形象联系紧密,消费者通常会花费许多时间与精力仔细考察可供选择的商品。境外高等教育选择行为是一种复杂决策行为,消费者会全面并且详细地对不同的可选国家、学校和专业等进行评估后做决策。(5)境外高等教育消费是一次性购买行为,通常不会循环进行。使用后的反馈可能会对学生本人将来是否继续深造或者其他人的购买行为产生较大影响。

综上所述,境外高等教育消费决策具有一般消费决策的基本特征,但也具有较强的特殊性。消费者同样经历若干阶段最终做出决策,但其特殊性对消费决策过程的影响较普通商品消费影响更大。

四、我国高中生境外高等教育升学需求过程模型

以霍斯勒(Hossler)为代表的研究者们认为学生选择高等教育经历几个不同阶段,他于1987年构建的高等教育选择3阶段模型是后期研究的理论基础。该模型指出个体首先确定是否读大学,即"意向阶段(predisposition)";接着进入"搜索(research)"阶段,收集相关的信息,形成信息集合;最后进入第三阶段"选择(choice)",通过评估选择就读学校。[①]通常情况下,个体选择高等教育时往往先决定是否读大学,再选择读什么学校,最后选择专业。个体境外高等教育选择同样由一系列决定组成,每一个决定都对后续决定中的潜在选择产生影响,通常遵循类似的顺序。境外高等教育属于一种可选择的高等教育类型,不过接受境外高等教育的情况较国内高等教育更为复杂,涉及相关政策、语言文化差异等多方面的影响。

对于我国高中生而言,国内高校的人才选拔模式与西方大学的选拔模式相差较大,反而是申请国外大学的方式与其(或称高等教育选择)形式更加相近,因此对于我国高中生境外教育选择决策的分析,可以借用霍斯勒等人提出的高等教育选择模式的框架并对此进行拓展。

如图3-6所示,我国高中生毕业后首先决定是否读大学,然后选择在国内或国外完成学业。在国内接受高等教育的学生统一参加高考后填报志愿,由国家统筹组织各高校进行人才选拔;选择境外高等教育的学生则根据不同入学要求参加各类国际标准化考试并向大学提出申请,大学对个人申请作出评估决定是否允许入学。

---

① Hossler D, Gallagher K S. Studying Student College Choice: A Three-Phase Model and the Implications for Policymakers[J]. College and University, 1987, 62(3): 207-221.

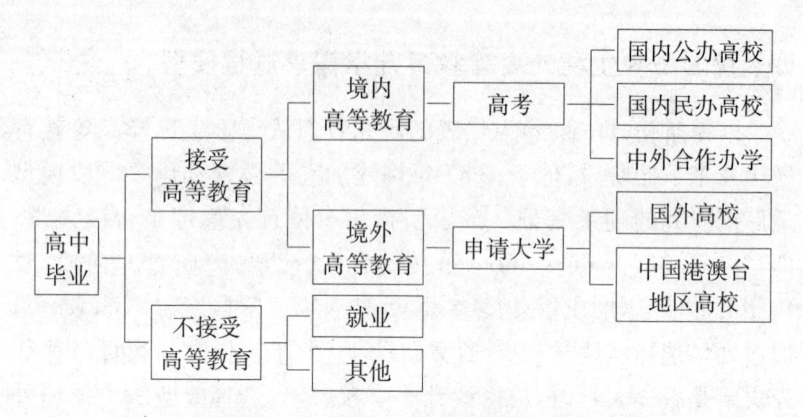

图 3-6　我国高中生高等教育选择路径

在市场经济语境下,"需要"与"消费"是紧密相连的两个概念,为维持自身生存和发展,人们需要通过购买及使用各种物质生活资料与精神产品来满足多样化的生理和心理需要,这即是"消费"。"消费"和"需求"的概念中都包括两个基本条件:需要与支付,因此"消费"在某种意义上等同于"需求"。现实生活中,消费者的消费行为受到各种纷繁复杂的因素影响,美国社会心理学家卢因(Lewin)将影响消费者行为的诸因素分为两大类,即个人内在因素和外部因素。他认为这两大类因素之间相互联系、相互作用,共同构成影响消费者行为的因素体系[1]。

对于出国留学的群体而言,其境外高等教育升学需求既是一种高等教育的选择,又是一种消费者购买行为。个体的境外高等教育需求同样经历意向、搜索和选择阶段,其行为受到各种因素的影响。

个体在完成高中学业后首先需要确定留学意向,之后进行留学相关信息搜索,选择留学国家,再选择留学的学校,最后选择专业[2],

---

[1] 江林.消费者心理与行为[M].北京:中国人民大学出版社,2007:28.

[2] Mark H S, Paul D U, Michael B P, Ernest T P. Going Global: Understanding the Choice Process of the Intent to Study Abroad[J]. Research in Higher Education, 2009(50):119-143.

但也有学生可能会先选择学校,再选择国家①。个体对境外高等教育的消费决策过程同样受到一系列内外部因素的影响。

在第一阶段,个体在外部刺激与内生刺激的影响下产生境外高等教育需要,期望能够获得境外高等教育机会。学生会考虑家庭的支付能力、自己的学术能力等因素,同时了解留学的大致情况,之后根据具体情况决定是否留学。一旦决定留学,个体便进入第二阶段即搜索过程,个体通过不同的信息渠道获得留学国家、学校、专业等相关信息,了解留学目的地的基本情况、花费、学校的录取条件、专业设置等,在这个阶段结束前其要形成一个选择集合(即备选方案),包括确定想去的国家,打算申请几所学校以及专业。为了尽可能申请到比较满意的学校,学生通常会在此阶段形成几套备选方案,可能会考虑几个国家的多所学校的多个专业,同时依据个人能力(包括语言能力、学业水平等)以及对期望、偏好等认知程度确定可能申请的学校和专业形成备选方案,提交申请。最后阶段中,决策主体最终确定留学的国家、学校、专业。前期的英文文献较为常用的做法是将留学国家、留学城市、院校与专业的选择统一归为 destination,因此本研究称之为留学目的地(或留学地)的选择②。结合前文所述的境外高等教育消费模型与高等教育选择模型,本研究构建了我国高中生境外高等教育升学需求发生过程模型。个体在每个阶段受到的影响因素各有差异,因此在下文中研究者通过文献梳理的方式对每一阶段的主要影响因素进行整理,设计我国高中生境外高等教育升学需求的影响因素的指标体系,在此基础上开发调研工具。

---

① Chen L H. Choosing Canadian Graduated Schools afar: East-Asian Students' Perspectives[J]. Higher Education, 2007(54):759-780.

② 周金燕,王青山,刘云波.中国高中生留学地选择意愿的经济学分析[J].教育学报,2013(12):82-90.

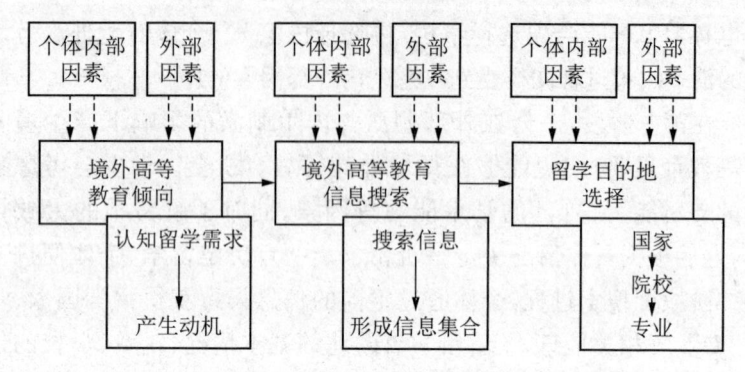

图 3-7 我国高中生境外高等教育升学需求过程模型

第三节 境外高等教育升学需求影响因素的指标体系构建

人类的行为的发生复杂多变,往往是多因素导致的结果。境外高等教育升学需求的产生经历留学倾向、搜索信息、留学目的地选择3个阶段,必然受到诸多因素影响且每个阶段的主导因素群有重合也有差异。提取与整理合理的因素指标是调查研究的关键。梳理前期研究并结合研究者经验,可以为构建我国高中生境外高等教育升学需求的影响因素体系提供有力依据,为调研工具的形成奠定基础。

一、基于文献的影响因素梳理

前期关于留学行为影响因素的研究较为丰富,大量研究针对某个特定学生群体留学动机或是已经在某个国家学校的学生,对选择该国的影响因素展开调查与分析(以英国、美国、澳大利亚、加拿大等主要高等教育输出国为主)。根据境外高等教育需求产生的原因和需求的内容两方面,对已有文献按照留学动机与留学目的地选择(留学国、学校和专业选择的统称)两个角度归类,进行因素指标梳理。

（一）留学动机影响因素分析

经济学视角下，个体被当成理性的经济人，在做教育选择时主要考虑成本和收益。社会学理论认为个体在其独有的社会情境（Social context）中进行教育选择，其社会情境形成于惯习（Habiti），受到家庭社会经济状况和学校环境等的因素的影响，与此同时，文化资本与社会资本的概念也常常被用来解释个体的教育选择。研究者们往往从上述理论视角建构理论模型解释留学动机及影响因素。

消费者价值理论认为教育的实用价值、社会价值、情感价值、知识价值、条件价值是吸引人们消费高等教育的原因。其中，实用价值即个体感知的经济效用，如未来就业的保障、较好的收入以及职位升迁等；社会价值即个体感知的能够通过与特殊的社会群体交往产生的社会效用，如在学校学习与活动中结识的好友；情感价值是指通过教育服务获得的情感与热爱，如学生是否喜欢就读的专业，上课是否感到有趣；知识价值就是指教育满足学生个体的求知欲望，如学生对于所受教育质量的评价等；条件价值指消费者选择和评估，如院系的规模、班额大小都会影响教育的价值[1]。在此基础上，来（Lai）等发现中国学生之所以追求境外高等教育，主要是受到其实用价值的吸引，即希望通过留学获得的海外学历与海外经历对未来就业有益[2]。

推拉理论是社会学角度的理论模型，认为学生的国际流动受到一系列推力与拉力的共同作用，来自生源国的推力因素是导致个体产生留学动机的重要因素[3]。推力因素源自政治、经济、社会、文化 4

---

[1] Sánchez M C, Marianela F, Zhang M X. Motivations and the Intent to Study Abroad Among U.S., French, and Chinese Students[J]. Journal of Teaching in International Business, 2006, 18(1): 27-52.

[2] Lai L S L, Lai T M. The perceived value of higher education: the voice of Chinese students[J]. Higher Education, 2012, 63(3): 271-287.

[3] Altbach P. Comparative Higher Education: Knowledge, The University and Development[M]. Hong Kong: The University of Hong Kong, Comparative Education Research Center, 1998: 240.

个维度。国内外高等教育机会与质量的差距、对外国文化的渴望和方便移民等都是个体产生接受海外高等教育的推力因素[1]。

人力资本角度的研究者们认为个人为获得学术资本、社会资本和文化资本而接受境外高等教育。其中,学术资本指获得的知识,社会资本是在海外学校生活过程中通过社会交往获得的社会关系,文化资本是完成学业获得的海外学位资格。基于此模型的研究发现人力资本积累与人力资本转变等相关因素激发学生留学动机,个人购买或投资境外高等教育服务的目的不仅仅是为获得文凭,更重要的是获得文凭所带来的就业、社会地位与生活方式上的有利条件。由此,雇主对文凭的认可、个体对职业发展的诉求、对社会地位提升以及对个人能力提升的诉求都是重要留学动机[2]。除此以外,高质量的海外课程、提升国际能力、理解和体验异国文化、毕业后移民、自然环境等促使人们出国留学[3][4]。后期研究在此基础上加入学生及家庭的支付能力、文化通达性(指留学者对本国文化与留学国文化的适应能力和包容能力)、个体智力与学术能力、课程对个体的可行性等个体内部影响因素[5]。

大量研究结果表明我国学生出国留学工具性动机较强,海外留

---

[1] Mazzarol T, Soutar G N. Push-pull factors influencing student destination choice[J]. International Journal of Education Management, 2002(2):82-90.

[2] Sánchez M C, Marianela F, Zhang M X. Motivations and the intent to study abroad among U.S., French, and Chinese students[J]. Journal of Teaching in International Business, 2006, 18(1):27-52.

[3] Gareth D. Chinese' students motivations for studying abroad[J]. International Journal of Private Higher Education, 2010(2):16-21.

[4] Gu Q, Schweisfurth M, Day C. Learning and growing in a "foreign" context: intercultural experiences of international students[J]. Compare: A Journal of Comaprative and International Education, 2010, 40(1):7-23.

[5] Salisbury M, Umbach P, Paulsen M, Pascarella E. Going global: understanding the choice process of the intent to study abroad[J]. Research in Higher Education, 2009, 50(1):19-143.

学经历及海外学位对经济收益、职业发展、社会地位提升等的有用性对学生个体及家庭的留学决定有重要影响。

首先,增强就业竞争力是我国大学生出国留学的最大动机①,获取海外文凭并拥有海外学习生活经历被认为是未来职业发展和升迁的重要因素②③④;其次,获得社会地位也是重要留学动机,通过留学改变生活方式,积累财富,可以提升社会地位,改善个体的社会状况⑤;再次,异国文化体验也是中国留学生的重要动机之一,研究发现体验不同文化与生活方式、感受全英文的学习环境为最重要的留学动机⑥⑦;此外,通过留学积累人力资本,提升个人能力(如学术能力、社会能力、问题解决能力、独立能力等)也是留学动机产生的原因⑧。另一方面,国内高等教育机会缺乏和对中国教育方式的不满等教育因素也是导致家庭选择境外高等教育的因素⑨⑩,很多高中生父母送子女出国留学,期望能够躲避高考压力,接受更好的高等教育⑪。中国文化及价值观对于个体留学动机的影响也不容忽视,根

---

① 王辉耀,苗绿.中国留学发展报告 No.4[M].北京:社会科学文献出版社,2015:83.
② Kun Y, David C B. Chinese international students in the United States: demographic trends, motivations, acculturation features and adjustment challenges[J]. Asia Pacific Education Review, 2011(12):173-184.
③⑦⑧ Wu Q. Motivations and decision-making processes of mainland Chinese students for undertaking Master's programs abroad[J]. Journal of Studies in International Education, 2014, 18(5):426-444.
④⑥⑨ Bodycott P. Choosing a higher education study abroad destination: What mainland Chinese parents and students rate as important[J]. Journal of Research in International Education, 2009(3):349-373.
⑤ Sánchez M C, Marianela F, Zhang M X. Motivations and the intent to study abroad among U.S., French, and Chinese students[J]. Journal of Teaching in International Business, 2006, 18(1):27-52.
⑩ 杜屏,钟宇平.中国大陆高中生国际化高等教育的需求状况分析[J].教育与经济,2006(1):51-54.
⑪ 周金燕,王青山,刘云波.中国高中生留学地选择意愿的经济学分析[J].教育学报,2013(12):82-90.

深蒂固的儒家教育理念与孝道对留学决策过程的影响强烈,而对西方文化的向往和独生子女政策次之[1],中国学生具有独特的群体文化,其中,父母与子女的关系受儒家文化及孝文化理念的影响颇深,家庭期望是影响学生留学动机的重要因素[2],中国家长期望通过让子女接受境外高等教育获得赚钱的能力,这也导致我国学生在院校和专业的选择方面更加注重毕业后的就业能力[3]。

(二)留学目的地选择的影响因素分析

为方便研究工具的设计,本书借鉴前期文献中较为常用的做法将留学国家、留学城市、院校与专业的选择统一归为留学目的地(或留学地)的选择[4]。境外高等教育需求发生过程中环环相扣,个体一旦决定留学后便开始搜索相关信息并结合自身能力与期望等确定留学目的地。在留学目的地的选择过程中,诸多因素发生作用,以往研究发现的影响因素梳理如下。

教育质量与学术声誉是最重要的影响因素之一。高等教育质量是一个集合概念,主要表现在课程质量、教师的学术能力与教学能力、学生服务质量等各方面;学术声誉包括一所大学的声誉和社会对该校颁发的学位的认可,以各类排名为重要指标。有研究者曾把影响学生选择留学目的国的因素划分为六大类,其中,留学国的高等教育质量和高等教育资格是否在该本土国被认可,是两大最重要影响因素,其他包括学院和机构之间的合作关系、师资力量

---

[1] Lee C, Choi K, Morrish S C. Cultural values and higher education choices: Chinese families[J]. Australasian Marketing Journal, 2012, 20(1):59-64.

[2] Bodycott P. Choosing a higher education study abroad destination: What mainland Chinese parents and students rate as important[J]. Journal of Research in International Education, 2009(3):349-373.

[3] Lai L S L, To W M, Lung J W Y, et al. The perceived value of higher education: the voice of Chinese students[J]. Higher Education, 2012, 63(3):1-17.

[4] 周金燕,王青山,刘云波.中国高中生留学地选择意愿的经济学分析[J].教育学报,2013(12):82-90.

的强弱、校友的口碑、招生规模等因素[1]。基于英国、美国和澳大利亚等几个主要留学目的国的研究验证了优质高等教育是吸引各国留学生前往的最重要因素之一[2][3][4]。大学排名是学术声誉颇为重要的指标，学生们尤其喜欢根据排名确定学校声誉的好坏，会选择自己能够获得入学机会的排名尽可能靠前的学校[5]，研究发现拥有较多较高世界排名大学的高等教育输出国吸引了大量亚洲学生[6][7][8]。

经济因素对留学目的地的选择也具有重要影响，其中包括成本因素、收益、是否有经济资助等。成本因素既包括学费、生活费用、差旅费用、半工半读机会等经济成本因素，也包括犯罪、安全性、种族歧视等社会成本因素[9]。亚洲学生选择前往加拿大就读研究生的一个

---

[1][9] Mazzarol T, Soutar G N. Push-pull factors influencing student destination choice[J]. International Journal of Education Management, 2002(2): 82-90.

[2] Shanka T, Quintal V, Taylor R. Factors influencing international students' choice of an education destination—A correspondence analysis[J]. Journal of Marketing for Higher Education, 2006, 15(2): 31-46.

[3] Wu Q. Motivations and decision-making processes of mainland Chinese students for undertaking Master's programs abroad [J]. Journal of Studies in International Education, 2014, 18(5): 426-444.

[4] Kun Y, Berliner D C. Chinese International Students in the United States: Demographic Trends, Motivations, Acculturation Features and Adjustment Challenges[J]. Asia Pacific Education Review, 2011(12): 173-184.

[5] Hemsley-Brown J. "The best education in the world": Reality, repetition or cliché? International students' reasons for choosing an English university[J]. Studies in Higher Education, 2011, 37(8): 1005-1022.

[6] Park E. Analysis of Korean students' international mobility by 2-D model: Driving force factor and directional factor[J]. Higher Education, 2009, 57(6): 741-755.

[7] Zwart J. Study Abroad Choices of Chinese Students: Factors, Influences and Motivations[J]. Quarterly Journal of Chinese Studies, 2013, 2(2): 68-90.

[8] Choi S H J, Nieminen T A. Factors influencing the higher education of international students from Confucian East Asia[J]. Higher Education Research & Development, 2013, 32(2): 161-173.

重要原因是学校提供奖学金[1]。中国学生选择留学国时考虑最多的因素是学费与生活费,其次为回国后的工作机会及收入[2]。有学者提出降低学费并建议政府提供奖学金以提高拉动力[3]。

学生在做留学决策时往往受到其他人的影响,包括父母亲友、老师、雇主及配偶。不少研究发现重要他人对留学目的地影响较大,如来自父母、亲人朋友,以及留学中介等的建议在影响学生选择澳大利亚高校的因素中位列第二[4],重要他人对前往加拿大攻读研究生者的留学动机的产生和留学目的地的选择影响显著[5]。

环境因素也是吸引留学生的重要因素,包括留学国家和城市的地理位置、环境、安全性,以及校园硬件设施等子因素。社会安全是澳大利亚最主要的吸引力之一[6][7],地理位置也是留学生选择英国高校的评估标准[8],留学目的国与本土国之间的距离远近是学生选择

---

[1] Chen L H. Choosing Canadian Graduate Schools from afar: East-Asian Students' Perspectives[J]. Higher Education, 2007, 54(5):759-780.

[2] Zwart J. Study Abroad Choices of Chinese Students: Factors, Influences and Motivations[J]. Quarterly Journal of Chinese Studies, 2013, 2(2):68-90.

[3] Binsardi A, Ekwulugo F. International marketing of British education: research on the students' perception and the UK market penetration[J]. Marketing Intelligence & Planning, 2003, 21(5):318-327.

[4] Mazzarol T, Soutar G N. Push-pull factors influencing student destination choice [J]. International Journal of Education Management, 2002(2):82-90.

[5] Chen L S. Choosing Canadian graduate schools from afar: East-Asian students' perspectives[J]. Higher Education, 2007, 54(5):759-780.

[6] Mazzarol T, Soutar G N. Push-pull factors influencing student destination choice [J]. International Journal of Education Management, 2002(2):82-90.

[7] Shanka T, Quintal V, Taylor R. Factors influencing international students' choice of an education destination—A correspondence analysis[J]. Journal of Marketing for Higher Education, 2006, 15(2):31-46.

[8] Wu Q. Motivations and decision-making processes of mainland Chinese students for undertaking Master's programs abroad[J]. Journal of Studies in International Education, 2014, 18(5):426-444.

国家的一个重要标准[1][2],校园环境也是国际学生考虑的因素,包括校园周围的社交生活、校园安全性、运动设施。其他影响因素包括图书设施、电脑设备、学习环境、自学教室等[3]。

移民机会与签证程序也在很大程度上影响留学目的地选择,对于亚洲学生而言,选择留学加拿大的一个重要目的是为了毕业后能够移民[4],中国学生选择澳大利亚大学的重要因素是因为该国便利的移民政策与简便的学生签证程序[5],马来西亚和泰国学生选择留学目的国的语言学校会考虑签证是否容易及对方是否提供奖学金[6]。

信息性因素在近期研究中备受关注,这类因素包括信息的来源、人们获取信息的能力以及市场性因素。对留学目的国的了解、获取留学目的地相关信息的难易程度是早期研究发现的影响个人留学目的地选择的最重要因素。近些年,不少学者发现市场因素如招生策略、多语种网页[7]、顾客导向[8]、国家和城市形象、院校品

---

[1] Bodycott P. Choosing a higher education study abroad destination: What mainland Chinese parents and students rate as important[J]. Journal of Research in International Education, 2009(3):349-373.

[2] Shanka T, Quintal V, Taylor R. Factors influencing international students' choice of an education destination—A correspondence analysis[J]. Journal of Marketing for Higher Education, 2006, 15(2):31-46.

[3] Cubillo J M, Sanchez J, Cervino J. International students' decision-making process[J]. International Journal of Educational Management, 2006, 20(2):101-115.

[4] Chen L H. Choosing Canadian graduate schools from Afar: East-Asian students' perspectives[J]. Higher Education, 2007, 54(5):759-780.

[5] Yang M. What attracts mainland Chinese students to Australian higher education[J]. Studies in Learning, Evaluation, Innovation and Development, 2007, 4(2):1-12.

[6] Lawley M, Perry C. Thai and Malaysian students' perceptions of overseas study destinations: An exploratory study[Z]. Unpublished management papers, University of Southern Queensland, 1997.

[7] Lee C F. An investigation of factors determining the study abroad destination choice: a case study of Taiwan[J]. Journal of Studies in International Education, 2014, 18(4):362-381.

[8] Falindah P S, Kamaruddin A R, Baharun R. International students' choice behavior for higher education at Malaysian private universities[J]. International Journal of Marketing Studies, 2010, 2(2):202-211.

牌[1]等在留学选择中发挥了重要的促进作用。教育国际化带来的相关活动、市场策略的相关活动、中外合作办学项目都是影响学生选择留学目的地的关键因素[2]。

(三) 内部因素

任何行为都是个体主观因素与环境客观因素互相作用的结果。在对留学决策的研究中,人力资本模型和推拉因素模型强调外部因素,消费者价值模型着重个体的价值感知,然而留学决策是一个非常复杂的过程,不论是留学动机的产生,还是在选择留学目的地的决策过程中,个体的内部因素发挥的重要影响作用不容忽视。

个体内部因素分为两个层面:家庭因素与个体特征因素。家庭背景、个体特征和学术能力对不同群体学生选择留学目的地的影响,例如性别、个体能力、家庭收入、父母教育水平、家庭所在地区等对留学专业选择的影响,都已经被研究证实[3][4]。子女接受什么类型、层次、水平的高等教育取决于其学术能力与家庭的支付能力,与此同时家庭支付能力受到父母的社会经济地位影响,父母教育程度、职业、家庭经济收入都直接决定家庭高等教育的投资选择[5]。因此,家庭社会经济地位状况的相关因素影响境外高等教育需求的发生。另一方面,个体在做留学选择时,会综合考虑自身智力、学术能力、学业成绩、教育与职业意向,以及留学经历对达到职业发展目标的人力资本

---

[1] Cubillo J M, Sánchez J, Cerviño J. International students' decision-making process[J]. International Journal of Educational Management, 2006, 20(2):101-115.

[2] Chen L H. Internationalization or international marketing? Two frameworks for understanding international students' choice of Canadian universities[J]. Journal of Marketing for Higher Education, 2008, 18(1):1-33.

[3] 周金燕,王青山,刘云波.中国高中生留学地选择意愿的经济学分析[J].教育学报,2013(12):82-90.

[4] 刘扬,孔繁盛.海外留学高等教育专业选择问题研究[J].复旦教育论坛,2010(1):53-57.

[5] 许祥云,张凡永,等.高等教育投资:家庭的决策与选择行为[M].厦门:厦门大学出版社,2016:58-59.

提升等其他因素①，此过程中个体的文化通达性、课程对个体的可行性也有重要影响②。

二、境外高等教育升学需求分阶段影响因素指标

前期研究成果提供了一定的理论基础但具有局限性。已有研究往往侧重局部的影响作用，缺乏从行为发生的过程进行全局考虑而形成系统的指标体系。比如文献中针对留学动机与留学目的地选择的研究成果较为丰富，但是对于留学信息搜索的研究非常少见。另一方面，鲜有研究通过数据分析社会、经济、文化等各种因素具体对某一特定群体的留学选择造成影响的程度。本研究将延续已往研究的理论基础，对前期发现的影响因素进行系统整合并扩展，将需求做为一个过程，重构系统科学的因素分析指标体系，并以此为依据设计研究工具，展开探索性研究，分析影响我国高中生群体境外高等教育需求的因素。

如前文所述，教育需求的个人发生是过程而不是节点，人们在教育需求的过程中不断向外部索取和占有。同样，我国高中生境外高等教育需求也是由几个阶段组成的一个过程：个人在内部与外部的刺激下想要出国，之后确定去哪里读什么，其中经历信息搜索与评估阶段。做为一个消费者，学生（家庭）购买境外高等教育，经历了确定留学、信息搜索、评估选择留学国家、学校与专业、反馈等阶段。其中，确定留学需要时产生驱动力即留学动机，推动个体留学行为的发生；信息搜索阶段个体会通过各种渠道了解信息，形成信息集合；评估国家、学校及专业即为境外高等教育的选择阶段。要想了解高中生境外高等教育需求的影响因素，有必要梳理境外高等教育需求每

---

①② Salisbury M, Umbach D, Paulsen M, Pascarella E. Going global: understanding the choice process of the intent to study abroad[J]. Research in Higher Education, 2009, 50: 119-143.

个阶段发生作用的影响因素,之后再通过合并归类重新构建高中生境外高等教育需求全过程中的影响因素的综合分析指标体系。

人类的行为是个体与环境互相作用的产物。因此,人类的行为受到外部环境因素与个人内在因素的影响。外部环境因素包括自然环境因素与社会环境因素两大类;个人内在因素包括生理、心理因素[1]。科特勒曾经将消费者行为影响因素划分为文化、社会、个人和心理4个层面,每一个层面涵盖不同指标[2]。王远伟将影响高等教育选择的因素归为6个维度,分别为经济性因素、社会性因素、个体性因素、信息因素、制度因素、学校因素,并通过实证分析验证了这一分类的合理性[3]。郑晓辉通过对清华大学学生出国留学意愿的调查,将影响个体留学意向的因素划分为经济因素、教育因素、社会因素、文化因素、政治因素、个人因素六大类[4]。本书借鉴上述维度的划分方法,将个体在境外高等教育需求发生过程中的影响因素划分为六大维度:个体因素、制度性因素、经济性因素、社会文化性因素、教育性因素、信息性因素。

人的行为通常是多因素相互作用而成,境外高等升学需求发生过程中每个阶段的影响因素不尽相同,不同维度下的因素群的影响比重也有差异,但可以确定的是对单个阶段的影响必然对需求整体过程产生相应影响。因此本研究采用"分—总—分"的思路,首先单独梳理出需求过程中每个阶段的影响因素并按照上述6个维度归类,再重新全面整合,合并相同因素,最后将所有因素重新按照6个维度归类。依据因素指标设计现实表征中的外显问题,从而形成整

---

[1] 江林.消费者心理与行为[M].北京:中国人民大学出版社,2015:17-18.

[2] 卢泰宏,等.消费者行为学——中国消费者透视[M].北京:高等教育出版社,2005:6.

[3] 王远伟.影响个人高等教育选择的因素分类与变迁研究[C].高等教育国际论坛,2004:262-269.

[4] 田玲.中国高等教育对外交流现象研究[M].北京:民族出版社,2003:200.

体问卷。

```
个体因素
制度性因素
经济性因素
社会文化性因素
教育性因素
信息性因素

境外高等教育倾向 | 境外高等教育信息搜索 | 留学目的地选择
```

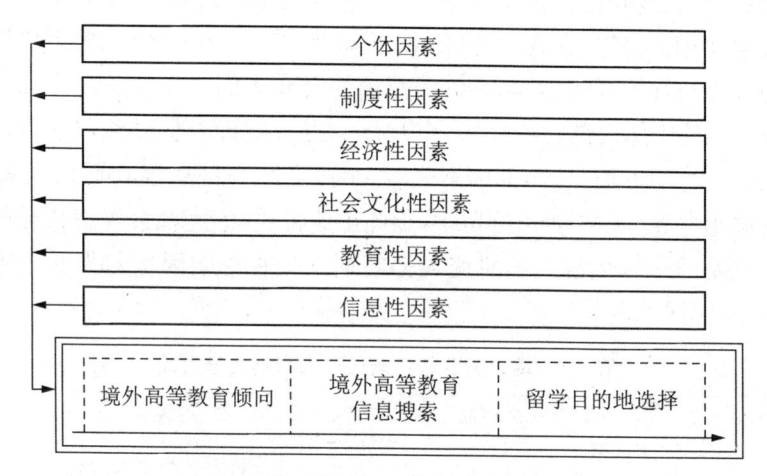

图 3-8 境外高等教育需求影响因素归类

（一）第一阶段：境外高等教育倾向形成影响因素指标

个体在本阶段外部环境刺激与内生刺激的共同影响下确定境外高等教育升学需要而产生留学动机。从心理学角度来看，当个体需要得不到满足时，个体的内部会处于焦虑状态，这种心理焦虑会成为刺激，产生一种推动力，这种推动力就是行为的动机[1]。人的动机又受到个体所处文化中的价值观的影响。人们是否产生某种行为决定于某种选择带来预期结果的吸引程度，人们对于预期价值较高的事情会完成较好[2]。

从外部条件因素来看，个体首先由于缺乏而产生境外高等教育需要，由此可见，国内高等教育机会缺乏、我国与发达国家教育差距、

---

[1] 时蓉华.现代社会心理学[M].上海:华东师范大学出版社,1988:162.
[2] Sánchez M C, Marianela F, Zhang M X. Motivations and the intent to study abroad among U.S., French, and Chinese students[J]. Journal of Teaching in International Business, 2006, 18(1):27-52.

个体对国内教育体制不满等都是导致留学需要产生的因素。其次,外界环境会刺激人们外部动机的产生,因此宽松的政策、留学带来的收益、周围人群的影响、传统文化、父母期望以及当下国外、国内机构的宣传和营销策略、大众媒体的营销都会使人们产生留学的外部动机。另外个体内部自我完善、自我能力提升的诉求会导致留学内部动机。另一方面,从内部因素来看,个体会结合自身学术能力、家庭支付能力等考虑是否出国留学,因此个体特质、家庭社会经济状况都是重要的个体因素。本研究根据前期文献将影响因素归为6个维度,具体详见表3-1。

表3-1 境外高等教育倾向形成影响因素指标

维 度	一级指标	二级指标
个体因素	个体特征因素	性别、年级等个人信息 学术能力 外语能力 文化适应能力
	留学价值观	自我完善诉求 职业发展诉求 社会阶层流动诉求 学术能力提升诉求
	家庭因素	父母职业 父母文化程度 父母收入
教育性因素	高等教育国家化因素	
	国内外大学教育模式看法	对国内大学教育模式不满 对国内大学教育质量不满 对国外大学教育模式的向往
	国内外大学人才选拔制度看法	不喜欢国内大学人才选拔制度 喜欢国外大学人才选拔制度 国内理想的大学入学机会缺乏

续表

维度	一级指标	二级指标
经济性因素	留学费用来源	家庭支付能力 其他经济资助
	留学成本感知	留学的经济成本 留学的时间成本 留学的机会成本
	留学收益感知	留学的经济收益 留学的非经济收益
	留学风险感知	完成学业风险 投资收益风险
制度性因素	国内政治经济环境	国内政治经济环境是否稳定
	国内的留学政策	是否鼓励留学
	留学国的留学与移民政策	是否欢迎国际留学生 是否对留学生有移民优惠政策
信息性因素	社会舆论	媒体报道
	市场营销策略	就读高中宣传 海外高校招生策略 留学中介服务
社会文化性因素	重要他人影响	家人建议 老师建议 同学、朋友的海外经历影响
	中华文化传统因素	面子 炫耀 从众 家庭期望
	海外文凭的社会认可	国内社会对海外学历的接受度

(二)第二阶段:境外高等教育信息搜索影响因素指标

从消费者购买心理理论角度来看,信息搜索包括内部搜索与外部搜索,前者指消费者通过记忆或者经验获取信息,后者是指通过个人或非个人途径获取外界信息,通常当内部搜索到的信息无法满足决策需求时,个体会启动外部搜索途径。研究者认为消费者在购买实物产品与服务产品过程中所做的信息搜索是有差异的,在服务产品购买决策时所需要的信息远多于实物产品的购买决策[1]。刘文晓博士在学位论文中将个体信息能力的测量分解为信息需求、信息获取和信息利用3个维度,发现个体对高等教育的信息认知与信息源的占有方面都受到个人特征因素(如性别、年级、学校所在地等)和家庭因素(如父母职业、学历等)影响[2]。

表3-2 境外高等教育信息搜索影响因素指标

维 度	一级指标	二级指标
个体因素	个体特征	性别 年级 家庭所在地
	家庭因素	父母职业 父母文化程度 家庭收入
信息性因素	获取信息的质量	信息的公开程度 信息的准确性 信息的充分性
	信息来源	口碑 媒体 中介宣传 留学国宣传 海外高校宣传
	信息搜索能力	主动搜索信息能力 判断信息真伪的能力 正确应用信息的能力

---

[1] Simões C, Soares M A. Applying to higher education: information sources and choice factors[J]. Studies in Higher Education, 2010, 35(4):371-389.

[2] 刘文晓.高等教育个人选择中的信息问题研究[D].上海:华东师范大学,2016.

综上所述,个体信息搜索能力既与个体特征、家庭社会背景相关,也与信息来源的途径、信息获取的难易程度、个体对信息的应用能力关系密切,具体因素如表 3-2 所示。

(三)第三阶段:境外高等教育选择影响因素指标

个体对境外高等教育的选择包括留学目的国、学校与专业的选择。在本阶段,个体按照一定的评估标准对搜索后获得的相关信息集合进行比较评估,最终形成最优方案,由于国外大学采用的是申请制度,通常个体会形成几套不同的方案同时进行,最后在获得的入学机会中挑选一个最满意的。根据前期文献梳理,将留学地选择的重要影响因素指标按照 6 个维度重新划分,由于文献中涉及的影响因素多且重合指标较多,这里就不再重新描述。

表 3-3 境外高等教育选择影响因素指标

维　度	一级指标	二级指标
个体因素	个人能力	自评学业水平 外语能力 适应能力 兴趣爱好
	家庭因素	父母职业 父母文化程度 家庭收入 家庭所在地区
教育性因素	教育质量	教师教学能力 教师科研能力 行政人员支持力度 专业与课程设置 国家高等教育发展水平
	学校声望	学术声誉 排名指标 毕业生就业前景 知名校友

续表

维度	一级指标	二级指标
教育性因素	学校国际化程度	国际师资 留学生数量 留学生组织与活动 国际合作情况
教育性因素	就读难易程度	入学条件 毕业条件 能否继续深造
教育性因素	校园环境状况	校园环境与设施配备 科研设施 藏书情况
经济性因素	感知成本	学费 生活成本
经济性因素	感知收益	留学国就业机会 未来职业发展
经济性因素	财政资助	国外奖学金、助学金资助 国内奖学金、助学金资助
经济性因素	留学目的国的经济状况	
制度性因素	国内外留学政策	国内留学政策 国外留学签证政策
制度性因素	留学目的国移民机会	
信息性因素	信息公开程度	院校信息公开程度
信息性因素	信息获取途径	
信息性因素	市场营销策略	教育输出国家形象 海外高校的招生策略 留学中介的营销策略 社会舆论宣传

续表

维　度	一级指标	二级指标
社会文化性因素	重要他人	父母建议 朋友建议 是否有亲戚朋友就读 是否为亲戚朋友居住地
	中华传统文化	攀比 从众 炫耀 家庭期望
	留学地的社会文化	当地安全性 文化距离 学校文化氛围

三、境外高等教育升学需求影响因素指标体系构建

梳理境外高等教育需求的每一阶段过程的影响因素并重新归类后,将3个阶段的因素合并,剔除重合因素,再次重新归于6个维度下,并将每个因素指标的现实表征具体化,形成本研究的调查问卷与访谈提纲,具体指标体系见表3-4。

表3-4　境外高等教育需求影响因素指标体系

维　度	一级指标	影响因素的具体表征
个体因素	个体特征因素	学业水平(班级排名) 外语能力(口语、写作水平) 适应能力 个人偏好 个人的海外经历
	留学价值观	语言及交流能力提升的诉求 学术能力提升的诉求 增加阅历、磨炼意志的诉求 职业发展的诉求 体验异国文化诉求 社会阶层流动诉求

续表

维　度	一级指标	影响因素的具体表征
个体因素	家庭因素	父母职业 父母文化程度 家庭收入 家庭所在地
制度性因素	政治经济环境	国内政治环境安定让个体能够安心出国 国内经济发展迅猛 中国国际地位不断提升 留学国与我国的政治经济文化合作关系
	留学与移民政策	国内留学政策宽松鼓励公民出国留学 教育输出国出台留学政策 留学国移民政策 留学国签证难易
经济性因素	支付能力	家庭支付能力 奖学金、助学金等其他社会资助
	留学成本感知	留学决策前考虑的留学成本包括：经济成本（学费、当地生活费）、时间成本（完成学业年限）与机会成本（放弃国内一些发展机会）
	留学收益感知	留学决策前考虑的留学收益，包括经济收益（收入增量；毕业后就业机会增多；对职业发展有利）与非经济收益（观念更新；外语、学术和社会能力提升；先进技术与知识的获得；社会地位提升；重要社会文化经历的获得）
	留学风险感知	完成学业的风险 投资收益的风险
	留学地经济水平	留学目的国经济是否发达 留学国的就业机会 留学学校及专业毕业后在国内的就业状况 留学学校校友的发展状况
社会文化性因素	家庭期望	父母意愿 父母对子女的期望（获得更好教育资源；通过留学改变家庭社会地位；改善家庭经济条件）

续表

维　度	一级指标	影响因素的具体表征
社会文化性因素	重要他人影响	亲人或朋友的海外经历 亲朋好友的建议 老师建议 亲戚或朋友生活在某个国家 亲戚或朋友就读于某个学校
	留学国与中国的文化距离	选择留学国时偏好与中国文化相融的国家 选择离中国较近的国家
	社会安全性	留学国家社会治安 留学城市的社会安全性
	留学国文凭在我国的社会认可度	选择留学国别时考虑该国的大学文凭是否被我国社会接受（如用人单位、学校等） 留学学校在我国社会的认可程度
	中国传统社会心理因素	从众 攀比 炫耀
教育性因素	教育国际化	所处城市国际化氛围 就读高中国际化活动 留学学校的国际学生数量 留学学校的国际师资 留学学校与中国的合作（如双联项目） 就读学校留学生活动与组织
	国内高等教育看法	对国内高等教育质量不信任 对国内大学录取方式不满 自身能力无法获得理想国内大学入学资格 异地高考政策制约
	国外高等教育看法	认为国外高等教育质量好 认为国外高校人才选拔制度比较合理
	学校学术声誉	留学学校的学术实力 留学学校的排名 留学学校专业的排名

续表

维　度	一级指标	影响因素的具体表征
教育性因素	教学质量	教师教学经验 教师资历与学术能力 行政人员支持力度 专业课程设置
教育性因素	就读的难易程度	学校的录取条件 是否容易毕业 毕业后能否继续深造
教育性因素	学校的环境 与硬件设施	校园硬件环境 学校地理位置 学生的学习生活环境 学校藏书数量 学校科研设施状况（如实验室）
信息性因素	留学信息来源	个体进行留学决策时获取信息的主要渠道 信息的公开程度 信息来源是否充足 信息来源是否准确 社会舆论（媒体）宣传
信息性因素	个体的信息 搜索能力	决策时间期限 主动搜索信息能力 判断信息真伪能力 正确应用信息能力
信息性因素	市场营销策略	国外高校在中国的招生策略 国外高校与中国高等教育机构的合作项目 留学服务的完善 留学中介的宣传策略

第四章 高中生出国留学调查的研究设计与过程

通过问卷调查和访谈结合的形式了解当前高中生出国留学的总体状况、认知情况,以及留学动机和境外高等教育选择的影响因素。一份有效的调查问卷是重要的研究工具,也是研究的前提和基础。根据前期国内外文献梳理,没有发现已有问卷可作为借鉴,因此在前期文献基础上自制问卷开展研究是本研究的基础。为确保问卷的信度和效度,调查问卷从初稿设计到最后定稿进行大规模发放,经历十余次验证修订。调查过程得到教育部中学校长培训中心的大力支持,从着手设计研究计划到大规模调查结束历时近两年。

第一节 高中生出国留学调查的预调研

一、预调研问卷的构成与优化

问卷的设计依据前一章梳理的影响因素指标体系,再参考相关问卷设计资料,并根据研究者的长期观察和自身经历加以完成。在此基础上经过专家的内容效度检验进行优化。

(一)问卷构成

预调研问卷由4部分构成。第一部分为家庭结构与背景,共19个问题,涉及学生的性别、学业水平、语言能力、就读学校、适应能力等个人信息以及家庭背景等题项。第二部分为留学意愿与动机,以此了解学生留学意愿强弱、留学基本信息以及留学原因。其中,留学原因问题共36个题项，采用李克特(Likert)的尺度测量（最高5分，最低1分），其他11题为选择题。第三部分调查个体对留学的认知，了解人们在留学决策过程中对留学相关事物的认识，以及在做决策时的信息能力。第四部分调查学生选择留学国家、学校及专业的影响因素，共45题，全部采用李克特的尺度测量（最高5分，最低1分）。

（二）问卷优化

为深入了解前期文献中梳理出来的维度与留学需求影响因素是否符合实际情况，需要进一步对问卷进行优化。专家内容效度检验是一种常用的方法。主要由专家、学者以及该领域实务工作者就题项的适切性加以检验，包括测量题题项表达的含义、语言的通顺与完整、题项所要测得的维度潜在特质是否适宜等。通过与专家的讨论与分析判断后进行修改，修改完的问卷较之前的问卷更为全面。

预调研问卷形成后，邀请华东师范大学教育领域专家教授、上海大学悉尼工商学院的国际教育资深研究专家与招生办老师、华东师范大学教育学博士研究生等先后召开3次研讨会，并与导师和同门研究生经过多次研讨，就"高中生出国留学的调查问卷"的框架、结构和题项构成等，展开较为充分的讨论，根据修改意见进一步优化了问卷。

二、预调研过程与调研对象

预调研的样本来源于两部分：在FJ省XM市选取两所中学国际部的高一和高二学生为样本发放问卷；在SH市的S大学某中外合作院校留学直通项目自主招生考试现场选取部分考生发放同一问卷，该项目的学生将在国内就读中澳双联项目一到两年后出国完成本科学业，报考生源分别来自全国各地的高三毕业生。两次总共发放问卷320份，回收320份，其中有效问卷272份，有效回收率为85%。问卷录入后，利用SPSS18.0进行问卷的信效度检验。

问卷调查结束后访谈了5位问卷的填写者，了解他们填写问卷的反馈,此外还访谈了 2 位国际部主任、4 名家长和 2 位留学中介机构负责人。从不同层面与角度了解高中生的留学原因与对境外高等教育的选择标准,听取他们对问卷设计相关题项的建议。

三、信效度检验

(一)信度检验

本研究通过考察调查问卷的内部一致性来分析信度,具体采用的指标是 Cronbach 在 1951 年提出的 Cronbach 系数和 CITC 指标,当 CITC 指标小于 0.5 时,通常就删除该测量题项。另外通过 Cronbach 系数能够准确反映出测量题目的一致性程度和内部结构的良好性,成为目前研究领域中应用最广泛的信度指标之一。Cronbach 系数值越大,表示该测量量表的内部一致性越高,即具有较高信度。具体说来,当 Cronbach 系数大于 0.8,说明量表信度非常好;系数在 0.8—0.7(不含 0.7)之间,说明量表信度尚可接受;系数在 0.7—0.6(不含 0.6)之间为勉强可接受;系数在 0.6—0.5(不含 0.5)之间,说明量表信度不佳;系数为 0.5 及以下,表明需要重新修改量表,剔除无关变量。

表 4-1 可靠性统计量

量　　表	Cronbach's Alpha	项　　数
留学原因分量表	0.890	48
留学认知分量表	0.783	24
境外高等教育选择分量表	0.879	45

从表 4-1 可以看出,留学原因分量表包括 48 个题项,量表内部一致性的 Cronbach 系数为 0.890,信度指标非常理想,能够有效进行相关分析。境外高等教育选择分量表包括 45 个题项,量表内部一致性的 Cronbach 系数为 0.879,信度指标非常理想,能够有效进行相关分析。留学认知分量表包含题项 24 个,量表内部一致性的 Cronbach 系数为 0.783,信度指标比较理想,能够有效进行相关分析。

(二) 效度检验

效度即调查问卷的有效性。效度检验能够有效评估问卷测量结果反映所想要考察内容的程度。效度越高,表明测量结果与要考察的内容越吻合;反之,则说明测量结果与要考察的内容偏差越大。效度具体又可以分为 3 种类型:内容效度、准则效度和结构效度。目前,通过因子分析来测量量表或整个问卷的结构效度是效度分析最适合的方法。在进行因子分析前,应该对相关矩阵进行检验,以 KMO 测度来检验是否能进行因子分析。KMO 值越接近于 1,说明变量间的相关性越强,表示越适合作因子分析;KMO 值越接近于 0,说明变量间的相关性越弱,表示越不适合作因子分析。学者凯瑟对常用的 KMO 度量标准进行了界定:0.9 以上(不含 0.9)表示非常适合,0.9—0.8(不含 0.8)表示很好,0.8—0.7(不含 0.7)表示适合,0.7—0.6(不含 0.6)表示可以接受,0.5 以下表示不适合。对于旋转因子载荷表,如果有题项在两个及以上的主成分上的旋转载荷都大于 0.4,表明其不能很好分辨所在的主成分,要删除该题项。如果有题项在所有主成分上的旋转载荷都小于 0.4,表明其不能很好解释任一主成分,要删除该题项。

对留学原因分量表进行效度检验,结果如表 4-2 所示,KMO 值为 0.840,说明该部分问卷很适合做因子分析,另外根据特征值大于 1,一共提取了 13 个主成分,共计解释 66.191% 的变差,解释度良好。通过因子旋转载荷表,删除在两个主成分上都大于 0.4 的题项和在任一主成分上都小于 0.4 的载荷(第 39、43、60、61、64、73 题)。

表 4-2 留学原因分量表 KMO 和巴特利特检验

取样足够度的 Kaiser-Meyer-Olkin 度量		0.840
巴特利特球形度检验	近似卡方	5 672.403
	df	1 128
	Sig.	0.000

对留学认知分量表进行效度检验(表4-3),KMO值为0.816,说明该部分问卷很适合做因子分析,另外根据特征值大于1,一共提取了6个主成分,共计解释57.261%的变差,解释度一般。通过因子旋转载荷表,删除两个主成分上都大于0.4的题项(第86、90、99、103题)。

表4-3 留学认知分量表KMO和巴特利特检验

取样足够度的Kaiser-Meyer-Olkin度量		0.816
巴特利特球形度检验	近似卡方	1 963.962
	df	276
	Sig.	0.000

对境外高等教育选择分量表进行效度检验(表4-4),KMO值为0.851,说明该部分问卷很适合做因子分析,另外根据特征值大于1,一共提取了12个主成分,共计解释66.549%的变差,解释度一般。删除在两个主成分上大于0.4载荷的题项(第110、113、115、119、122、127、136、148题)。

表4-4 境外高等教育选择分量表KMO和巴特利特检验

取样足够度的Kaiser-Meyer-Olkin度量		0.851
巴特利特球形度检验	近似卡方	6 201.497
	df	990
	Sig.	0.000

预调查结果表明高中生留学调查问卷的信度和效度指标符合要求,问卷结构良好。通过探索性因子分析、项目分析等手段对问卷题项进行删减和优化,形成新的问卷。

第二节　高中生出国留学调查研究设计

一、问卷的设计与修订

新问卷在4个方面进行了修订:第一,依据因子分析结果删减了部分设计题项;第二,根据预访谈结果增加了部分题项;第三,根据预调研问卷的填写情况和访谈者的反馈对部分题项的表述方式和语言进行了修改,让其更符合调查对象的认知水平和话语方式,尽量避免由于理解问题导致的错误回答影响研究结果;第四,根据在录入问卷时发现的一些问题和访谈对象的意见调整了整个问卷的排版和部分问题的序号,使问卷的设计更方便填写者答题。问卷修订后再次召开相关专家讨论会,询问专家意见,根据反馈再次进行修改。之后在刚刚进入上海大学悉尼工商学院境外学位项目第一年学习的部分学生中小范围进行试验性填写,主要目的是确定新问卷的语言和表述与高中生年龄阶段的认知水平是否匹配。

修订后的问卷由4部分组成,共150题,由选择题和李克特5分量表题项组成。其中考察个人接受留学教育的意愿、动机、留学偏好等题项56个,考察个人对境外高等教育选择标准的题项44个,考察个人对留学信息认知的题项31个。在第二部分(留学意愿与动机)加入了第20题询问不留学的原因,包含24个题项,全部采用李克特5分量表打分。增加此题的目的是为增加对比研究群体,通过了解当下高中生不出国留学的原因,分析出国留学的阻碍因素,计划在高中的普通班(非国际班)选取样本发放。除此以外,对于其他部分题项的增减变化具体见表4-5。

二、访谈设计

研究目标与研究问题决定研究方法的选择。一般情况下,当研

表 4-5 调查问卷题项修改

量表	增加题项题号（修订一版题号）	删减题项（预调研版题号）	修改题项（预调研版题号）
留学意愿与动机	第 20 题（共 24 个题项） 第 38、40、55、75 题	第 32、34、53、64 题	第 28、39、43、44、50、51 题
留学了解与认知	第 94、96、97、100、101、106 题	第 90、100、101、102、103 题	第 89、93 题
境外高等教育选择	第 110、121、136、138 题	第 112、115、124、126、127、133、134、136、148 题	第 113、114、115、124、126、127、133、134、136、148 题

究试图回答"是什么"并希望将此结论"普遍化"时，采用量化的研究方法。当研究回答的问题不仅是"是什么"，还要解释"为什么"和"怎么样"时，可以采用质性研究方法。本研究关注的高中生对境外高等教育需求的强弱、产生留学动机的影响因素、选择境外高等教育的影响因素等可以通过问卷调查获得，但要回答"人们为什么会形成这种境外高等教育动机"以及"人们对留学的认知怎么样？"这类问题时就需要采用质性研究的方法。访谈是一种常用而且有效的质性研究手段，包括非结构性访谈与半结构性访谈，可以由此获取人的感知、意义、对情景的定义及对现实的建构。半结构性访谈既能帮助研究者聚焦某特定的研究问题，同时又保持访谈的开放性与生成性。由于本研究访谈环节的主要目的是对问卷调查进一步深化，补充细节性信息，因此采用半结构性访谈较为适合。

本研究拟选取的访谈对象包括 6 类人群：高中校长、高中国际部（班）主任和老师、在读高中学生（大多为有留学计划的学生和少量没有留学计划的学生）、有留学计划（或已经有子女在外留学）的家长、已在国外大学就读的学生、留学中介。访谈群体的选择如此广泛主要是因为当下留学已经成为一种社会现象，从社会、学校、家庭 3 个层面了解相关留学需求信息，能够对本研究提供有力佐证。

选择高中校长主要是因为其了解教育体制，深知教育价值，熟悉我国高中生的心理特征，能从宏观视角对两种不同体制的教育价值做出一定判断，对高中生追求境外高等教育动机的产生给出基于观察与经验的解释，并对留学现象带来的问题提出建议与对策。近些年来，通过国际部或者国际中心出国读大学的学生占我国高中生留学的主体，国际部主任与国际部老师对于有出国意向的学生的行为与认知有最深入了解，对学生的留学动机掌握最清楚，能够为研究提供最直接的经验事实，对留学信息在留学决策中的作用体会较深，对现实问题较敏感，能够从客观的角度分析原因并给出建议。留学中介公司和国际部目前承担了重要的留学指导和留学服务工作，其认知及其留学价值观念对学生留学决策的影响远远超越家庭或者同辈群体，也是社会舆论等所不能比的。

本研究选择即将出国读大学的高中生和已经在国外大学就读的留学生为学生访谈群体，一方面能够更深入了解留学动机是如何产生的，个体对留学的认知情况及其在选择留学国、学校和专业时的一些想法，另一方面，通过对"过来人"进行访谈，对照其在做决策时的预期与现状的差距，能够了解个体的留学决策是否建立在对留学正确的认知基础上，也可以对需求是否理性作出一定的判断，分析留学决策中可能出现的偏差。对于学生的访谈题目大体设计包括个体的留学动机，如何看待留学价值，对中外两种不同体制下高等教育的比较，留学期望，留学信息获取方式，对排名的看法，对留学国家、学校及专业选择的初步意向和原因，选择学校和专业的影响因素，对境外高等教育投资的成本与收益的看法等。此外选择少量确定不留学的学生，了解阻碍其留学的原因。

家长是本研究拟访谈的另一个群体，作为子女教育的投资人，家长是学生留学的重要决策者，其留学期望、对教育投资收益的看法、对留学的认知都可以折射出留学现象背后的社会心理，为本研究提供必要的佐证。

三、样本选取

国家统计局在 2011 年将全国地区划分为东部、西部、中部和东北地区。东部地区包括北京、天津、河北、上海、浙江、江苏、山东、福建、广东和海南，西部包括内蒙古、广西、重庆、四川、贵州、云南、西藏、陕西、甘肃、青海、宁夏和新疆，中部包括安徽、山西、江西、河南、湖北、湖南；东北地区包括辽宁、吉林和黑龙江。

本研究依据上述划分，在每个地区各选取一个及以上数量的省份（或直辖市），每个省份选取一到两所国际部规模较大、办学比较成功的高中。由于境外高等教育需求对家庭支付能力的要求较高，留学需求在我国各地区分布并不均衡，表现出经济发达地区（如东部）出国的学生较欠发达地区多，城市的出国学生远远高于农村学生等不平衡状况。考虑到上述因素，本研究拟在一、二线城市选取样本，在东部地区选取省份较其他地区多。

考虑到将调研的地区范围较广，涉及学校和样本较多，研究者由于工作需要不能持续长期出差调研等客观局限，只能将正式调研分为两个阶段进行，在第一阶段结束后暂时中断调研并同时对前期数据进行录入及简单的数理统计。这样更有利于对问卷进一步调整与优化，提升问卷质量。

第三节 第一阶段调研过程

一、问卷的再次验证与修改

研究者根据预调研结果对问卷进行了增减与修改，但是题项修改之后依旧需要对其效度与信度再次验证，因此第一阶段调研问卷录入完毕后，再一次进行效度分析，并根据结果对几个分量表进行相应修改。

(一)信度检验

同样采用 Cronbach 系数检验 3 个分量表的信度。信度检验结果显示留学原因维度 44 个题项的总 Cronbach 系数为 0.886,高于 0.8;留学认知维度 24 个题项的总 Cronbach 系数为 0.704,高于 0.7;境外高等教育选择维度 44 个题项的总 Cronbach 系数为 0.898,高于 0.8。根据 Cronbach 系数的参考标准,0.8—0.7(不含 0.7)说明问卷数据的信度较好,超过 0.8 说明问卷数据的信度非常好。另外当删除各个维度中的某一题项时,可发现该维度项已删除的 Cronbach 系数(Cronbach's Alpha if Item Deleted)并未使得该维度的 Cronbach 系数有显著提升,说明问卷题项暂时不需要有所变动。

表 4-6 可靠性统计量

量 表	Cronbach's Alpha	项 数
留学原因分量表	0.886	44
留学认知分量表	0.704	24
境外高等教育选择分量表	0.898	44

(二)效度检验

1. 留学原因

从表 4-7 可知,留学原因分量表的 KMO 值为 0.875,说明变量间的相关性很强,变量间的共同因素非常适合做因子分析,另外根据特征值大于 1,一共提取了 11 个主成分,共计解释 60.657% 的变差,解释度良好。通过因子旋转载荷表,删除在任一主成分上都大于 0.4 的题项(43.去国外读书可以脱离父母的管制,更加自由)和在任一主成分上都没有达到 0.4 的题项(63.不方便说出来的原因)。此外,提取的公因子 10 和公因子 11 的题项分别只有一个,因此删除相关题项(53.接受国外高等教育有助于我成为国际化人才、32.国家的异地高考政策导致我无法在就读地点参加高考)。

表 4-7　留学原因分量表 KMO 和巴特利特检验

取样足够度的 Kaiser-Meyer-Olkin 度量		0.875
巴特利特球形度检验	近似卡方	9 504.574
	df	946
	Sig.	0.000

2. 境外高等教育选择

从表 4-8 可知,境外高等教育选择分量表的 KMO 值为 0.897,说明变量间的相关性很强,变量间的共同因素非常适合做因子分析;巴特利特球形度检验结果方差为 10 405.576,Sig.＝0.000,拒绝零假设,同样说明检验数据非常适合做因子分析。另外根据特征值大于 1,一共提取了 11 个主成分,共计解释 61.944% 的变差,解释度良好。通过因子旋转载荷表,删除在任一主成分上都大于 0.4 的题项(110.我会考虑是否喜欢当地文化与生活方式而选择留学国、119.我会选择对中国文化的包容程度高的国家留学、130.我会选择师资的教学能力与学术能力强的学校、142.我会选择在全球招聘教师的学校)和在任一主成分上都没有达到 0.4 的题项(123.我会选择所处位置在繁华大都市的学校留学、126.我会选择高等教育发展水平较高的发达国家留学、129.我会选择国际学生多的学校)。

表 4-8　境外高等教育选择分量表 KMO 和巴特利特检验

取样足够度的 Kaiser-Meyer-Olkin 度量		0.897
巴特利特球形度检验	近似卡方	10 405.576
	df	946
	Sig.	0.000

3. 留学认知

从表 4-9 可知,留学认知分量表的 KMO 值为 0.837,说明变量间的相关性较强,变量间的共同因素非常适合做因子分析,另外根据特征值大于 1,一共提取了 7 个主成分,共计解释 57.134% 的方差,解释度一般。

表 4-9 留学认知分量表 KMO 和巴特利特检验

取样足够度的 Kaiser-Meyer-Olkin 度量		0.837
巴特利特球形度检验	近似卡方	4 288.123
	df	325
	Sig.	0.000

根据因子分析的结果并结合第一阶段访谈信息,对该部分的问卷进行了较多修改。首先,在留学认知分量表题项中删减部分题项,删减的部分包括两大类,其一为因子分析中在两个主成分上都大于0.4 以及在任一主成分上都没有达到 0.4 的题项;其二为一些与其他量表中重复的题项。其次,在量表中增加了部分题项。在新量表中,将与信息相关的题项扩展,新增测试题:115、116、117、118、120、121、122。主要原因是在访谈过程中发现访谈对象对信息来源等相关问题的表述有些模糊不清,希望通过下一阶段的调查了解个体的信息来源、信息搜索能力与信息应用能力,此外增加部分题项了解个体对于中外高等教育、职业规划的认知(表 4-10)。再次,对本部分选择题项增添了部分题目,如第 106 题询问判断大学好坏的最主要依据,第 112 题询问留学时优先选择国家、学校还是专业,第 113 和 114 题询问个体对中国高等教育的了解程度与信息来源。第四,为方便后面阶段的数据处理,再一次调整问卷顺序,将留学认知调整为第四部分。修改后该部分的题项更加完善,能更全面获取相关信息。鉴于修改幅度较大,本量表在第一阶段的数据将不被用于最后的数据统计。

表 4-10 留学认知分量表题项修订

增加题项	115. 我认为要做出理性的留学选择,必须积极主动搜集尽可能全面的信息 116. 决定是否留学之前,我通常会主动关注留学的相关信息 117. 决定是否留学之前,我会主动搜集有关留学的国家、学校和专业的信息 118. 申请学校时,我会主动搜集有关留学的国家、学校和专业的信息

续表

增加题项	120. 申请学校时,我通常都能方便及时地查找到信息 121. 申请学校时,我通常都会充分利用获取的信息 122. 搜集信息时,我通常都会主动辨别信息的真假 128. "海归"大学生是天之骄子、社会的精英劳动者 129. 海外大学毕业后容易在当地找到专业性的工作 130. 选择就读当前的热门专业,将来的工资就会很高 141. 学校邀请过来做宣讲的学校一定是好学校 146. 海外大学以往毕业生的就业状况是判断该校好坏的重要依据 147. 海外名校专业都很强 150. 申请到国外一流的大学比考进中国一流大学要容易 151. 除了北京大学、清华大学等985学校,其他国内大学的教育质量都不行 152. 美国的公立高校的教育质量普遍比私立学校差 153. 判断一所大学的教学质量高低就看它在大学综合排行榜的排名先后 154. 拥有海外名校文凭才能称得上是社会优秀人才 155. 加州大学的本科教育质量比威廉姆斯学院好 156. 法国巴黎高等师范学院培养的学生层次与北京师范大学相同 157. 麻省理工学院比加州理工学院的教育质量更好 158. 国内大学容易读,只要期末考试前突击复习一下就可以了 159. 国内的大学老师只关注科研和职称,国外的大学教授更注重教学 160. 我在确定留学学校与专业时很清楚自己的职业倾向(职业倾向即个人的个性特点更适合哪种类型的职业) 161. 我决定出国留学时对今后的职业生涯有很清晰的规划(即对自己的未来职业生涯乃至人生有明确的计划)
删减题项	81. 只要能留学,不论什么国家、学校和专业都能接受 82. 只要能申请到我理想的学校,我不在乎去哪个国家和读什么专业 83. 只要能去我喜欢的国家,学校、专业都无所谓 84. 只要能申请到我喜欢的专业,学校、国家都无所谓 85. 留学费用对我的家庭来说负担很重 87. 出国后就和中国留学生住在一起,这样生活方便 90. 申请留学前必须认真搜集研究相关资料,了解将要选择的学校与专业 94. 出国留学前要认真做好留学准备 95. 越早出国留学越好 102. 留学就是享受国外的生活

4. 不留学原因

从表 4-11 可知,不留学原因分量表的 KMO 值仅为 0.598,说明量表可以进行因素分析但指标不是非常理想。根据特征值大于 1,一共提取了 8 个主成分,共计解释 79.725% 的变差,解释度非常好,但是因子聚类情况不太乐观,太过分散。由于本部分量表是在新问卷中加入的,因此本阶段调研对不留学原因实际上是一次预测,这次的统计数据将作为量表题项的验证,将不会在最后的数据统计中使用。

表 4-11 不留学原因分量表 KMO 和巴特利特检验

取样足够度的 Kaiser-Meyer-Olkin 度量		0.598
巴特利特球形度检验	近似卡方	769.790
	df	276
	Sig.	0.000

在因子分析结果的基础上对不留学原因的题项进行了较大修改,形成新量表,新量表涉及 5 个维度,具体新题项见表 4-12。

表 4-12 留学阻碍因素题项修改

留学阻碍因素维度	具体表征
投资与收益	留学费用太高,父母负担不起 申请过程复杂、费时费力费财,太折腾人 国外大学毕业后不好找工作 留学的性价比太低,不合算
个人能力	外语能力太差,担心出去交流有问题 学习成绩太差,出去也申请不到什么好学校 我成绩很好,在国内更容易读到理想的大学 不喜欢西方的教学模式

续表

留学阻碍 因素维度	具体表征
国内情感 因素	舍不得国内的家人与朋友 不愿意离开熟悉的环境 国内经济形势好,留下发展机会多 国内本科教育质量不错,打算毕业后再出去 国内读书容易在读书期间建立自己的人脉,对将来职业发展有利 在国内了解不到国外学校足够的信息,担心上当受骗 国内读大学比较轻松
国外形势	国外政治形势不稳定 国外社会安全状况不佳 国外经济形势不稳定
文化适应 能力	担心自己在国外无法完成学业 担心出国后无法忍受孤独,不能独立生活 担心自己与国外大学的老师和同学相处困难 担心自己无法适应当地生活

二、调研过程

第一阶段调研工作选取了 SH 市 NM 中学、HZ 市 E 中学、ZZ 市 Q 中学和 W 中学、TJ 市 YH 中学和 NK 中学,以及 BJ 市的 R 中学共 7 所学校的国际课程中学(国际部),共发放问卷 800 份,回收 740 份,回收率 93%,剔除无效问卷,最后获得有效问卷 607 份,有效率 76%。在普通高中部对没有留学意愿的学生发放问卷 200 份,回收 200 份,有效问卷 179 份,有效率为 89.5%。同期展开访谈。

第四节 高中生出国留学调查第二阶段调研

一、问卷的最后修订

经历第一阶段调研之后,调查工具的有效性再次得到验证,调查问卷与访谈提纲都进一步得到完善。修订后的问卷和访谈提纲形成后，再次征求相关专家的意见，与华东师范大学的教授与教育学博士研究生进行讨论，在讨论会上由4位高等教育学博士研究生与4位高等教育学硕士研究生一起试填写了问卷，并就问卷与访谈提纲再次展开讨论，根据结果，研究者再次对问卷与访谈提纲进行再一次调整与修订，尤其是对其中的措辞与表达方式进行最后的修改，使其更符合调研对象的话语习惯。

从预调研问卷到最终版问卷前后经过4个阶段的工作：文献研究、初步问卷的形成、问卷的预调研、问卷的再次验证，经历了十几轮不断讨论与修订，最终形成一份可以用于调查研究的量表。终稿总共包括161道题，由四大部分构成。第一部分为家庭结构与背景，共18题。第二部分为留学意愿与动机，其中考察留学动机的相关选择题3个，不留学原因的量表22个题项，留学原因的量表39个题项，留学意向的单项选择题5个，关于留学费用的单选题两个。第三部分为境外高等教育选择的影响因素，全部为李克特量表题，包括37个题项。第四部分为留学认知，包括7个单选题、8个多选题、47个李克特量表题。

二、问卷的发放

第二阶段调研于2017年3月下旬开始，6月上旬结束，选取了四川、东北、湖南、江西、江苏、山东等地的16所高中的国际部（国际课程中心）发放问卷1 300份，有效样本1 034份，有效率80%。在普通高中部发放问卷400份，有效样本361份，有效率90%。

第二阶段调研较前一阶段样本数量更大，样本分布更为广泛，数据收集手段更为多元化，调研工具更为成熟。在后期数据处理中，根据第一阶段的分析结果，对变化不大的分量表的数据进行合并后分析处理（如留学原因与境外高等教育选择），对变化太大的分量表的数据（如留学认知与不留学原因），仅仅对第二阶段的数据进行单独分析处理。

第五节 调查情况汇总

一、调研学校汇总

　　研究者在2016年7月到2017年6月分3个阶段总共调研了27所高中和1所中外合作办学的大学。为保证调查样本的代表性,从东部、西部、中部和东北地区的15个城市中选取了部分代表性较强的公立高中进行抽样。用两个月的时间进行数据录入、汇总、访谈的转录等调研后期工作。

　　本调查选择高中国际部或国际课程中心的学生作为问卷调查样本,主要是考虑到这里的学生普遍具有强烈的出国意愿,该群体的调查结果可反应高中生留学群体的共性,可分析境外高等教育需求过程的影响因素,揭示当下高中生出国热潮背后的真正原因,从而达到本研究目的。同时,为了解出国留学的阻碍因素,在普通班随机抽取部分非留学学生样本作为对比。两次正式调研中针对有留学计划群体总共发放问卷2 100份,剔除无效问卷,最终获得有效样本1 640个,有效率78%;不留学群体中发放问卷400份,最终获得有效样本361个,有效率90%。

　　问卷的发放采用了传统的纸质版问卷,得到了教育部校长培训中心专家的全力支持。问卷发放的方式分为两种:大部分问卷由研究者本人前往学校现场发放,研究者事先与调研样本学校的校长电话联络,提出调研需求,校长事先安排相关负责人对接。到达之日,研究者会先对国际部主任、班主任老师进行问卷填写的说明和简单培训,由班主任在班级组织集中统一填写。为保证答题质量,研究者会尽可能前往班级进行说明,答题结束后问卷由研究者统一回收。有6所学校由校长代理发放和回收问卷,研究者通过电话和邮件对相关负责人进行问卷发放培训,问卷收齐后密封由顺丰快递寄回上海。

　　由于各学校国际部的招生规模差异较大,还有部分学校的某些年级学生在国外交换或者已经结束校内课程,考虑到这些因素,为保证样本均衡,在条件允许情况下,研究者尽量根据每所学校的具体情况随机抽取样本,对规模较小的学校进行全员答卷,对规模较大的学校在每个年级随机抽取 2—4 个班级。具体统计见表 4-13。

表 4-13 调研学校汇总

调研阶段	地区	省(直辖市)	学校数量	有效问卷	调研时间
预调研	东部	福建、上海	3	272	2016 年 6 月
第一阶段调研	中部	河南	2	341	2016 年 11 月
	东部	北京、天津、浙江、上海	4	265	2016 年 11 月
第二阶段调研	西部	四川	3	506	2017 年 4 月
	东部	山东、上海、江苏	7	223	2017 年 5 月
	东北	辽宁、黑龙江	3	225	2017 年 5 月
	中部	湖南、江西	3	80	2017 年 6 月
总计	4	13	25(有 3 所学校由于制度原因只进行了访谈,没有发放问卷)	1 912	
不留学样本	东部、中部、西部、东北	上海、山东、湖南、四川、辽宁、黑龙江	11	361	2017 年 4—6 月

二、问卷调查样本描述

(一)留学学生样本描述

如表 4-14 所示,问卷调查的 1 640 个样本中,除去一个缺失值,女学生 906 人,占 55.3%;男学生 733 人,占 44.7%。男女比例基本持平。汉族学生 1 534 人,占 93.7%,少数民族学生 103 人,占 6.3%。

表 4-14　留学学生样本基本信息一览表

变量		人数		百分比		有效百分比	
性别	男	733		44.7		44.7	
	女	906		55.2		55.3	
	缺失值	1		0.1			
民族	汉族	1 534		93.5		93.7	
	少数民族	103		6.3		6.3	
	缺失值	3		0.2			
年级	高一	872		53.2		53.3	
	高二	595		36.3		89.7	
	高三	163		9.9		10.0	
	缺失值	10		0.6			
		父亲	母亲	父亲	母亲	父亲	母亲
父母最高学历	博士研究生	124	95	7.6	5.8	7.7	6.1
	硕士研究生	296	179	18.4	11.4	18.4	11.4
	大学本科	726	705	44.3	43.0	45.1	45.0
	大专、成教	181	256	11.0	15.0	11.3	15.7
	中专、高中	171	230	10.4	14.0	10.6	14.7
	初中及以下	109	111	6.6	6.8	6.8	7.1
	缺失值	7	74	2.0	4.5		
父母职业	国家与社会管理者	251	191	15.3	11.6	15.9	12.2
	经理人员	334	255	20.4	15.5	21.1	16.3
	私营企业主	368	203	22.4	15.5	23.3	13.0
	专业技术人员	257	286	15.7	17.4	16.2	18.3
	普通员工	101	245	6.2	14.9	6.4	15.7
	个体工商户	207	178	12.6	10.9	13.1	11.4

续表

变量		人数		百分比		有效百分比	
		父亲	母亲	父亲	母亲	父亲	母亲
父母职业	产业工人	7	7	0.4	0.4	0.4	0.4
	农业劳动者	5	4	0.3	0.3	0.3	0.3
	城乡无业、失业	28	136	1.7	8.3	1.8	8.7
	缺失值	58	77	3.5	4.7		
家庭年收入	5万以下	127		7.7		9.2	
	5万—10万	158		9.6		11.5	
	11万—15万	202		12.3		14.7	
	16万—20万	179		10.9		13.0	
	20万以上	706		43.0		51.4	
	缺失值	268		16.4			
学业成绩	优等	398		24.3		24.8	
	中上等	469		28.6		29.2	
	中等	425		25.9		26.5	
	中下等	195		11.9		12.1	
	下等	117		7.1		7.3	
	缺失值	36		2.2			
		口语	写作	口语	写作	口语	写作
外语能力	非常流利	166	187	10.1	11.4	10.2	11.4
	较流利	651	633	39.7	38.6	40.0	38.7
	一般	653	706	39.8	43.0	40.2	43.2
	较差	118	83	7.2	5.1	7.3	5.1
	很差	38	26	2.3	1.6	2.3	1.6
	缺失值	14	5	0.9	0.3		

从地域而言,除去 29 个缺失值,来自直辖市中学的学生为 279 人,占 17.3%,来自省会城市的学生为 1 108 人,占 68.8%,来自地级市的学生为 226 人,占 14.0%。数据的分布符合近些年我国学生留学群体的分布特点。2015 年的《中国留学发展报告》数据显示我国低龄留学的群体主要来自一、二线城市,这和一、二线城市的家庭可支配收入较高以及拥有更多的国际化教育资源相关[①]。

按照区域划分,东部地区的学生 488 人,占 29.7%,西部地区学生 506 人,占 30.9%,中部地区学生 421 人,占 25.7%,东北部地区学生为 225 人,占 13.7%。

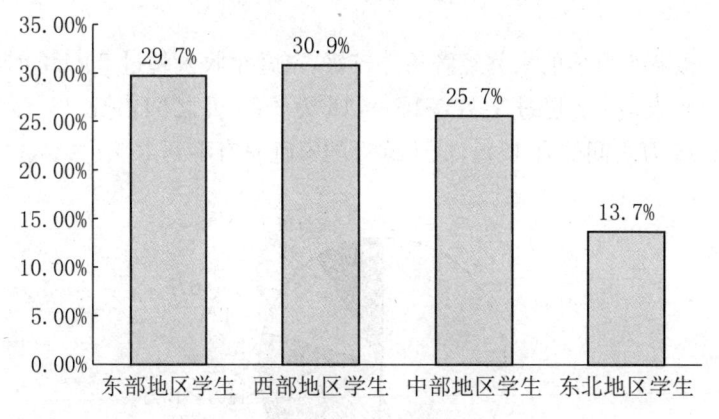

图 4-1 被调查样本地区分布

被调查者中高一年级的学生为 872 人,占 53%,高二年级的学生为 595 人,占 37%,高三年级学生为 163,占 10%。此比例符合在校学生的比例,通常国际部在校学习的学生中高一比例最大,主要原因是部分学生在高中前两年能完成要求的课程,高三就在准备出国相关考试或者留学申请,到高三下学期很多学生都不在校园,也有部分

---

① 王辉耀,苗绿.中国留学发展报告 No.4[M].北京:社会科学文献出版社,2015:57.

高二学生前往国外交换学习。

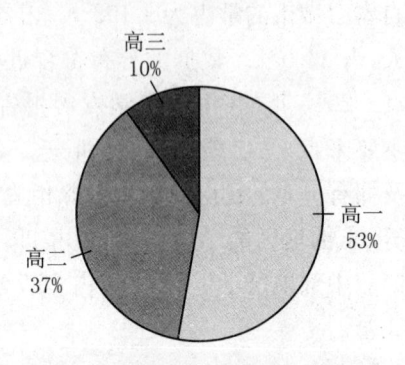

图 4-2 被调查学生年级分布比例

被调查群体的家庭经济条件较好,家庭年收入超过 20 万的学生有 706 人,占比超过半数(51%),16 万—20 万之间占比 13%,11 万—15 万之间的有 15%,低于 5 万的家庭只有不到 10%。

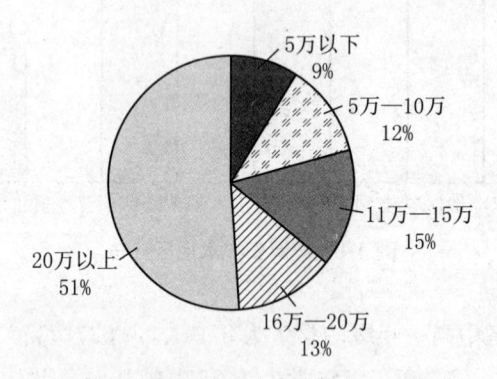

图 4-3 被调查学生家庭年收入分布

被调查者的父母学历层次较高。其父亲的最高学历在大学本科及以上的超过 70%,其中拥有博士学位的占 7.7%,硕士学位占 18.4%,大专以及同等学历占 11.3%,此外高中(中专、职高)以及以下仅有 17.4%。母亲最高学历在大学本科及以上的略低于父亲,但也达到 62.5%,其中拥有博士和硕士学位的分别占 6.1% 和 11.4%,大专及同等学历占 15.7%,高中(中专、职高)及以下占 21.8%。

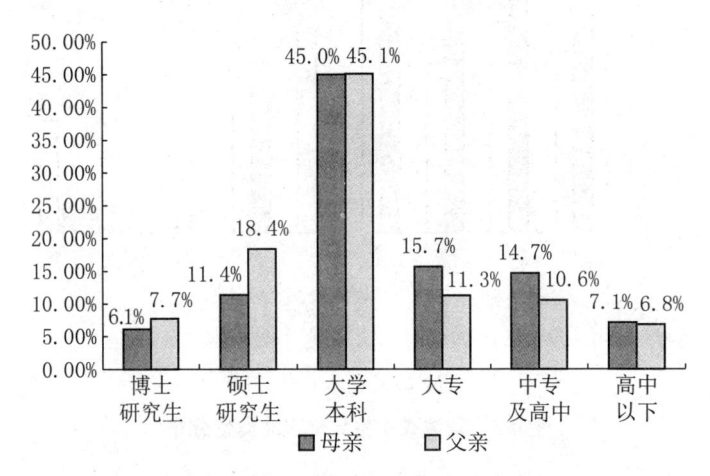

图 4-4　被调查学生父母最高学历分布

(数据:博士研究生 母亲 6.1% 父亲 7.7%;硕士研究生 母亲 11.4% 父亲 18.4%;大学本科 母亲 45.0% 父亲 45.1%;大专 母亲 15.7% 父亲 11.3%;中专及高中 母亲 14.7% 父亲 10.6%;高中以下 母亲 7.1% 父亲 6.8%)

从父母职业的分布来看,多数学生来自私营企业主、经理人员、专业技术人员以及国家与社会管理者家庭。其中,父亲是私营企业主的有 368 人,占 23.3%;是经理人员的有 334 人,占 21.1%;是专业技术人员的有 257 人,占比 16.2%;是国家与社会管理者占 15.9%;个体工商户占 13.1%;商业和服务业员工、产业工人、农业劳动者,以及无业失业人员占比非常低,合计不到 4%。母亲的职业略为不同。其中,母亲是专业技术人员的学生最多,有 286 人,占 18.3%,其次为经理人员和普通员工,分别占 16.3% 和 15.7%,私营业主、国家与社会管理者同个体工商户占比相近,分别为 13.0%、12.2%、11.4%。母亲为城乡无业或失业者的比例远高于父亲,占 8.7%。

被调查者的学业成绩分布较为均衡,其中优等学生(排名在班级前 10 名)398 人,占 24.8%,中上等学生 469 人,占 29.2%,中等学生 425 人,占 26.5%,中下等和下等学生各占 12.1% 和 7.3%。

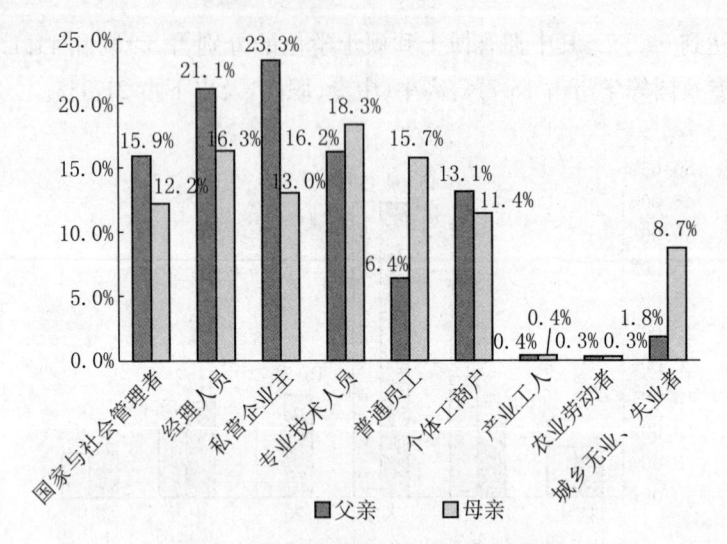

图 4-5 被调查学生父母职业类型分布

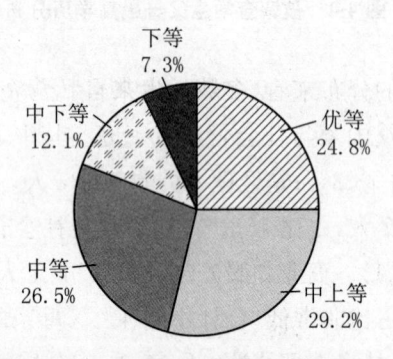

图 4-6 被调查学生学业成绩分布

被调查的学生外语口语和书面表达能力集中于较流利与一般。其中,口语能力较流利的 651 人,书面表达能力较流利的 633 人,分别占 40.0% 和 38.7%;口语表达能力一般的 653 人,占 40.2%,书面表达能力一般的占 43.2%;超过 10% 的学生的口语(10.2%)和书面表达能力(11.4%)非常优秀。较差和很差的学生数量不多,其中,口语较差的占 7.3%,书面表达能力较差的占 5.1%;很差的学生则各占 2.3%和 1.6%。

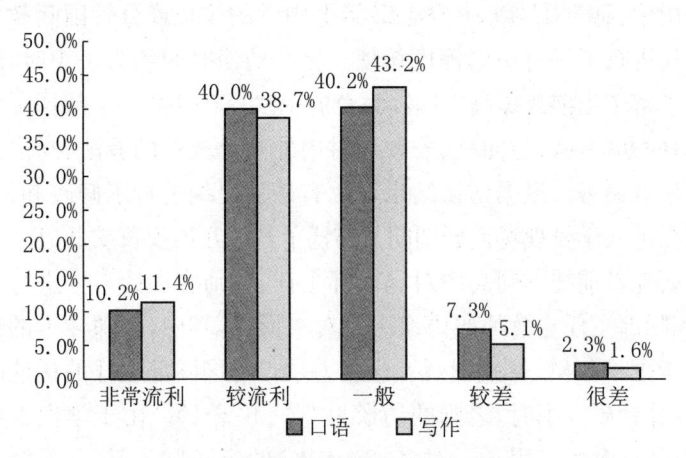

图 4-7 被调查学生外语能力分布

(二) 不留学样本描述

没有留学意愿的学生样本总共有 361 人。其中,男生 158 人,占 43.8%,女生 203 人,占 56.2%。汉族学生 335 人,占 92.8%。来自东北的学生有 115 人,占 31.9%,东部学生 85 人,占 23.5%,西部学生 85 人,占 23.5%,中部地区学生 76 人,占 21.1%。高一学生 107 人,占 29.6%,高二学生 149 人,占 41.3%,高三学生 105 人,占 29.1%。由于本研究的重点在于有留学意向的学生,选择留学意愿较弱的群体是作为对比群体,以分析出国留学的阻碍因素,所以并没有选择大样本数据,仅仅在调研学校的普通高中班选取了少量样本。

三、访谈过程与访谈样本描述

为了取得多方面的佐证,从多角度了解学生留学行为背后的原因,本研究选取了学校管理者、教师、家长、学生和留学中介作为访谈对象。

研究者前后访谈了8位校领导,其中于2016年10月,在华东师范大学校长培训中心举办的校长高级研修班对FZ第三中学、CC外国语中学、QQHE实验中学、ZZ第七中学的校长或分管国际教育的副校长进行了一对一的深度访谈。每个访谈时间约为一小时,从中大致了解了当前我国高中国际教育的现状、高中国际部(或国际课程中心)的办学现状与问题、校领导对中外高等教育的看法、高中生出国留学意愿等。根据访谈结果对原有访谈提纲进行了修改和调整。此后在进入学校现场调研期间又访谈了其他几位校长或书记。

研究者前往不同高中对国际部主任、教师和在读学生进行了访谈,国际部主任与教师的访谈为一对一形式,其中,教师样本的选择综合考虑了年龄、性别、教龄、学科差异。与国际部主任的访谈时间为40分钟到一小时,老师的访谈为30—40分钟。由于学生人数较多,有部分学生采用了一对多(2—4人)的座谈形式,部分采取一对一访谈,座谈时间按照每位学生半小时的长度来安排,学生的单独访谈为20—30分钟。学生样本的选择综合考虑了性别、年级和将留学国别的差异。教师和学生样本都由到访的学校组织根据样本要求任意选择安排。

家长与留学生的访谈样本选取采用滚雪球的模式,由朋友或者学生介绍,部分样本由访谈对象介绍他们的同学或者朋友。考虑到多数访谈的留学人员目前生活在国外,为方便数据收集,研究者尝试运用网络社交媒体进行访谈,通过微信语音聊天等模式,收集了大量重要信息,也有少量通过一对一面谈获取资料。家长访谈也与此相似,大多通过一对一面谈,有少量是微信访谈。家长的样本选取中综合考虑了家长的性别、职业、家庭经济社会背景、文化程度;对已经出国留学的学生考虑了性别、留学国别、专业与年级。此外,从与教师、家长、学生等人的访谈信息中了解到留学服务机构在留学决策中的重要地位,研究者又选取了留学中介样本进行访谈,研究者通过访谈与所在单位有合作的留学服务机构的咨询师了解情况并在留学机构网站直接与接待中介老师交流，获取信息。对家长、留学生和留学中介的面谈选取了咖啡厅等公共场所，这样可以使访谈环境更为放松，有利于研究者获得更真实的资料，每次面谈时间不短于一小时，实际上，不少家长非常愿意和研究者谈论关于留学的事情，有些访谈甚至持续超过两小时。

经过两个阶段的调研，研究者一共访谈人次 140 人，访谈时间超过 100 小时。访谈国际部主任 13 位，男性主任 7 位，女性 6 位。访谈的任课和管理教师为 20 人，男性教师 9 名，女性教师 11 名。访谈人士中包括外籍教师（主任）6 名。学科覆盖高中课程如语文、历史、政治等和外方课程如 AP 物理、化学、文学等，以及升学指导。样本教龄分布较为均衡，包含刚入职一年的新教师到已经在国际部工作 17 年的资深教师（该群体经历我国高中国际教育从无到有、从起步到壮大的发展历程）。

访谈的在读学生 65 人（女生 35 人，男生 30 人），其中包括有留学计划的学生 61 人，没有留学计划的同学 4 人（女生 3 人，男生 1 人）。访谈对象中，高一年级学生 11 人，高二 29 人，高三 25 人。计划留学目的地涵盖英国、美国、澳大利亚、加拿大、意大利、匈牙利等国家和中国香港等地区。

访谈 14 个家庭，其中 4 个家庭中父母均接受了采访，其他家庭中或是父亲或是母亲接受了访谈，每个家庭的访谈时间超过一小时。访谈 14 位已经在境外留学的大学生本科生，留学国家和地区分布较广，涵盖英国、美国、澳大利亚、加拿大、意大利、西班牙、法国、德国、挪威，以及中国香港地区，该访谈大多通过微信语音聊天或者微信短信的形式采集信息，每个访谈时长为 1—1.5 小时。当访谈内容出现大量重复时，访谈的田野调查结束。访谈了 3 位留学中介公司的代表，其分别代理办理澳大利亚、美国等国家留学，通过网页咨询了 3 家留学服务机构。

所有访谈对象按照访谈类型＋访谈顺序进行编码，如第一位访谈的学生为 XS01,老师为 LS01,已经留学的学生为 YLX01 等。所有访谈均在被访谈对象的允许下用手机专用软件录音,事后再由研究者转录为文稿并提取重要信息,用不同颜色标注不同类型信息,同时及时进行总结分析并做笔记。后期总共形成文稿十余万字,提取重要信息形成笔记 3 万多字。与此同时,研究者还在正式访谈之外的非正式场合对家长与学生进行非正式观察与谈话获取信息。访谈文稿整理时,研究者按照标注的信息类型按照留学动机、留学价值的认知、留学信息的获取、对中外两种教育的比较、留学国家学校和专业的选择、留学困难、留学感受等板块汇总并归类。

第五章　高中生出国留学调查研究发现

本章根据前一章节统计出的有效样本情况,对留学原因和境外高等教育选择量表进行数据统计、处理与分析,了解高中生境外高等教育需求产生的影响因素以及需求的具体内容等问题。

第一节　样本检验

一、效度检验

本研究采用探索性因素分析检验各量表的建构效度,通过巴特利特球形度检验来检验数据的分布,以及各个变量间的独立情况,显著性水平为 0.05 时,表明适合做因子分析。通过主成分分析法来提炼因子,对特征值超过 1 的值进行萃取。因子的旋转载荷通过最大方差法(Varimax)进行正交旋转得到,默认最大收敛迭代次数为 25。探索性因素分析可能需要多次因素分析程序才能求出量表的最佳因素结构,因此本研究对需要检验的 4 个分量表进行多次因素分析程序,分别对留学需求与动机的影响因素、留学意愿的阻碍因素、境外高等教育的选择影响因素以及留学认知高低的影响因素进行检验。

（一）留学原因分量表

本研究在进行留学需求与动机分析时将问卷第二部分的李克特量表第 30—68 题共 39 题设计为因变量,考察这些因素如何影响留学意愿。将这些题目纳入因子分析程序,检验并提取公因子。根据因子分析 Kaiser 标准化的正交旋转法得到的旋转矩阵,删除以下题项。(1)在所有主成分下的因子旋转载荷都小于 0.5 的题项。(2)横跨因子的题项,即同时在两个主成分下的因子旋转载荷都大于 0.4 者。

1. 第一次因子分析

采用主成分分析,配合最大方差法进行正交旋转。KMO 值为 0.926,表示变量间具有共同因素存在,变量非常适合进行因子分析。巴特利特的球形度检验的卡方值为 26 939.601,Sig.＝0.000,拒绝零假设,代表总体的相关矩阵间有共同因素存在,适合进行因子分析。共萃取 7 个因子,其特征值分别为 5.109、4.714、3.616、3.025、2.410、1.857、1.637,解释变异量分别为 13.101％、12.088％、9.271％、7.756％、6.181％、4.763％、4.197％。

根据因子分析 Kaiser 标准化的正交旋转法得到的旋转矩阵,删除其中不合理的题项 33、34、35、37、42、49、59。

2. 第二次因子分析

再次进行主成分分析,配合最大方差法进行正交旋转。KMO 值为 0.909,表示变量间具有共同因素存在,变量非常适合进行因子分析。巴特利特球形度检验的卡方值为 20 830.723,Sig.＝0.000,拒绝零假设,代表总体的相关矩阵间有共同因素存在,适合进行因子分析。共萃取 6 个因子,其特征值分别为 4.599、4.259、2.885、2.603、2.382、1.591,解释变异量分别为 14.371％、13.311％、9.017％、8.133％、7.444％、4.973％。

根据因子分析 Kaiser 标准化的正交旋转法得到的旋转矩阵,删除其中不合理的题项 36、39、43。

3. 第三次因子分析

再次进行主成分分析,配合最大方差法进行正交旋转。KMO 值为 0.903,表示变量间具有共同因素存在,变量非常适合进行因子分析。巴特利特球形度检验的卡方值为 18 479.535,Sig.＝0.000,拒绝零假设,代表总体的相关矩阵间有共同因素存在,适合进行因子分析。共萃取 5 个因子,其特征值分别为 4.600、4.442、2.880、2.402、1.726,解释变异量分别为 15.862%、15.316%、9.932%、8.282%、5.950%。

根据因子分析 Kaiser 标准化的正交旋转法得到的旋转矩阵,删除其中不合理的题项 38、40。

4. 第四次因子分析

再次进行主成分分析,配合最大方差法进行正交旋转。留学原因的因子分析最终结果显示 KMO 值为 0.899,巴特利特球形度检验 F 值为 17 694.886,Sig.=0.000<0.05,说明留学原因分量表数据适合做因子分析。共提取 5 个因子,其特征值分别为 4.580、4.138、2.835、2.337、1.618,解释变异量分别为 16.962%、15.327%、10.498%、8.655%、5.992%。解释的总方差为 57.434%,接近 60%,模型解释度良好。

(二) 不留学原因分量表

为了解留学阻碍因素,本研究选择不留学的高中生群体作为对比调查群体,设计 22 个李克特量表题项,采用主成分分析进行效度检验并提取公因子。

1. 第一次因子分析

采用主成分分析,配合最大方差法进行正交旋转。KMO 值为 0.877,表示变量间具有共同因素存在,变量适合进行因子分析。巴特利特球形度检验 F 值为 3 713.009,Sig.=0.000,拒绝零假设,代表总体的相关矩阵间有共同因素存在,适合进行因子分析。共提取 5 个因子,解释变异量分别为 17.103%、15.125%、13.039%、11.420%、6.215%。

根据因子分析 Kaiser 标准化的正交旋转法得到的旋转矩阵,删除其中不合理的题项 5、6、8、11。

2. 第二次因子分析

再次进行因子分析。KMO 值为 0.852,表示变量间具有共同因素存在，变量适合进行因子分析。巴特利特球形度检验 F 值为 2 895.919，Sig.＝0.000，拒绝零假设，代表总体的相关矩阵间有共同因素存在，适合进行因子分析。共提取 4 个因子，解释变异量分别为 18.479%、15.839%、13.444%、13.246%。

根据因子分析 Kaiser 标准化的正交旋转法得到的旋转矩阵，删除其中不合理的题项 21。

3. 第三次因子分析

再次进行因子分析。不留学原因的因子分析最终结果显示 KMO 值为 0.847，巴特利特球形度检验 F 值为 2 710.081，Sig.＝0.000＜0.05，说明不留学原因分量表数据适合做因子分析。共提取 4 个主成分，解释变异量分别为 18.893%、16.810%、14.025%、12.449%。解释的总方差为 62.177%，高于 60%，模型解释度良好。

(三) 境外高等教育选择分量表

本研究在问卷第三部分即境外高等教育选择中设计了 37 个李克特量表题以分析高中生在选择留学目的地(国家、学校、专业)时考虑的影响因素。采用主成分分析进行效度检验并提取公因子。

1. 第一次因子分析

采用主成分分析，配合最大方差法进行正交旋转。KMO 值为 0.908，表示变量间具有共同因素存在，变量适合进行因子分析。巴特利特球形度检验 F 值为 23 454.328，Sig.＝0.000，拒绝零假设，代表总体的相关矩阵间有共同因素存在，适合进行因子分析。共提取 9 个因子，解释变异量分别为 11.660%、10.576%、7.404%、6.790%、6.416%、6.321%、4.608%、3.994%、3.818%。

根据因子分析 Kaiser 标准化的正交旋转法得到的旋转矩阵，删除其中不合理的题项 71、75、81、82、92。

2. 第二次因子分析

再次进行因子分析。KMO 值为 0.893，表示变量间具有共同因素存在，变量适合进行因子分析。巴特利特球形度检验 F 值为

19 990.456，Sig.＝0.000，拒绝零假设，代表总体的相关矩阵间有共同因素存在，适合进行因子分析。共提取 8 个因子，解释变异量分别为 12.288％、11.283％、7.516％、7.302％、6.890％、6.761％、5.820％、4.445％。

3. 第三次因子分析

根据因子分析 Kaiser 标准化的正交旋转法得到的旋转矩阵，删除其中不合理的题项 83、93，再次进行因子分析。KMO 值为 0.886，巴特利特球形度检验 F 值为 18 938.473，Sig.＝0.000＜0.05，说明境外高等教育选择分量表数据适合做因子分析。一共提取了 8 个主成分，解释的总方差为 64.372％，高于 60％，模型解释度良好。

(四) 留学认知分量表的效度检验

采用主成分分析，配合最大方差法进行正交旋转。KMO 值为 0.923，表示变量间具有共同因素存在，变量适合进行因子分析。巴特利特球形度检验 F 值为 21 864.020，Sig.＝0.000，拒绝零假设，代表总体的相关矩阵间有共同因素存在，适合进行因子分析。共提取 14 个因子，解释变异量 62.256％。

根据因子分析 Kaiser 标准化的正交旋转法得到的旋转矩阵，删除其中不合理的题项。

重复上述步骤，直到没有需要删除的题项。第五次因子分析结果显示 KMO 值为 0.927，表示变量间具有共同因素存在，变量适合进行因子分析。巴特利特球形度检验 F 值为 12 912.717，Sig.＝0.000，拒绝零假设，代表总体的相关矩阵间有共同因素存在，适合进行因子分析。共提取 4 个因子，解释变异量 59.176％，模型解释度较好。

二、信度检验

所谓信度是指测量样本数据达到一致或稳定的程度，即对于同样或近似群体进行不同的测量，最后得到的一致性程度。所有测量的观测值都涵盖实际数值与误差数值,信度越高代表误差数值越低,这样得到的观测值不会因为各种因素(时间、形式等)的改动而有所变化,因此能保持比较好的稳定性。使用较多的检验信度方法是L.J.Cronbach 首先提出的 α 系数,其公式为:

$$\alpha = \frac{K}{K-1}\left[1-\frac{\sum S_i^2}{S^2}\right]$$

其中,K 是量表所包括的总题数;S^2 是测量量表总分的变异程度;S_i^2 是某一测量题目总分的变异程度。α 系数值界于 0~1,通常认定数值的具体参考标准如表 5-1 所示。

表 5-1 Cronbach's α 系数值参考标准

α 系数值	0.60 及以下	0.60—0.70 (不含 0.60)	0.70—0.80 (不含 0.70)	0.80 以上
接受度	最好不要	可以接受	较好	非常好

分别对问卷 4 个部分的分量表进行可靠性分析,结果如表 5-2 显示,留学原因、不留学原因、留学选择、留学认知的 α 系数分别为 0.905、0.911、0.902、0.930。信度指标非常理想,能够进行后续的有效分析。

表 5-2 可靠性检验

	Cronbach's Alpha	项 数
留学原因分量表	0.905	39
不留学原因分量表	0.911	22
留学选择分量表	0.902	37
留学认知	0.930	47

由上述样本检验分析可见,问卷的 4 个分量表的信度与效度良好,可以继续进行下一步的数据处理与分析。

第二节 高中生接受境外高等教育的意愿分析

基于研究者的观察,出国(境)留学已经成为一种常态性的社会现象,以下将通过问卷调查和访谈数据分析揭示当下我国高中生接受境外高等教育的意愿及特点。

一、高中生接受境外高等教育的意愿描述性分析

(一)境外高等教育意愿强弱

问卷设计了两道题,分别直接与间接询问受调查者的留学意愿。从分析结果可知,当下我国高中生的留学意愿较为强烈。

第19题直接询问学生高中毕业后出国读大学的意愿,在有效样本中66%的学生表示"非常愿意出国读大学"。第22题询问学生假设在国内获得高等教育机会是否还会出国留学,37.7%的学生表示即使被国内一流大学(如985层次学校)录取也一定要出国,另外23%不同程度表示可能会出国;67.5%的学生表示"被211层次的学

表5-3 高中生出国留学意愿及强度　　　　单位:%

如果你被以下类型的国内大学录取的同时也被国外大学录取,你会出国吗					
国内大学类型	一定会出国	可能会出国	不确定	可能不出国	一定不会出国
一流大学(如985层次)	37.7	23.0	14.9	12.6	11.9
重点大学(如211大学)	46.3	21.2	15.0	9.7	7.7
一般本科	69.5	13.9	10.2	3.5	2.7
高职高专	79.7	6.9	5.8	5.1	2.3
没有大学	83.1	6.4	5.3	3.6	1.5

校录取"也要出国读大学。留学意愿随着被录取大学的层次降低而逐渐增强(表 5-3)。结果表明,即使是在国内有充分优质高等教育的情况下,学生们依旧愿意支付高额费用出国读大学。

(二) 高中生留学目的国(地区)意愿

问卷设计了一道多选题调查学生想要(将要)前往的留学目的国(地区)。结果显示,在 1 622 条有效数据中,746 人(46%)选择美国为第一想去的国家,其次为加拿大(30%)、英国(10.7%)、澳大利亚(6.1%),而第二想去的国家中,有 25.1%选择了加拿大,其次为英国(19.8%)、美国(17.6%)、澳大利亚(11.9%)、日本(6.2%)。从表 5-4 中可知,美国是高中生出国(境)接受高等教育选择中最理想的国家,其次为加拿大、英国和澳大利亚。其他国家中,除日本作为第二想去国家的选择比例达到 6.2%之外,其余都低于 5%,而将这些国家或地区作为首选的更低。

表 5-4 高中生留学目的国家或地区的意愿

第一国家	频率	有效百分比(%)	第二国家	频率	有效百分比(%)
美国	746	46.0	加拿大	395	25.1
加拿大	487	30.0	英国	312	19.8
英国	173	10.7	美国	277	17.6
澳大利亚	99	6.1	澳大利亚	188	11.9
日本	29	1.8	日本	98	6.2
德国	27	1.7	德国	72	4.6
中国港澳地区	20	1.2	新加坡	54	3.4
其他	13	0.8	中国港澳地区	51	3.2
新加坡	11	0.7	法国	49	3.1
法国	8	0.5	其他	30	1.9
瑞典	6	0.4	瑞典	24	1.5

续表

第一国家	频率	有效百分比(%)	第二国家	频率	有效百分比(%)
韩国	2	0.1	韩国	21	1.3
马来西亚	1	0.1	马来西亚	2	0.1
有效合计	1 622	100.0	有效合计	1 573	100.0
缺失	18		缺失	67	
合计	1 640		合计	1 640	

由此可见,传统的老牌资本主义国家依旧最受我国高中生欢迎,尽管新兴留学国家也占有一定市场份额,但是比例相对较小。在我国的留学教育还处于精英化阶段的年代,美国就是最受中国学生欢迎的目的国,当时美国高校给予发展中国家的优秀学生经济资助并吸收优秀人才为美国高新技术行业服务,完成国家的人力资本积累,中国留学生多前往美国攻读研究生。进入 21 世纪,随着英国、澳大利亚等国留学政策的改革,追求经济利润成为重要目标,各国优惠的留学移民政策吸引了大量中国学生,尤其是本科阶段的学生,前往美国的中国留学生数量骤减。数据显示,2000 年到英语国家留学的中国学生中,有超过 80%选择美国,但是该数字在 3 年后降至 46%[①]。之后美国政府调整了留学政策,对中国学生采用更加优惠的政策,放宽签证政策,赴美留学的中国学生数量增长迅猛,其中攻读本科的学生增幅最大。

(三) 高中生境外高等教育层次与专业选择意愿

问卷中设计了 3 个单选题,分别涉及目前打算去国外就读的学校层次、最终希望获得的学位、选择的专业。结果显示,83.3%的学生打算就读大学本科,少量学生打算先读预科或语言学校(4%),

---

① 丁笑炯.基于市场营销理论的留学生教育服务[M].北京:北京大学出版社,2012:35.

3%的学生表示去读职业学校,另外有6.9%的学生目标不是很明确,表示能申请到什么就读什么。就期望获得的最终学位而言,33%的学生表示要看自己将来的学习情况来定,超过一半的学生表示要读完研究生,其中32.4%表示要拿到硕士学位,24%要拿到博士学位,只有7.8%的学生打算仅读完本科,获得学士学位。这说明个体对于预期留学学历层次的需求依旧较高,这与我国社会一直以来对高学历人才的青睐直接相关。就业市场中,不少职位对学历要求较高,高学历与高收入、高职位的获取有直接关系。《2017海归人才生态报告》数据显示,高学历"海归"不仅就业容易而且薪金也随学历增高[1]。访谈中,不少学生表示学士学位在就业市场上含金量低,社会认可度不高,获得高学历,状况会有所改善。

表5-5列出被调查学生打算在境外就读的专业,其中,经济管理类专业依旧是热门专业,选择该类专业的学生有477人,占30.2%,其次为计算机与软件(12%)。10.6%的学生打算出国就读艺术与设计专业,另有10.6%拟就读社会学、政治学和心理学等社会科学专业,少部分人选择人文、教育等较冷门专业。

表5-5 高中生期望的留学专业

专 业	频 率	有效百分比(%)
经济管理	477	30.2
计算机与软件	189	12.0
艺术与设计	168	10.6
社会学、政治学、心理学等	167	10.6
工程	127	8.0
医学	116	7.3

---

[1] 王嘉.出炉看看"海归"回国后薪酬多少?[EB/OL].(2017-06-10)[2018-04-10]. http://mt.sohu.com/20170610/n496459537.shtml.

续表

专　　业	频　　率	有效百分比(%)
新闻传媒	64	4.1
其他	62	3.9
基础理科	57	3.6
法律	40	2.5
建筑	40	2.5
教育	32	2.0
人文	24	1.5
外国语言	16	1.0
有效合计	1 579	100.0
缺失	61	
合计	1 640	

可以发现我国高中生的专业选择正逐渐朝着理性化与多元化发展，尽管就业导向依旧是学生和家长选择专业的主要方式，但是兴趣爱好、专业学习的难度、国外课程的实用性也成为重要的考量因素。

访谈资料也显示多数学生和家长认为留学的一大价值是为了增强未来的职业竞争力，当下国内大学毕业生就业状况不好，如果出国不学一个好专业，将来毕业后也会不好就业。其所说的"好专业"实际就是与就业好、薪水高的行业相关的专业。经管类专业在目前看来就业面较广，收入也较高，而学习难度却比理工科要低一些。相反，基础理科学习难度高，需要付出更多努力，无法毕业的风险高，就业面也较窄，所以选择的人较少。另一方面，国外大学开设的专业也有影响，由于经管类专业开办要求相对较低，有些国家刻意扩展该专业的招生规模，招收更多国际学生赚取利润，对于我国高中生而言，这些专业的易得性较强。法律、人文类(如历史)、教育对于国际学生的语言能力要求较高，且容易受到文化的限制，毕业后回国就业也不容易，访谈中几位学生谈到本来打算读教育、历史等专业，却被家长否定，主要原因就是就业不易。

另外，兴趣爱好在专业选择中所占的分量越来越重，这从选择去国外读艺术类专业的学生数量可以得知。选择就读艺术类专业的比例比计算机与软件仅低2%，排名第三。一方面说明越来越多的学生以兴趣爱好为导向选择专业，另一方面也说明国内与国外的艺术教育差距仍较大，访谈中几位将要或者已经在国外学习动漫设计等艺术类专业的学生表示尽管在国外学习艺术费用极高，但很有价值，因为这些行业的领先技术和顶尖级人物都在国外。被访谈者也非常清楚由于就业面较窄，这种投入很可能是收不回成本的，但认为满足自身兴趣就有价值。在随机选择的访谈对象中，研究者发现有学生正在学习或者打算学习动漫设计、电影制作、鞋类设计、工业设计、汽车设计等多种艺术设计类专业，可见国外大学艺术类专业可选择性更为宽广。

除此以外，国外大学实用性课程与学科受到学生青睐，例如，有意向去美国的学生表示美国大学本科的实习课程是吸引他们的一个重要原因。越来越多学生注重理论与实践结合，希望能在学习知识的同时锻炼技能。

(四)高中生家庭境外高等教育投资意愿

数据显示，家庭对境外高等教育购买意愿强烈，对留学费用的经济承受能力较强。被调查学生中92%表示学费将源于父母资助，3.7%表示出国后要勤工俭学，只有1.2%的人表示依靠学生贷款，可见高中生留学费用主要靠父母支持。从预期的留学费用来说，超过六成的人(64.1%)打算每年花费20万以上，其中11.9%打算花费40万以上，21%的人打算花费31万—40万，另有12.3%的人表示不考虑费用问题，能出国读书，花多少钱都行。

根据前文中对样本家庭状况的调查，有留学意向的家庭经济上较为富裕,年收入超过20万的家庭占51%,父母的职业中,私营企业主、经理人员、专业技术人员、国家与社会管理者占多数,家庭收入较高且来源较为稳定。这种情况下,父母具有支付昂贵出国留学费用的能力。

(五)高中完成学业后的归国意愿

被调查者在完成学业之后的归国意愿并不强烈,仅有13.7%的人表示毕业后就要回国。约一半(49%)学生明确表示毕业后要在国外工作,其中25%打算在国外积累工作经验后再回国发展,剩下的有意长期在国外工作。18%的学生表示目前没有计划,16.1%打算毕业后继续深造。

这与麦可思在2010年、2012年、2015年对高中生留学回国意愿的连续调查结果相符,该研究发现与2010年相比,2015年调查中愿意立即回国的学生比例从33%下降到19%,表示不回国的从15%上升至26%[1]。这种不愿立即归国的心理可以从两方面解释。一方面,近些年"海归"的光环慢慢褪去,就新毕业的本科生而言,拥有海外留学背景在就业市场上的认可度并不高。访谈的学生和家长大多认为在国外短期工作积累一些经验对将来回国的职业发展有帮助,也有人认为需要继续深造,拿到研究生文凭回国才行。有部分人认为,由于出国读大学投资巨大,回国后难以收回投资成本,所以要留在当地工作一段时间,快速收回成本,还有一部分人希望通过留学移民定居国外。

二、个体特征对高中生留学意愿的影响

为分析个体特征因素和家庭因素对高中生留学意愿的影响,本研究将有计划留学样本与无计划留学样本合并,并根据第19题"你高中毕业后愿意出国读大学吗"的答案重新定义新的变量"留学意

---

[1] 王辉耀,苗绿.中国留学发展报告No.4[M].北京:社会科学文献出版社,2015:70.

愿",将选择1和2的定义为有留学意愿,选择4和5的定义为没有留学意愿,据此对第19题答案重新赋值。"1"代表第19题选择1和2,表示有留学意愿;"2"代表第19题选择4和5,表示无留学意愿。采用秩和检验方法分析个体因素对留学意愿的影响。

通过数据处理分析发现,性别与民族差异对留学意愿没有显著影响;学业成绩、外语水平、对新环境的适应能力、海外学习经历等因素对个体留学意愿有显著影响。

(一)性别与民族对留学意愿的影响

对性别分别赋值,"1"代表男性,"2"代表女性,运用非参数检验探索差异性,观察 p 值的大小,若 $p<0.05$,说明存在显著性差异;若 $p>0.05$,说明不存在显著性差异。检验结果显示 $p=0.741>0.05$,说明性别的不同并不会影响留学意愿。同样,对民族赋值,"1"代表汉族,"2"代表少数民族,运用非参数检验探索差异性,检验结果显示 $p=0.524>0.05$,说明民族的不同并不会影响留学意愿。

(二)学术能力对留学意愿的影响

为了解个体学术能力对留学意愿的影响,问卷将个体的学术能力分解成学习成绩、外语口头表达能力、外语书面表达能力3项指标,学习成绩按照在班级的排名来计算,外语水平按照流利程度来计算。运用非参数检验探索差异性,3个因素的 p 值都为0.000,小于0.05(表5-6),因此高中生在学校的成绩、外语口头表达能力与书面表达能力对留学意愿具有显著影响。

比较秩均值大小(表5-7)可以得知,学生在高中期间成绩越好,外语口头表达与书面表达的水平越高,出国(境)留学意愿越强烈。该结果与陆根书等人在2014年对我国大学生出国留学意愿调查的结果一致[①]。

---

① 陆根书,田美,黎万红.大学生出国留学意愿的影响因素分析[J].复旦教育论坛,2014(5):36-44.

过去我国由于高等教育数量不足,促使个体对境外高等教育产生需求,但近些年,越来越多学生由于差异性和多元化需求出国读大学。尽管依旧存在高等教育过剩需求,但是许多优等生为满足多元化教育需求主动选择境外高等教育。由于国内高等教育总体而言与国外高等教育存在一定差距,尤其是精英化大学差距较大,不少优秀学生期望能够出国获取更优质的教育资源。学术能力越强、外语能力越强的学生也越容易获得国外名校的青睐,自然容易获得优质教育资源。

表5-6 学术能力对留学意愿影响的检验统计量

	学习成绩	外语口头表达能力	外语书面表达能力
卡方	46.433	116.194	82.062
df	4	4	4
渐近显著性	0.000	0.000	0.000

表5-7 学术能力对留学意愿影响的秩均值

班级排名	N	秩均值	外语能力	N	秩均值（口语）	N	秩均值（写作）
优等（排名前10%)	453	1 039.52	非常流利	185	1 071.52	208	1 078.24
中上等（排名11%—30%)	558	1 002.19	较流利	713	1 087.15	717	1 062.08
中等（排名31%—50%)	521	977.92	一般	850	943.36	896	967.37
中下等（排名51%—70%)	250	942.90	较差	168	877.96	128	828.14
下等（排名71%之后)	178	822.66	很差	70	719.56	47	733.09
总计	1 960			1 986		1 996	

(三) 新环境适应能力对留学意愿的影响

为了解个体对新环境的适应能力对留学意愿的影响,运用非参数检验探索个体对新环境适应能力在留学意愿上的差异性,发现 p 值＝0.000＜0.05,显示个体对新环境适应能力的强弱对留学意愿的影响较大,适应能力越强,留学意愿越强(表 5-8)。

表 5-8 适应能力对留学意愿影响的检验统计量

	留学意愿
卡方	92.867
df	4
渐近显著性	0.000

来源:Kruskal Wallis 检验;分组变量:适应环境能力。

表 5-9 适应能力对留学意愿影响的秩均值

适应环境能力	N	秩均值
非常容易	472	1 067.38
比较容易	1 040	1 031.65
一般	406	881.92
比较困难	52	814.66
非常困难	27	661.76
总计	1 997	

(四) 海外学习经历对留学意愿的影响

近年来,各种短期游学项目火爆,许多学生通过游学(假期学校)的形式前往目的国(学校)体验学习与当地生活,为了解这种经历对于个体留学意愿的影响,问卷按照海外学习时间长短划分设计 4 个选项,并运用非参数检验探索个体海外学习经历对留学意愿的影响。从表 5-10 可知,p 值＝0.000＜0.05,说明海外学习经历对留学意愿有显著影响。比较秩均值大小,发现没有海外短期学习经历的学生留学意愿最弱;海外学习时间在半年之内留学意愿最强;随着时间增长,留学意愿减弱(表5-11)。

表5-10 海外学习经历对留学意愿影响的检验统计量

	留学意愿
卡方	116.504
df	3
渐近显著性	0.000

来源:Kruskal Wallis 检验;分组变量:海外学习经历。

表5-11 海外学习经历对留学意愿影响的秩均值

海外学习经历	N	秩均值
没有	1 440	936.97
半年以下	474	1 150.46
半年到一年	40	1 123.85
一年以上	32	1 049.38
总计	1 986	

已有许多文献发现感受异国文化是推动学生出国留学的重要因素[1][2],短期的海外学习是在留学决策产生之前最便捷的接触国外文化、直接了解国外教育信息的有效途径。随着教育国际化的不断推进,我国各层次的教育机构与国外交流不断增多,各种类型的短期游学、学生交换交流颇为盛行,许多国外大学针对中国学生开展暑期学校等活动,社会机构也以此为商机。这为中国学生提供了接触异国文化的机会,家长们也乐此不疲,愿意花钱送子女在寒暑假时出国短

---

[1] Mazzarol T, Soutar G N. Push-pull factors influencing student destination choice [J]. International Journal of Education Management,2002(2):82-90.

[2] Bodycott P. Choosing a higher education study abroad destination: What mainland Chinese parents and students rate as important[J]. Journal of Research in International Education,2009(3):349-373.

期学习，也有学校提供交换项目让学生去海外合作学校学习一段时间。游学已经成为留学的预热，促进了留学需求。海外经历通常影响个体的留学认知与价值观，从而促进个体留学动机的产生。亲自体验过海外教育，感受过国外生活的学生持有的留学价值观不同，更了解境外高等教育的优势，所以更加期望能够通过留学提升自我、开阔眼界、增长见识。此外，能够送子女参加海外短期游学的家长本来对境外教育有兴趣，抱着让孩子尝试一下的想法，学生在海外学习过程中接触的人群也普遍具有国际化背景，所以这一群体容易受到重要他人的影响产生留学动机。

利兹格德(Lysgaard)曾经提出跨文化适应的 U 型曲线，旅居者在进入新的文化环境后，刚开始的约 6 个月因为对一切好奇，会经历一个愉快的时期，之后因为与当地居民跨文化交往的加深会遇到语言、行为习惯等各种问题，产生焦虑等负面情绪，再经过一段时间(约 18 个月)慢慢熟悉后会恢复[1]。奥伯格(Oberg)在此基础上提出跨文化适应要经历 4 个阶段：蜜月阶段、危机阶段、恢复阶段、适应阶段，指出旅居者在刚接触一种新文化时由于好奇新鲜，容易产生愉悦感，但之后要经历情绪低谷后再逐渐适应新的文化环境，才能产生愉快的感觉[2]。

游学带有游玩与学习结合的性质，因此学生容易对某种新的文化产生兴趣，对海外学习预期的愉悦感增强，这种经历对留学动机的产生起到积极作用。然而，如果学生过去参加交换或者其他类型的较长时间学习，作为旅居者的个体同时要经历生活和学术上的适应期，一旦在新文化环境中的蜜月期(约半年)过去，这时旅居国外带来的感觉是负面的，对今后的留学动机起到消极作用，需要经历很长一段时间慢慢适应后愉悦感才会加强。这就可以解释为什么海外学习

---

[1] Lysgaard S. Adjustment in a foreign society: Norwegian Fulbright grantees visiting the United States[J]. International Social Bulletin, 1955(7): 45-51.

[2] Oberg K. Culture shock: Adjustment to new cultural environments[J]. Curare, 1960, 7(2): 177-182.

时间的长短对留学意愿的影响程度不同,访谈中接触到的多位学生都表示初中阶段(小学)参加了某次国外游学或相关活动,喜欢上了国外的生活或者外国学校的教育模式,从而希望将来能到那里读大学或者定居。

三、家庭因素对高中生留学意愿的影响

采用秩和检验的方法分析家庭因素对留学意愿的影响,结果显示,家庭收入、家庭所在地、父母文化程度、父母的海外经历都对个体的留学意愿有重要影响。

(一)家庭收入对留学意愿的影响

从表 5-12 可见,显著性值 $p=0.000<0.05$,说明家庭的年收入不同会显著影响留学意愿,通过秩均值的大小可知,收入越高的家庭,子女的留学意愿越强。这种现象与留学的高成本有直接关系。

表 5-12 家庭收入对留学意愿影响的检验统计量

	留学意愿
卡方	210.559
df	3
渐近显著性	0.000

来源:Kruskal Wallis 检验;分组变量:家庭收入。

表 5-13 家庭收入对留学意愿影响的秩均值

家庭年收入	N	秩均值
10 万以下	447	708.90
11 万—15 万	295	749.06
16 万—20 万	220	858.81
20 万以上	741	977.28
总计	1 703	

本科阶段出国留学时间长,花费大,能够获得奖学金或者助学金等其他经济资助的可能性极小,绝大部分资金来源于家庭,所以支付能力越强的家庭,留学意愿越强,收入较低家庭的子女留学意愿较低。

(二)父母文化程度对留学意愿的影响

表 5-14 分析了父母最高学历对个体选择出国(境)留学意愿的影响,非参数检验探索差异性,发现 p 值=0.000<0.05,说明父母的最高学历对个体留学意愿有显著影响。通过比较秩均值大小,可以得知父亲受教育程度越高,个体留学意愿越强,同样,母亲受教育程度越高,个体留学意愿越强。

表 5-14 父母最高学历对留学意愿影响的检验统计量

	父亲文化程度	母亲文化程度
卡方	206.580	181.905
df	5	5
渐近显著性	0.000	0.000

来源:Kruskal Wallis 检验;分组变量:父亲文化程度、母亲文化程度。

表 5-15 父母最高学历对留学意愿影响的秩均值

学历层次	父亲最高学历		母亲最高学历	
	N	秩均值	N	秩均值
博士研究生	134	1 090.60	99	1 099.69
硕士研究生	321	1 087.40	193	1 068.83
大学本科	824	1 047.03	794	1 030.84
大专、成教、夜大、函授	232	947.80	308	945.15
中专、高中或职高	247	861.38	322	864.07
高中及以下	209	693.43	205	698.08
总计	1 967			

(三) 父母职业对留学意愿的影响

表 5-16 分析了父母职业对个体的留学意愿的影响,采用非参数检验探索差异性,发现 p 值＝0.000＜0.05,说明父母的职业类型对个体留学意愿有显著影响。

表 5-16 父母职业对留学意愿影响的检验统计量

	父亲职业	母亲职业
卡方	165.372	125.049
df	9	9
渐近显著性	0.000	0.000

来源:Kruskal Wallis 检验;分组变量:父亲职业、母亲职业。

通过比较秩均值大小可知(表 5-17),父亲是私营企业主的个体留学意愿最强,其次为经理人员、国家与社会管理者、专业技术人员。母亲是经理人员的个体留学意愿最强,其次为私营企业主、国家与社会管理者、专业技术人员。父亲和母亲是产业工人的个体留学意愿最弱。值得注意的是父母是无业、失业人员家庭的个体留学意愿较强,这可以解释为随着家庭可支配收入的增长,一些家庭经济收入结构发生了变化。访谈中研究者也发现,不少家庭中由于夫妻一方收入较高,另一方成为全职家长,全职家长往往更有时间精力了解境外高等教育。需要解释的是,调查中体现出的无业与失业的概念与原本问卷设计中的此概念存在偏差。

父母的文化程度、职业、收入影响家庭教育观念,从而影响留学决策。从本次调查结果来看,留学意愿较强的个体来自新中间阶层家庭的占多数。尽管学术界对于中产阶层或者中间阶层的定义颇有争议,但是人们普遍认同新中间阶层具有共同特点:受过良好教育、拥有高学历、有体面的高薪职业。

中产阶层群体以脑力劳动谋生,大多拥有本科及以上学历,拥有博士学位的父母比例不低;主要集中在需要较高文化资本的行业,如

表 5-17　父母职业对留学意愿影响的秩均值

	父亲职业 N	父亲职业 秩均值	母亲职业 N	母亲职业 秩均值
国家与社会管理者（如公务员、干部等）	301	985.62	211	1 044.69
经理人员	364	1 066.68	278	1 056.24
私营企业主	393	1 084.89	222	1 053.51
专业技术人员（如科研人员、教师、医生、律师、工程师等）	331	929.98	349	962.57
普通员工	141	871.75	317	917.91
个体工商户	295	857.59	256	843.61
商业、服务业员工	36	823.67	87	805.16
产业工人	25	449.18	22	482.32
农业劳动者	8	783.31	6	816.17
城乡无业、失业和半失业者	43	808.65	168	953.02
总数		1 937		1 916

管理人员、专业技术人员等[1]。我国的中间阶层属于一个新兴阶层，大多没有什么家庭背景，靠自己的努力和拼搏获得文化资本（文凭、知识、能力等）后，再通过文化资本获取社会资本和经济资本。这个新群体"具有集体性的不安、焦虑与忧郁情节"，他们一方面秉承奋斗信念，继续努力工作，另一方面又担心他们的后代们会跌入下一个社会阶层[2]。

我国的阶层在中华人民共和国成立后经历了几十年的重构，当

---

[1] 陈曙红.中国中间阶层教育与成就动机[M].北京：中国大百科全书出版社,2007:3-4.
[2] 陈曙红.中国中间阶层教育与成就动机[M].北京：中国大百科全书出版社,2007:138.

下社会阶层逐步固化，中产阶层的焦虑更加严重，希望能够让子女复制他们的社会层次，因此尤其愿意在子女的教育方面投资，为下一代获取文化资本创造良好的教育和成长环境。私营企业主、个体工商户是改革开放后才兴起的群体，接受教育程度普遍不高，但是非常希望子女能够获取更多的家庭文化资本，提高社会地位。因此愿意也有能力花重金送子女出国留学。这些家庭选择境外高等教育的主要原因是相对于国内的高考选拔，海外高等教育资源由于成本较高，对其而言相对较易获得，同时也希望子女能够通过留学获取社会交往的资本。这实际是一种将经济资本转化为文化资本和社会资本的过程。

（四）父母海外经历对个体留学意愿的影响

研究者将父母的海外留学与海外工作经历设计为留学意愿的因变量，问卷中设计两题直接询问父母是否有海外求学或工作经历。利用非参数检验探索差异性，如表 5-18 所示，父亲海外求学经历、母亲海外求学经历、父亲海外工作经历、母亲海外工作经历对子女的留学意愿均具有显著影响。

表 5-18　父母海外经历对留学意愿影响的检验统计量

	父亲海外学习经历	母亲海外学习经历	父亲海外工作经历	母亲海外工作经历
卡方	8.127	12.608	13.256	11.436
渐近显著性	0.004	0.000	0.000	0.001

对几个题项的数据进行秩均值比较，结果显示，父母亲拥有留学或者海外工作经历的子女留学意愿更强烈。

拥有海外求学或者工作经历的父母更容易获得留学信息，对留学认知更深入，亲身感受过异国文化，对国外高等教育体制、教育模式更清楚，同时对留学价值的预期更客观。父母对留学的感知直接影响子女对留学问题的认知和态度，从而激发更强的留学需求。

表 5-19　父母海外经历对留学意愿影响的秩均值

	父亲海外学习经历 N	秩均值	母亲海外学习经历 N	秩均值	父亲海外工作经历 N	秩均值	母亲海外工作经历 N	秩均值
有	319	1 043.68	214	1 077.52	365	1 055.64	209	1 071.55
没有	1 656	977.28	1 765	979.39	1 614	975.16	1 765	977.55
总数	1 975		1 979		1 979		1 974	

（五）家庭所在地对留学意愿的影响

为方便分析,研究者将家庭所在地址的 7 个选项重新合并归为 3 个选项,其中直辖市与省会城市归为大都市,地级市和县级城市归为中小城市,郊区、乡镇和农村归为其他,分别赋值,"1"为大都市,"2"为中小城市,"3"为其他,运用非参数检验探索差异性,从表 5-20 可知显著性值 $p=0.000<0.05$,说明家庭长期居住地的不同会显著影响留学意愿,通过秩均值(表 5-21)的大小可知,大都市的高中生留学意愿最强,其次为中小城市。

表 5-20　家庭所在地对留学意愿影响的检验统计量

	留学意愿
卡方	249.417
df	2
渐近显著性	0.000

来源:Kruskal Wallis 检验;分组变量:家庭所在地。

表 5-21　家庭所在地对留学意愿影响的秩均值

家庭所在地	N	秩均值
大都市	1 543	1 072.08
中小城市	430	759.20
其他	24	597.04
总计	1 997	

从地理位置而言,大都市的国际化氛围相对更浓厚,学生和家长获取留学信息的途径更多,学生也有更多机会接触和体验国际教育。此外,海外高等教育机构的市场活动也多集中于这些地方,更易形成促进境外高等教育需求的外部环境。大都市人均收入高于中小型城市,城镇家庭可支配收入远高于农村,所以来自经济发达地区的个体留学意愿更强,来自直辖市、省会城市个体的留学意愿强于中小城市及农村。

第三节 高中生境外高等教育动机分析

从心理学角度而言,人们的行为受到动机与需要的驱使,动机被认为是引导人们做出行为的过程,是行动的简单理由[①]。高中生出国留学调查问卷第二部分就学生的留学原因设计相关提项,针对有留学计划的和打算在国内读大学的两个群体设计不同量表,通过其出国读大学的动机和不出国读大学的原因,分析留学的促进因素和阻碍因素。

一、境外高等教育动机影响因素的因子分析

问卷第二部分第 30—68 题列出了通过文献梳理出来的出国留学动机,采用李克特量表的形式。对有效的 1 517 个样本进行均值比较。其中,"提升个人的综合素质与综合能力"平均值最高,为 4.36。其他重要留学原因（M>4）依次为：想出国多见见世面,增加见识（M=4.26）；体验异国文化,感受不同的生活方式（M=4.24）；国外大学对人才的培养方式更灵活多样（M=4.23）；学习先进知识与技能,提升学术和专业能力（M=4.23）；国外语言学习环境好,出国提升外

[①] 卢泰宏,杨晓燕,张红明.消费者行为学:中国消费者透视[M].北京:中国人民大学出版社,2015:27.

语交流能力（M＝4.13）；父母希望我到国外接受更好的高等教育（M＝4.10）；接受高等教育有助于我成为国际化人才（M＝4.06）；国外高等教育更容易让我实现自我价值（M＝4.05）。得分最低的3项分别为：不方便说出来的原因（M＝2.07）、老师的建议（M＝2.15）、国外有亲戚（M＝2.15）。由此可见，高中生出国留学的主要动机是为提升个人能力、学习国外先进的技术和外语，增强自身综合素质，同时希望自己能够增加见识、体验异国文化与生活方式。

为研究各因素的影响程度，研究者采用因子分析的方法，分为探索性因子分析与验证性因子分析。前者能够将较多数目的变量聚集成数目较少的精简变量，同时可以将杂乱的变量重新排列组合，有助于建立新的假设，发展新的理论。对正式调研阶段所录入的数据进行4次探索性因子分析后，采用主成分分析法提取了5个公因子。

如表5-22所示，根据因子分析结果，公因子1包括9个原始变量题项，分别为：66.中国与其他国家的政治经济文化合作关系越来越密切；67.我在中国就读的学校国际交流活动多，鼓励学生出国留学；65.我在中国生活的城市国际化氛围浓厚；62.留学目的国便利的签证政策；61.留学目的国的宽松灵活的留学政策；68.海外大学在我国展开的国际化活动吸引我出国留学；60.我国的留学政策鼓励留学，欢迎学成归国；64.通过网络等媒体获得的相关资讯对我的影响；63.学校/机构提供的"一条龙"留学服务便利完善。上述原始变量大多与我国和留学目的国的政策以及国家宏观层次上为个体创造的留学氛围与环境等相关，因此命名为"留学政策与环境因子"。公因子2包括7个原始变量题项，分别为：47.提升个人的综合素质与综合能力；46.体验异国文化，感受不同的生活方式；44.学习先进知识与技能，提升学术和专业能力；48.国外语言学习环境好，出国提升外语交流能力；45.想出国多见见世面，增加见识；41.留学可以结交更多的朋友；32.国内的高等教育方式过于单一乏味。上述变量题项大多与个体对自身能力提升的诉求相关，因此命名为"个人能力提升因子"。公因子 3 包括 5 个原始变量题项,分别为:53.想出人头地,改变命运;52.想改变现有的家庭生活条件;54.留学能让我光宗耀祖;50.留学是一种家庭投资,将来能有较好的经济回报;51.能出国留学是件值得骄傲的事儿,特有面子。上述题项反映了我国传统文化在留学动机中的体现,因此可命名为"中华传统文化因子"。公因子 4 包括 4 个原始变量题项,分别为:55.受周围同学或者亲朋戚友的影响、57.国外有亲戚、56.老师的建议、58.父母希望我出国留学。可命名为"重要他人因子"。公因子 5 包括 2 个原始变量题项,分别为:31.学业成绩在国内进不了理想大学,去国外能读比国内好的大学;30.国内高考升学的压力大。命名为"高等教育资源因子"。

5 个公因子累积可以解释的方差达到 57.434%,其中每个公因子的方差解释率分别为 16.962%、15.327%、10.498%、8.655%、5.992%。每个因子对方差的解释率的高低可以体现因子的重要性。

表 5-22　高中生境外高等教育动机影响因素的因子分析

题　项	公因子 1:留学政策与环境	公因子 2:个人能力提升	公因子 3:中华传统文化	公因子 4:重要他人	公因子 5:高等教育资源
66.中国与其他国家的政治经济文化合作关系越来越密切	0.743				
67.我在中国就读的学校国际交流活动多,鼓励学生出国留学	0.734				
65.我在中国生活的城市国际化氛围浓厚	0.730				
62.留学目的国便利的签证政策	0.715				
61.留学目的国的宽松灵活的留学政策	0.672				

续表

题 项	公因子1:留学政策与环境	公因子2:个人能力提升	公因子3:中华传统文化	公因子4:重要他人	公因子5:高等教育资源
68. 海外大学在我国展开的国际化活动吸引我出国留学	0.669				
60. 我国的留学政策鼓励留学,欢迎学成归国	0.654				
64. 通过网络等媒体获得的相关资讯对我的影响	0.611				
63. 学校/机构提供的"一条龙"留学服务便利完善	0.575				
47. 提升个人的综合素质与综合能力		0.869			
46. 体验异国文化,感受不同的生活方式		0.856			
44. 学习先进知识与技能,提升学术和专业能力		0.788			
48. 国外语言学习环境好,出国提升外语交流能力		0.750			
45. 想出国多见见世面,增加见识		0.688			
41. 留学可以结交更多朋友		0.597			
32. 国内的高等教育方式过于单一乏味		0.511			
53. 想出人头地,改变命运			0.813		
52. 想改变现有的家庭生活条件			0.785		
54. 留学能让我光宗耀祖			0.697		
50. 留学是一种家庭投资,将来能有较好的经济回报			0.593		

续表

题　项	公因子1:留学政策与环境	公因子2:个人能力提升	公因子3:中华传统文化	公因子4:重要他人	公因子5:高等教育资源
51. 能出国留学是件值得骄傲的事儿,特有面子			0.558		
55. 受周围同学或者亲朋戚友的影响				0.726	
57. 国外有亲戚				0.711	
56. 老师的建议				0.703	
58. 父母希望我出国留学				0.633	
31. 学业成绩在国内进不了理想大学,去国外能读比国内好的大学					0.807
30. 国内高考升学的压力大					0.790
特征值	4.600	4.442	2.880	2.402	1.726
方差解释率(%)	16.962	15.327	10.498	8.655	5.992
方差累积解释率(%)	16.962	32.289	42.787	51.442	57.434

二、高中生境外高等教育动机影响因素的逻辑回归分析

为进一步了解因子分析提取的公因子对个体留学动机的影响程度大小,本研究对有留学计划学生样本进行逻辑回归分析,以留学意愿强度为因变量(分别对非常愿意出国留学赋值为1,比较愿意的赋值为0),控制个人因素与家庭因素,将上述5个公因子作为自变量,进行逻辑回归分析,通过比较 p 值大小来判断公因子对留学动机的影响,通常 $p<0.05$ 表示有显著差异, $p<0.01$ 表明有很显著差异, $p<0.001$ 表明有极其显著差异。

选取的5个自变量的 p 值(显著性参数)分析显示,留学政策与

环境因素、重要他人因素有极其显著差异,高等教育资源因素、个人能力提升因素有很显著差异,中华传统文化因素有显著差异。按照显著性的大小排序,留学政策与环境、重要他人对留学动机的影响最大,其次依次为高等教育资源、个人能力提升和中华传统文化因素。

表 5-23 境外高等教育动机影响因素的逻辑回归分析

自变量	因变量:留学意愿程度					
	B	S.E.	Wald	df	显著性	Exp(B)
留学政策与环境	0.015	0.054	15.081	1	0.000	1.016
个人能力提升	0.139	0.053	6.910	1	0.009	0.871
中华传统文化	0.064	0.054	5.402	1	0.016	1.066
重要他人	0.009	0.054	14.027	1	0.000	1.009
高等教育资源	0.075	0.054	10.949	1	0.003	1.078
常数	−0.697	0.054	166.567	1	0.000	0.498
N Cox & Snell R Square Chi-square 预测准确率	1 558 0.107 121.364 66.6%					

三、高中生境外高等教育动机影响因素解释

动机的产生取决于两个条件:外部环境与内部需要。以下将根据前文数据结果从这两方面对高中生境外高等教育动机影响因素进行解释。

从外部环境因素来看,留学政策与环境、重要他人、高等教育资源缺乏以及中华传统文化互相作用促进留学动机的产生。其中公因子1:留学政策与环境,是首要因素,其方差解释率达16.962%,逻辑回归分析结果显示 $p=0.000$。该维度下包含留学政策、教育国际化活动、留学信息与服务获取的便利性三大类因素,构成积极的外部留

学环境,刺激了高中生境外高等教育需求。

  留学政策对于留学行为的刺激作用非常明显。国内鼓励留学的政策与留学目的国为大力吸引国际学生采取的相关留学政策,如宽松的签证制度、奖励制度等共同作用,稳定并扩大了高等教育国际市场,激发个体的留学动机。我国留学政策几经演变,1993年后"支持出国、鼓励回国、来去自由"成为新时期的留学行动指南,自费留学人群逐步成为留学主体。进入21世纪,中国加入WTO组织,高等教育国际贸易进一步发展,留学进入全球化时代,国内外的留学政策更加宽松,学生流动加速明显。教育国际化活动对我国高中生出国留学动机的产生发挥重要作用,这与加拿大学者陈(Chen)在2008年的研究结论一致。陈指出高等教育国际化本身以及由于教育国际化所带来的相关市场活动,如学生国际流动、国际教育展、两国高校之间的各种合作、中学阶段的国际合作项目等促进了国际学生前往加拿大接受高等教育的需求[1]。进入留学新时期后,个体及家庭接触留学信息更广泛,留学选择也更多样化,各种留学服务机构兴起使得留学准备更加充分,手续更为方便,对高中生的留学动机产生积极影响。

  来自老师、家人、亲戚、同学、朋友等重要他人的影响与建议对我国高中生的留学动机也起到重要促进作用。调查结果显示重要他人因素对留学意愿的强弱有极其显著影响($p=0.000$),说明在有留学计划的群体中,受到周围同学或者亲朋戚友、国外亲戚、老师的建议、父母意愿的影响而产生的留学动机较多,这与前期许多研究发现是一致的。除此以外,中国人的传统文化观念对留学动机的影响也较为显著($p=0.016$,方差解释率$=10.498\%$)。中国人一直以来重视"面子",由于留学在过去属于一种精英教育,只有少数优秀学生可以

---

[1] Chen L H. Internationalization or international marketing? Two frameworks for understanding international students' choice of Canadian universities[J]. Journal of Marketing for Higher Education,2008,18(1):1-33.

出国,必须经过各种形式的选拔,所以对于许多个体与家庭而言是非常值得骄傲的事情。尽管当下留学已经成为一种大众化教育,但社会上这种心理依旧存在,而中国人的群体意识导致人们从众心理更为严重。

研究结果显示我国高等教育资源的匮乏依旧是一个重要的推动因素,从逻辑回归数据来看($p=0.003$),其对动机影响很显著。在我国高校扩招、高等教育入学相对充裕的情况下,境外高等教育需求是一种高等教育多元化的需求,人们并非因为国内没有大学可就读,而是为寻求不同的教育模式和更优质的教育资源。此外,对我国高校人才选拔制度的不满也是导致人们出国的因素。

从内部驱动力来分析,我国高中生的留学行为主要受到成才发展的需求和成就动机的影响较大,希望通过出国留学促进个人发展,实现自我价值。个人能力提升因素的方差解释率贡献排名第二(15.327%),与公因子1相差非常近,$p=0.009$,说明影响很显著。这与刘红霞等在2011年的研究结果一致,其将我国大学生出国留学的动机归纳为六大类:接受更好的教育、更好地实现职业理想、促进自我成长与完善、获得成就认可、对国外环境和生活的向往、受外界环境和人员的影响[1]。从公因子2所涵盖的变量来看,我国高中生出国的内部动力主要来自3个方面:其一为不满足于平凡而单调的成长路径,期望经历更多磨炼与挑战,从而达到开阔视野、增加人生阅历、提高综合素质的目的;其二为满足对不同文化的兴趣,高中生好奇心强,对于异国文化和生活方式颇感兴趣,期望能通过留学感受不同的文化与生活;其三来自对国外教育理念的认同感,喜欢西方教育方式,也更看重西方丰富的教育资源,期望能够利用国外的有利资源学习先进知识,提高能力。

---

[1] 刘红霞,房熹煦.新生代大学生出国留学动机研究——对北京高校中7名欲出国留学大学生的深度访谈分析[J].中国青年研究,2011(7):86-89.

四、高中生出国留学阻碍因素分析

从现代推拉理论角度而言,个体在正向和反向两组推拉力的影响下根据自身状况确定是否留学,因此有必要了解阻碍我国高中生出国留学的主要影响因素。针对这一问题,问卷的第二部分第20题设计了由22个小题构成的分量表,分别代表不同的不留学原因,选取没有留学计划的学生进行该部分的问卷填写。

对回收数据进行分析结果显示,"舍不得国内家人与朋友"的均值最高(M=3.45),其次为:国内本科教育质量不错,打算毕业后再出去读研(M=3.38);留学准备工作费时费力费财(M=3.31);国内读书有利于建立人脉,对将来职业发展有利(M=3.28);国内经济形势好,留下发展机会多(M=3.18)。均值最低的3项分别为:不喜欢西方的教育模式(M=2.44);我成绩很好,在国内容易考到理想的大学(M=2.69);担心自己无法完成国内的学业(M=2.71)。

运用因子分析提取4个主成分,总方差解释率达到62.177%,模型解释度良好。如表5-24所示,公因子1包括5个原始变量题项,分别为:国外政治形势不稳定;国外的社会安全状况不好;国外经济形势不稳定;在国内了解不到国外足够的信息,担心国外大学提供虚假信息;担心国内留学机构/学校弄虚作假,导致我申请过程中上当受骗。上述题项都与对留学风险的认知相关,因此命名为"留学风险认知因子",方差解释率为18.893%。公因子2包括4个原始变量题项,分别为:害怕到国外自己独立生活比较困难、不愿意离开熟悉的环境、担心自己与国外大学的老师与同学相处困难、担心自己无法适应当地文化与生活。这些题项都与个体的跨文化适应能力相关,因此命名为"跨文化适应能力因子",方差解释率为16.810%。公因子3包括4个原始变量题项,分别为:本科留学费用太高,父母负担不起;外语能力太差,担心出去交流有问题;学习成绩太差,出去也申请不到什么好学校;留学申请与留学准备费时费力费财。这些题项与个人的经济支付能力和学习能力等相关,因此命名为"个人能力因子",方差解释率为 14.025%。公因子 4 包括 4 个原始变量题项,分别为:国内读大学比较轻松;我成绩很好,在国内容易考到心目中理想的大学;国内读书容易建立人脉,对将来职业发展有利;国内本科教育质量不错,打算毕业后再出去读研。命名为"国内情感因子",方差解释率为 12.449%。

表 5-24 不留学原因因子分析

题 项	公因子 1:留学风险认知	公因子 2:跨文化适应能力	公因子 3:个人能力	公因子 4:国内情感
国外政治形势不稳定	0.862			
国外的社会安全状况不好	0.857			
国外经济形势不稳定	0.773			
在国内了解不到国外足够的信息,担心国外大学提供虚假信息	0.581			
担心国内留学机构/学校弄虚作假,导致我申请过程中上当受骗	0.557			
担心自己无法适应当地文化与生活		0.814		
担心自己与国外大学的老师与同学相处困难		0.792		
害怕到国外自己独立生活比较困难		0.741		
不愿意离开熟悉的环境		0.724		
本科留学费用太高,父母负担不起			0.777	
外语能力太差,担心出去交流有问题			0.680	

续表

题　项	公因子1：留学风险认知	公因子2：跨文化适应能力	公因子3：个人能力	公因子4：国内情感
学习成绩太差,出去也申请不到什么好学校			0.650	
留学申请与留学准备费时费力费财			0.655	
国内读大学比较轻松				0.715
我成绩很好,在国内容易考到心目中理想的大学				0.648
国内读书容易建立人脉,对将来职业发展有利				0.615
国内本科教育质量不错,打算毕业后再出去读研				0.555
特征值	6.097	1.770	1.390	1.313
方差解释率(%)	18.893	16.810	14.025	12.449
方差累积解释率(%)	18.893	35.703	49.727	62.177

本研究借鉴钟宇平等在《收费条件下学生选择高校影响因素分析》一文中所用的方法,计算单个题项的重要性指数,并对每一个公因子计算均值,按照大小来判断影响因子的重要性[①]。重要性指数的公式为：

$$重要性指数 = \sum_{i=1}^{4} \frac{a_i X_i}{4}$$

其中,a_i 表示"完全不重要"到"非常重要"5 个重要性等级中第 i

---

① 钟宇平,陆根书.收费条件下学生选择高校影响因素分析[J].高等教育研究,1999(2):31-42.

个等级的权重系数。当 $i=1,2,3,4,5$ 时,相对应的 a_i 为 $0,1,2,3,4$。X_i 表示有效回答第 i 个重要性等级的人数占总人数的百分比[①]。

表 5-25 不留学影响因素的重要性指数分析

公因子	因　素	重要性指数	重要性指数均值
留学风险认知	国外政治形势不稳定	0.479 224 377	0.490 166 205
	国外的社会安全状况不好	0.497 922 438	
	国外经济形势不稳定	0.433 518 006	
	在国内了解不到国外足够的信息,担心国外大学提供虚假信息	0.471 606 648	
	担心国内留学机构/学校弄虚作假,导致我申请过程中上当受骗	0.568 559 557	
跨文化适应能力	担心自己无法适应当地文化与生活	0.454 293 629	0.454 293 629
	担心自己与国外大学的老师与同学相处困难	0.452 908 587	
	害怕到国外自己独立生活比较困难	0.522 160 665	
	不愿意离开熟悉的环境	0.502 077 562	
个人能力	本科留学费用太高,父母负担不起	0.533 240 997	0.519 736 842
	外语能力太差,担心出去交流有问题	0.534 626 039	
	学习成绩太差,出去也申请不到什么好学校	0.436 980 609	
	留学申请与留学准备费时费力费财	0.574 099 723	

---

① 孙凯,张劲英.中国研究型大学新生择校影响因素实证分析——以某"985 工程"高校 2009 级新生为例[J].中国人民大学教育学刊,2013(2):59-71.

续表

公因子	因　素	重要性指数	重要性指数均值
国内情感	国内读大学比较轻松	0.450 831 025	0.507 444 598
	我成绩很好,在国内容易考到心目中理想的大学	0.420 360 111	
	国内读书容易建立人脉,对将来职业发展有利	0.568 559 557	
	国内本科教育质量不错,打算毕业后再出去读研	0.590 027 701	

结果显示4个公因子对不留学的动机影响程度大小依次为个人能力、国内情感、留学风险认知和跨文化适应能力。但从重要性指数大小来看,每个公因子的影响程度相差不大,与因子分析的结果基本一致。

学者郑晓辉指出对学生个体而言,国内既有鼓励出国留学的积极因素,也有吸引他们留在国内的消极因素,同样,国外既存在积极的拉动力,也存在消极的推动力,这两组相对的推拉力互相作用,决定学生是否留学[1]。从前文公因子的方差解释率贡献大小和重要性指数大小来看,来自4个方面的阻力形成消极因素阻碍高中生出国读大学。对留学风险的担忧是首要的影响因素,其中风险因子不仅包括国外政治状况、社会安全、经济状况的不稳定因素,还包括由于信息不对称现象造成的负面心理影响。此外,能力不足也阻碍了高中生出国,其中包括对自身学术能力和跨文化适应能力不足的担忧。因为国外读本科费用高,相应风险也大,个体担心自身能力无法达到预期的留学目标而不选择境外高等教育。

另一方面,来自国内的情感因素也构成重要的国内拉力因素,吸

---

[1] 田玲.中国高等教育对外交流现象研究[M].北京:民族出版社,2003:227.

引学生在境内完成学业,相关题项如"舍不得国内家人与朋友"的均值最高,紧跟其后为"国内本科教育质量不错,打算毕业后再出去读研""国内读书有利于建立人脉,对将来职业发展有利""国内经济形势好,留下发展机会多"等。随着我国高等教育近些年的迅猛发展,高等教育机会增加,高等教育质量也逐渐提升,目前我国不少大学已经进入世界一流大学的行列。由于出国读本科花费较大且近年来海外学历的含金量不断下降,而研究生教育时间段,英国、澳大利亚等国都只需要一年就能完成硕士学习,相对花费少,性价比高。访谈发现不出国留学的学生与家长样本都表示出国是必然的,但是期望完成本科学习再出国深造。另外,中国当前是世界经济增长的亮点,机会多,留在国内接受高等教育有利于尽早建立人脉,熟悉环境,为未来职业发展铺平道路。这也是国内吸引学生留下的重要因素。

第四节 高中生留学目的地选择分析

留学目的地的选择(本研究中将留学国家、学校和专业统称为留学目的地)是境外高等教育选择的重要阶段,通常个体确定留学后对不同留学地进行评估与选择,形成留学备选方案,着手准备申请的相关工作。前文梳理了以往文献,设计了关于留学目的选择影响因素的分量表,以下将通过数据分析研究影响高中生境外高等教育选择的因素。

一、高中生留学目的地选择影响因素的因子分析

与留学目的地相关的37个李克特量表题题项中大多数最终均值得分超过2.5,其中24题均值超过3分,说明学生对这些影响因素持有肯定态度。依据均值得分高低排序,排在前5位的原始变量题项分别为:我会选择课程设置合理、教学内容丰富的专业(M=4.26);

表 5-26　留学目的地选择因子分析

题项	公因子 1: 教育质量	公因子 2: 信息性	公因子 3: 留学成本	公因子 4: 重要他人	公因子 5: 易得性	公因子 6: 就业	公因子 7: 排名	公因子 8: 个人能力
我会选择不断创新、勇于改革的学校	0.846							
我会选择课程设置合理、教学内容丰富的专业	0.788							
我会选择课外社团活动丰富的学校	0.766							
我会选择重视教学的学校	0.717							
我会选择师资的教学能力与学术能力强的学校	0.657							
我会选择自然环境优美的国家或城市	0.518							
我会选择在中国市场推广和营销活动较多的学校留学		0.785						
我会选择学校或者留学机构推荐的学校		0.713						

续表

题 项	公因子1: 教育质量	公因子2: 信息性	公因子3: 留学成本	公因子4: 重要他人	公因子5: 易得性	公因子6: 就业	公因子7: 排名	公因子8: 个人能力
我会选择与中国高校有2+2或者4+1等双联合作项目的学校		0.661						
我会选择在中国社会上知名度高的国外高校留学		0.652						
我会选择一个在虚拟社交网络中(如微信、微博、论坛等)声誉比较好的学校		0.630						
我会选择国际交流活动较多的学校留学		0.608						
我会选择产生过许多知名校友的国外大学		0.595						
我会选择生活成本较低的地方留学			0.879					
我会选择学费较低的学校			0.866					

续表

题 项	公因子1:教育质量	公因子2:信息性	公因子3:留学成本	公因子4:重要他人	公因子5:易得性	公因子6:就业	公因子7:排名	公因子8:个人能力
我会选择有可能获得经济资助的国家或学校			0.764					
我会选择有同学、学长或者朋友就读(过)的学校				0.775				
我会选择熟人推荐的学校				0.746				
我会选择和中国文化比较接近的国家留学				0.623				
我会按照父母的意见选择学校				0.534				
我会选择毕业后有机会移民的国家					0.802			
我会选择容易获得签证的国家					0.730			
我会选择比较容易毕业的学校与专业					0.727			
毕业文凭在中国就业市场认可程度高						0.780		

续表

题　　项	公因子1: 教育质量	公因子2: 信息性	公因子3: 留学成本	公因子4: 重要他人	公因子5: 易得性	公因子6: 就业	公因子7: 排名	公因子8: 个人能力
毕业文凭在国际就业市场认可程度高的学校						0.759		
毕业生起始薪资较高的学校与专业						0.665		
我会选择排名靠前的学校							0.780	
我会选择排名靠前的专业							0.777	
我会按照学业考试成绩选择学校								0.832
我会按照英语程度选择学校								0.746
特征值	6.892	4.249	1.894	1.561	1.312	1.245	1.117	1.041
方差解释率(%)	12.351	11.899	7.968	7.790	7.046	6.718	5.861	4.738
方差累积解释率(%)	12.351	24.249	32.218	40.008	47.054	53.772	59.633	64.372

我会选择师资的教学能力与学术能力强的学校(M=4.24);我会根据我的国际标准化学业考试(如 SAT)的成绩选择学校(M=4.16);我会选择不断创新、勇于改革的学校留学(M=4.12);我会选择社会治安环境安定的国家与城市留学(M=4.09)。排在最后的 5 项分别为:我会选择一个在虚拟社交网络中声誉比较好的学校(M=2.58)、我会选择熟人推荐的学校(M=2.5)、我会选择学校或者留学机构推荐的学校(M=2.48)、我会选择与中国高校有双联项目的学校(M=2.43)、我会选择距离中国比较近的国家(M=2.30)。从该数据可以判断,学生在选择留学目的地时最关注的是教育因素和社会安全因素。

采用因子分析了解各因素对境外高等教育选择的影响程度。如表 5-26 所示,通过因子载荷的旋转矩阵提取 8 个公因子,能解释的总方差为 64.372%,高于 60%,模型解释度良好。

公因子 1 包括 6 个原始变量题项,按照解释率的高低排序分别为:我会选择不断创新、勇于改革的学校;我会选择课程设置合理、教学内容丰富的专业;我会选择课外社团活动丰富的学校;我会选择重视教学的学校;我会选择师资的教学能力与学术能力强的学校;我会选择自然环境优美的国家或城市。上述变量大多与学术以及教育质量相关,因此命名为"教育质量因子"。公因子 2 包括 7 个原始变量题项,分别为:我会选择在中国市场推广和营销活动较多的学校留学、我会选择学校或者留学机构推荐的学校、我会选择与中国高校有 2+2 或者 4+1 等双联合作项目的学校、我会选择在中国社会上知名度高的国外高校留学、我会选择一个在虚拟社交网络中(如微信、微博、论坛等)声誉比较好的学校、我会选择国际交流活动较多的学校留学、我会选择产生过许多知名校友的国外大学。这些变量与高等教育市场、国际合作、信息获取及处理相关,对于个体而言都是为评估和选择境外高等教育获取相关信息的不同途径,因此命名为"信息性因子"。公因子 3 包括 3 个原始变量题项,分别为:我会选择生活成本较低的地方留学、我会选择学费较低的学校、我会选择有可能获得经济资助的国家或学校,命名为"留学成本因子"。公因子4包括4个原始变量题项,分别为:我会选择有同学、学长或者朋友就读(过)的学校;我会选择熟人推荐的学校;我会选择和中国文化比较接近的国家留学;我会按照父母的意见选择学校。命名为"重要他人因子"。公因子5包括3个原始变量题项,分别为:我会选择毕业后有机会移民的国家、我会选择容易获得签证的国家、我会选择比较容易毕业的学校与专业。这些变量与获得的难易相关,因此命名为"易得性因子"。公因子6包括3个原始变量题项,分别为:毕业文凭在中国就业市场认可程度高、毕业文凭在国际就业市场认可程度高的学校、毕业生起始薪资较高的学校与专业,命名为"就业因子"。公因子7包括2个原始变量题项,分别为:我会选择排名靠前的学校、我会选择排名靠前的专业,命名为"排名因子"。公因子8包括:我会按照学业考试成绩选择学校、我会按照英语程度选择学校,命名为"个人能力因子"。

依据所提取的公因子对方差解释率的贡献大小可知高中生留学目的地选择影响因素中最重要的是教育质量因子,其次为信息性因子。留学成本因子、重要他人因子、易得性因子以及就业因子的影响程度接近但都相对较弱。对留学目的地选择影响最弱的为排名因子、个人能力因子。

二、留学目的地选择影响因素的重要性指数分析

为进一步了解提取的公因子对留学目的地选择影响程度的大小,本研究借鉴钟宇平等在《收费条件下学生选择高校影响因素分析》一文中所用的方法,计算单个题项的重要性指数,并对每一个公因子计算均值,按照大小来判断影响因子的重要性[1]。重要性指数的公式为:

---

[1] 钟宇平,陆根书.收费条件下学生选择高校影响因素分析[J].高等教育研究,1999(2):31-42.

$$\text{重要性指数} = \sum_{i=1}^{4} \frac{a_i X_i}{4}$$

表 5-27　留学目的地选择影响因素重要性指数分析

公因子	因　　素	重要性指数	重要性指数均值
教育质量	我会选择不断创新、勇于改革的学校	0.78	0.76
	我会选择课程设置合理、教学内容丰富的专业	0.81	
	我会选择课外社团活动丰富的学校	0.73	
	我会选择重视教学的学校	0.75	
	我会选择师资的教学能力与学术能力强的学校	0.81	
	我会选择自然环境优美的国家或城市	0.65	
信息性	我会选择在中国市场推广和营销活动较多的学校留学	0.39	0.45
	我会选择学校或者留学机构推荐的学校	0.39	
	我会选择与中国高校有 2+2 或者 4+1 等双联合作项目的学校	0.35	
	我会选择在中国社会上知名度高的国外高校留学	0.53	
	我会选择一个在虚拟社交网络中(如微信、微博、论坛等)声誉比较好的学校	0.39	
	我会选择国际交流活动较多的学校留学	0.54	
	我会选择产生过许多知名校友的国外大学	0.53	
留学成本	我会选择生活成本较低的地方留学	0.45	0.47
	我会选择学费较低的学校	0.44	
	我会选择有可能获得经济资助的国家或学校	0.51	

续表

公因子	因　素	重要性指数	重要性指数均值
重要他人	我会选择有同学、学长或者朋友就读(过)的学校	0.40	0.39
	我会选择熟人推荐的学校	0.37	
	我会选择和中国文化比较接近的国家留学	0.32	
	我会按照父母的意见选择学校	0.46	
易得性	我会选择毕业后有机会移民的国家	0.52	0.51
	我会选择容易获得签证的国家	0.52	
	我会选择比较容易毕业的学校与专业	0.49	
就业	毕业文凭在中国就业市场认可程度高	0.61	0.61
	毕业文凭在国际就业市场认可程度高的学校	0.69	
	毕业生起始薪资较高的学校与专业	0.62	
排名	我会选择排名靠前的学校	0.73	0.75
	我会选择排名靠前的专业	0.76	
个人能力	我会按照学业考试成绩选择学校	0.79	0.77
	我会按照英语程度选择学校	0.76	

三、高中生留学目的地选择影响因素解释

从前文的数据分析不难看出，大学声望是我国高中生与家庭选择留学目的地的最重要标准，人们往往通过一所大学的学术声誉和社会声望来判断其好与坏。奥利维亚(Oliveira)认为学生对学术声誉的认知主要通过考量教师的学术与教学能力和就业率等指标，其他包括课程的设计、在读学生的学术能力、校园所在地的环境等；社会声望主要指社会对该学校的认可程度，主要指对其颁发

文凭的认可①。

  大学学术声誉的主要表现是教育质量。教育质量是一个集合概念，主要表现在课程质量、教师的学术能力与教学能力、学生服务质量等各方面②③。结合因子的方差解释率和重要性指数大小来看，教育质量因子是个体选择留学目的地最重要的影响因子。其贡献的方差解释率达到12.351%，远高于其他因子，重要性指数均值高达0.76，其中"我会选择课程设置合理、教学内容丰富的专业""我会选择师资的教学能力与学术能力强的学校"两个单因素的重要性指数是所有因素中最高的，说明人们在选择留学目的地时对此最重视。这与前期其他学者的不少研究结果是一致的。我国高等教育的整体水平与国际发达水平的差距是一个不争的现实，访谈发现大多数人（包括老师、家长、学生）普遍仅认可我国一流大学的教育质量，对我国大多数高校的专业设置、教学模式、教育质量等都不太满意，因此期望选择的国外高校能够提供更优质的教育服务。

  一所大学的社会声誉也是考察的重点，根据学者申跃等人建构的大学吸引力的4因子模型，社会声望包括行业内声望和一般社会声望，其主要指标包括雇主评价、预期收入、就业前景、社会认可。其中，行业内声望往往通过就业指标显现④。这些因素在本研究结果中同样得以体现。一方面，人们通过大学排名来判断学校的社会认

---

  ① Oliveira D B, Soares A M. Studying abroad: developing a model for the decision process of international students[J]. Journal of Higher Education Policy & Management, 2016, 38(2):126-139.

  ② Mazzarol T, Soutar G N. Push-pull factors influencing student destination choice [J]. International Journal of Education Management, 2002(2):82-90.

  ③ Shanka T, Quintal V, Taylor R. Factors influencing international students' choice of an education destination—A correspondence analysis[J]. Journal of Marketing for Higher Education, 2006, 15(2):31-46.

  ④ 申跃,孟芊.大学吸引力的因素分析：基于留学选择的实证研究[J].清华大学教育研究,2005,26(1):76-81.

可程度。从重要性指数统计结果来看,排名因子的数值排第三位(0.75),说明大学与专业排名是高中生选择学校的最重要参考指标。访谈发现各类排名指标被家长、学生、老师、留学中介奉为升学宝典。其中,家长和学生普遍认为大学排行榜最重要,因为国内雇主更加看重毕业学校的名气,留学中介和老师则认为专业排名更为重要,因为这标志着某个学校该专业的强弱,直接关系到学生专业学术能力的培养。另外一个公因子:就业因子的重要性指数均值排名紧追其后(0.61),涵盖了"毕业文凭在中国就业市场认可程度高""毕业文凭在国际就业市场认可程度高的学校""毕业生起始薪资较高的学校与专业"等项目,说明我国高中生对就读学校的行业内声望尤其重视。

易得性因子对人们选择留学目的地的影响也较大,其重要指数均值为0.51,其中移民机会和签证是重要的因素。前期研究发现有机会移民是澳大利亚和加拿大吸引亚洲留学生的一大因素[1][2]。实际上利用移民政策吸引留学生并对毕业生进行筛选,一直以来就是世界中心国家积累人力资本的重要途径,也是其认可的跨境高等教育价值。目前由于我国的整体生活水平与发达国家还存在差距,我国社会依旧处于高速发展时期,必然面临许多改革和困难,导致一些家庭想去经济发展较为平稳的发达国家定居,移民机会依旧有重要吸引力。与此同时,签证是否容易、文凭是否容易获得都是减少消费者风险的保障。

尽管经济因素对我国高中生家庭境外高等教育动机产生的影响不大,但对留学目的地选择的影响较大(重要性指数为0.47),个体不仅考虑学费和生活费,也会优先考虑有经济资助的国家及学校。马

---

[1] Chen L H. Internationalization or international marketing? Two frameworks for understanding international students' choice of Canadian universities[J]. Journal of Marketing for Higher Education, 2008, 18(1):1-33.

[2] Mazzarol T, Soutar G N. Push-pull factors influencing student destination choice [J]. International Journal of Education Management, 2002(2):82-90.

扎鲁尔(Mazzarol)将留学成本划分为经济成本和社会成本,前者包括学费、生活费和差旅费,后者包括社会不安定、犯罪率和种族歧视等[1]。留学经济成本对许多国家留学生选择留学目的地的重要影响在许多研究中得到证实[2][3][4]。访谈中不少学生谈到之所以选择加拿大、澳大利亚等国,主要是考虑到这些国家的学费与生活成本较美国低。此外,在选择美国私立高校与公立高校时,也有学生表示由于私立高校学费昂贵,会在同一层次的学校中优先选择公立学校,有时甚至会选择社会认可度略低的公立学校。

信息性因子对我国高中生的留学选择影响不容忽视,其对总方差的解释率达到 11.899%,仅仅略低于排名第一的教育质量因子。本研究中信息性因子涵盖了信息获取渠道、数量、信息的易得性等[5]。国外高校通过直接的市场营销活动(如招生宣讲)和间接的市场营销活动(如教育合作)影响我国个体以及家庭对留学的认知。学生及家庭通过国际教育展、宣讲会等市场推广活动直接获取留学信息;留学中介机构或学生就读的高中也会对学生传递信息,宣传某些国外的学校与专业;国内教育机构通过合作形式宣传合作的国外高校。这些都是有效的信息传播途径。加拿大学者也发现市场推广和

---

[1] Mazzarol T, Soutar G N. Push-pull factors influencing student destination choice [J]. International Journal of Education Management, 2002(2):82-90.

[2] Shanka T, Quintal V, Taylor R. Factors influencing international students' choice of an education destination—A correspondence analysis[J]. Journal of Marketing for Higher Education, 2006, 15(2):31-46.

[3] Maringe F. University and course choice: implications for positioning, recruitment and marketing[J]. International Journal of Educational Management, 2006, 20(6):466-479.

[4] Lee C F. An investigation of factors determining the study abroad destination choice: a case study of Taiwan[J]. Journal of Studies in International Education, 2014, 18(4):362-381.

[5] Oliveira D B, Soares A M. Studying abroad: developing a model for the decision process of international students[J]. Journal of Higher Education Policy & Management, 2016, 38(2):126-139.

国际化相关活动如双联项目是影响亚洲学生选择加拿大大学的重要因素[1]。另一方面，虚拟社交网络等非官方平台发布的相关信息也会影响个体对留学国家、学校、专业的认知。访谈中研究者发现，大多数学生在选择留学目的地尤其是学校和专业的时候，会通过留学中介机构和国际部提供的留学咨询服务获取信息，而这些机构往往会对一些与其有合作的国外大学进行重点推荐。

重要他人不仅对我国高中生留学动机的产生有重要影响，而且对其选择留学国、学校和专业有重要影响。由于教育投资充满了不确定性，他人的经验或经历，如同学或朋友的就读经历、熟人的推荐，成为重要的参考标准。在中华传统文化中，父母对子女的教育投入可以倾其所有，子女通常也对父母较为顺从，因此父母建议在教育选择中非常重要。

由于境外高等教育与境内高等教育一样通过能力选拔人才，每一层次、每所大学的入学要求都可能不同，所以学生们往往会根据排名信息，结合自身的学术能力水平，搜索符合入学条件的学校与专业。通常学生会申请多所学校（访谈记录显示，8—10所学校是基本标准），以确保能尽量获得理想高校的入学机会。

---

[1] Chen L H. Internationalization or international marketing? Two frameworks for understanding international students' choice of Canadian universities[J]. Journal of Marketing for Higher Education，2008，18(1)：1-33.

第六章 境外高等教育升学需求的社会心理解释

当下用于解释教育需求的理论比如投资收益、消费最大效用等常常假定人们做出投资或者消费决策时都处于非常理性的状态,考虑投资收益率或者产品最大化的满意度,然而,现实生活中人们极少会在完全理性的状态下做决策,而常常在非理性情况下做出决策。非理性表现于冲动购买、对决策风险的主观判断以及以事物的部分价值替代整体价值等①。

以往研究发现我国高等教育投资表现出一定的非理性,投资占家庭总支出的比例明显高于其他国家,但投资收益率却远低于国际水平②。有学者指出对我国居民的子女教育消费无法实现最大化效用,更多需要考虑非经济因素造成的影响,如尊师重教的传统、父母的代际补偿心理等③。

本研究的前期调研发现虽然境外高等教育成本高、经济收益不佳、风险高,但是当下我国家庭对境外高等教育的投资与消费存在特别偏好,留学环境因素、中华传统文化因素、个体对自我能力提升的预期、重要他人等其他因素对个体留学动机与境外高等教育选择过程的影响较经济类因素有更深远的意义。留学行为是境外高等教育

---

① Menon M. E. Information search as an indication of rationality in student choice of higher education[J]. Education Economics, 2004, 12(3):267-283.
② 皮芳辉,梁红,张凡永.高等教育投资:家庭偏好形成的原因及影响[J].高等农业教育,2013(3):15-18.
③ 靳希斌.教育经济学:第4版[M].北京:人民教育出版社,2009:285.

需求的实现,行为的发生往往受到认知与外部环境的影响。本章将从境外高等教育需求实现的外部环境、信息不对称以及社会文化等对留学认知的影响进一步剖析我国高中生境外高等教育需求的深层原因。

第一节 高中生境外高等教育升学需求的外部环境解释

境外高等教育需求是我国居民多元化的高等教育需求的体现,其产生与实现与当下高中生所处的外部环境关系紧密。以下将结合前期问卷数据与访谈结果从政策、经济、教育、社会等维度对境外高等教育需求产生的外部条件展开详细分析。

一、政策打造积极的留学环境

国内外宽松的留学政策共同作用创造积极的留学环境,促进高中生境外高等教育需求的产生。通过"留学动机与意愿"问卷调查的数据分析结果了解到,"留学政策与环境"公因子对我国高中生留学动机产生的影响程度最深。其中相关因素包括"留学目的国便利的签证政策""留学目的国的宽松灵活的留学政策""我国的留学政策鼓励留学与学成归国"等,这些都与宏观政策因素息息相关。

(一)高等教育输出国留学政策改革形成积极拉动力

新自由主义影响下,留学教育的性质经历了从单纯的文化和政治行为向商业行为的转变。追求经济利益成为发展留学教育的重要目的,为抢夺中国生源,各主要教育输出国不断调整和优化留学政策,部分国家甚至专门针对中国学生推出种种新政,这些政策上的改革措施为中国学生提供了更便利更优惠的留学条件,刺激了中国留学市场的发展。

20世纪70年代中后期，以英国、澳大利亚等国家为代表的国家率先改革财政拨款制度，大幅度削减了大学的政府拨款，鼓励高校招收全自费的国际学生。该举措不仅成为弥补高等教育办学费用短缺的一个有效措施，同时也缓解了由于高等教育过快发展、人口自然增长率下降所造成的国内招生压力，其他教育输出国纷纷效仿。留学教育开始从政治援助正式步入市场化阶段。1994年教育服务被纳入国际服务贸易后，商业气息更浓郁，留学生的高昂学费以及在当地的生活旅游等消费为接受国带来了巨大的利润。这种情况下欧美老牌高等教育输出国不断优化留学政策，进一步加大留学教育的发展力度，新兴的教育输出国也相继推出各种优惠政策为我国学生提供更多的高等教育机会。澳大利亚等国家政府更是把国际教育放在国家重要战略地位上加以扶持，为国际学生创造更便利的条件。

2008年金融危机之后，以美国为代表的发达国家经济遭受重创，教育服务贸易成为经济增长的亮点，国际学生在刺激消费、振兴经济方面的贡献显著，许多国家期望通过吸引更多高素质的留学生刺激经济复苏，由此纷纷出台各种优惠政策扩大留学市场，其中经济一直持续增长的中国市场成为被抢占的热点。以最受中国高中生欢迎的几大留学目的国为例，其政策的调整对于中国留学生数量的影响是显著的。

美国在金融危机爆发后，经济低迷造成的拨款缩减和投资失利导致不少高校收入骤减，许多大学采取提高学费并吸收更多留学生的方式弥补经费不足，其中不乏加州大学等著名学府。美国政府迅速调整了政策，采取多种措施吸引中国留学生赴美。一方面，实行宽松的签证政策，当年美国给中国学生的签证比前一年度增加20%，达到82 000个，签证通过率超过80%；另一方面，政府明确表示欢迎中国留学生前往，发表《中美联合声明》表明在经济复苏后依旧会对中国留学生放宽留学政策。一些以往极少在中国直接招生的美国公立大学甚至组团前往中国招生,并与中国留学中介机构合作①。留学政策调整后,赴美的中国留学生在"量"与"质"方面都发生重要变化,不仅数量以每年两位数的百分比迅猛增长,而且高中毕业生的比例不断增大,去美国就读本科的学生增长率远远高于读研究生的学生数量,到2015年首次超过了研究生数量。2016年,我国已经连续8年成为美国高等教育的最大国际学生来源国,中国留学生占全美国际学生的32.5%,是位居第二的印度学生数量的两倍②。尽管特朗普政府对移民政策的一些调整加大中国学生留美工作的难度,但是中国学生对美国的热衷依旧未改。

澳大利亚政府在遭遇国际学生数量减少后于2013年推出了留学新政,采用快速签证处理政策(SVP)简化了签证,新政实施后,赴澳中国学生数量逐步回升③。此外,其他主要留学国也针对我国学生出台了更便利的留学政策,如英国颁布的《2014英国移民法修改草案》专门对中国学生实施国际学生实习计划替代旧的PSW工作签证,给予中国留学生参与实习工作的机会,其中来自中国211院校或更高层次院校的学生可以在国内申请参与。德国也在2013年调整了留学政策,不仅下调了自保金数额,而且在北京、上海、青岛三大城市开展对中国留学生的学习能力测试。法国通过认可中国高考成绩吸引中国学生④。国际留学政策的调整使得我国高中生出国更加便利,各留学国政府以及高校的招生宣传等活动让地处遥远国度的国际高等教育离人们越来越近。

---

① 廖小健.金融危机下的"美国留学热"及其发展趋势[J].当代中国史研究,2011(2):70-75.
② 王辉耀,苗绿.中国留学发展报告 No.6[M].北京:社会科学文献出版社,2017:207-209.
③ 旷群,戚业国.赴澳"留学热"探源——基于推拉因素理论的分析[J].高教探索,2016(1):20-26.
④ 王辉耀,苗绿.中国留学发展报告 No.3[M].北京:社会科学文献出版社,2014:137,140,145.

（二）国内自费留学政策的完善形成推动力

我国自费留学市场经历了从无到有、从无序到有序的蓬勃发展，随着自费留学政策不断完善，形成市场秩序，创造了良好宽松的留学市场环境，政府的"支持留学，鼓励回国，来去自由"方针政策激发了家庭境外高等教育需求，加入WTO后，为满足教育服务贸易需求推出的新政策进一步推动了自费留学市场发展。

我国近代留学活动的发展迄今已有一个半世纪，其历史可以追溯到1872年清政府派遣幼童赴美国留学开始，1949年以来留学教育发展历程大致可以划分为4个阶段：计划经济时期（1949—1977年）、改革开放新时期（1978—1992年）、市场经济深入发展时期（1993—2001年）、面向全球化时期（2001年至今）①。每一阶段的留学政策都随着时代背景不断演变，鼓励自费留学的政策产生于20世纪80年代后期，自此我国自费留学人数不断攀升。

改革开放之前，我国留学教育带有浓重的政治意识形态，表现出政治主导、中央调配等特色，留学政策主要受到国内外政治形势影响。1978—1986年属于我国留学教育事业的恢复时期，以公派留学为主，其间中央政府颁布的留学相关政策主要以选拔和派遣公费留学生为目的。教育部于1978年颁布的《关于增选出国留学生的通知》提出要高度重视留学人员选派工作，当时选拔并派遣优秀大学生、研究生和进修生出国留学，主要为理工科相关专业。1984年国务院才提出"对自费出国留学要坚决大胆放开"的要求并颁布了新的《关于自费出国留学的暂行规定》，规定"凡我国公民个人不受学历、年龄和工作年限的限制，均可申请自费出国留学"。1986年第一部出国留学教育政策的法律性规定《关于出国留学人员工作的若干暂行规定》出台，一直沿用至今。

---

① 李梅.高等教育国际市场——中国学生的全球流动[M].上海：上海教育出版社，2008：117-118.

《关于出国留学人员工作的若干暂行规定》的发布刺激了我国自费留学市场的发展,自费出国人数增长迅速,自费出国留学自此成为我国留学主流方式。数据显示,1978—1984年我国自费出国人员总数仅约7 000人,1985—1988年自费出国人员总数达到1.6万人,1989年为7 898人,1990年已经升至1.8万人①。1992年针对大量出国人员滞留海外的现象,国务院办公厅发出了《关于在外留学人员有关问题的通知》,明确把"支持留学,鼓励回国,来去自由"作为出国留学工作的总方针。围绕总方针,国家自费留学政策进一步调整和放开,次年国家教委颁布了《关于自费出国留学有关问题的通知》,进一步放宽自费出国留学政策,使自费出国留学人员数量急剧增加②。

进入21世纪,我国留学政策的叠加效应显著,留学进入繁荣时期,留学人数呈现井喷式增长。中国加入WTO后,为落实教育服务贸易中的相关承诺,促进政府职能转变,我国于2002年11月颁布《关于简化大专以上学历人员自费出国留学审批手续的通知》,取消了相关资格审查、收取高等教育培养费等的规定。与此同时,加强自费留学市场的规范,及时公布各国留学相关信息,提供出国留学渠道。1999年颁布的《自费留学中介服务管理规定》和《自费出国留学中介服务管理规定实施细则(试行)》也规范了自费留学的中介服务③。另一方面,在完善国外学历学位证书认证制度的同时,坚持"走出去,引进来"的原则,打造多项归国人员政策吸引学成人员归国发展,如2001年由多部门联合发布《关于鼓励海外留学人员以多种形式为国服务的若干意见》中明确提出"鼓励在海外学习和工作的留学人员以多种方式为祖国服务"。2003年,国家正式设立"国家优秀自费留学生奖学金",鼓励自费留学的优秀留学生归国工作。教育部

---

①② 陈昌贵.1978—2006:我国出国留学政策的演变与未来走向[J].高教探索,2007(5):30-34.

③ 陈霓.我国世纪之交自费出国留学政策分析[C]//改革开放与中国高等教育——2008年高等教育国际论坛论文汇编,2008:440-448.

于 2007 年颁布《关于进一步加强提供多方位服务人才工作的若干意见》吸引高层次留学人才回归。日趋成熟与完善的留学市场保障了留学家庭的权益,进一步促进我国居民境外高等教育需求,推动个体自费留学行为。

从我国留学政策的演变历程来看,我国的留学教育经历从计划体制到市场体制的转变,由中央高度控制逐渐转为政府通过法律法规等措施进行宏观调控。自费留学政策的不断完善对留学市场主体的形成与留学市场秩序的规范发挥了重要作用,创造了良好宽松的留学市场环境。留学需求的持续旺盛催生了留学中介服务的发展,形成了语言培训、留学信息提供、留学规划指导、留学手续办理等系列专业服务系统,简化各种繁琐程序,并由政府加以引导与规范,形成自费留学热潮的"加速器"。

二、经济发展保障有利的留学环境

改革开放以来,我国经济增长迅猛,尤其是进入 21 世纪后,中国经济俨然成为世界经济亮点。经济发展不仅对高等教育人才提出了新的要求,也为个体境外高等教育需求提供强劲的经济动力。

近十余年,我国总体经济水平增长强劲。国民生产总值 2016 年达到 743 585.5 亿元,2018 年首次突破 90 万亿元。2021 年,我国经济增速在全球主要经济体中名列前茅,经济总量突破 110 万亿元,稳居世界第二,占全球经济的比重超过 18%[1]。强劲的经济发展势头对我国高等教育人才培养、社会服务、技术革新等功能提出了更高的要求[2]。为适应全球经济一体化发展,国内外企业需要大量拥有合

---

[1] 中国政府网.经济总量 114.4 万亿元,超世界人均 GDP 水平,2021 年中国经济亮点![EB/OL].(2022-01-17)[2022-04-10]. http://gov.cn/xinwen/2022-01-17/content_5668815.htm.

[2] 李梅.高等教育国际市场——中国学生的全球流动[M].上海:上海教育出版社,2008:110.

理专业知识结构以及国际化视野与国际化能力的人才,具有国际教育背景、融汇中西文化的"海归"人士更适应时代的发展,受到国际企业青睐。国际高等教育的社会需求刺激了个人需求,导致越来越多的家庭选择投资境外高等教育。

经济的发展同时也使人们有条件消费境外高等教育,我国家庭的消费结构在近些年不断升级,使得越来越多的中等收入家庭有经济能力让子女消费境外高等教育。我国城镇居民家庭人均可支配收入近些年不断增长,恩格尔系数不断下降。国际上通常用恩格尔系数来判断一个国家的贫富状况,通常收入越少的家庭用来购买食物的支出所占的比例就越大,随着家庭收入增加,该支出比例下降。按国际通行的标准,恩格尔系数越小,国家越富有,60%以上为贫穷,50%—60%为温饱,40%—50%为小康,30%—40%为富裕,低于30%为最富裕。我国改革开放之初的恩格尔系数约为55%,2013年为31.2%,2014年降至31%,2015年又进一步下降到30.6%[①]。

上述数据表明中国近年来一直处于消费升级过程中,居民收入水平不断提升,中等收入家庭越来越多。这部分家庭通常已不满足于住房等基本生存型需求,开始追求享乐型和发展型需求,子女教育成为家庭消费需求的重点。我国长期以来实行计划生育政策,现在高中生往往是家里唯一的孩子,很多家庭可以由祖辈和父辈共同承担留学费用,多元化的资金来源使能够支付得起留学费用的家庭越来越多,拉动了境外高等教育需求。访谈中研究者发现有出国计划的家庭家境大多较为殷实,就算是工薪阶层也通过不同途径筹集了足够资金送子女出国,而父母大多对于动辄几百万的花费并没有表现出特别的经济回报需要,反而认为这些钱早晚留给孩子,不如趁早用作教育费用。这也进一步在支付能力上满足了教育需求的经济

---

① 付晓英.消费结构开始升级[EB/OL].三联生活周刊,(2016-08-29)[2018-03-19].https://www.fx361.com/page/2016/0829/230257.shtml.

条件。

三、国际化大环境与中国文化共同营造留学社会氛围

经济全球化的浪潮冲击下，世界各国经济、教育、文化等领域的相互关联依赖日益加强，我国在诸多领域也发生根本性变化。教育国际化大环境与我国特有的社会文化共同营造了积极的留学社会氛围，促进我国高中生家庭的境外高等教育需求。

经济全球化对人才需求和人才标准提出国际化要求，从而提升人们对高等教育的需求。社会对人才的国际化要求改变了家庭对子女的未来期望以及教育规划。高等教育与基础教育不同，其目的不是为了培养社会全体人民的行为规范与共同意识，而是针对一部分人传授高度专门化的知识，培养具有创新知识的高级专门人才。随着全球化进程加速，国际素养成为适应社会发展的必需，现代社会人才必须具备广阔的国际视野，保持关注学科领域在国际上发展动向的高度敏感性，拥有国际水准的研发能力，同时具备强大的跨文化沟通能力以及国际理解胸怀。越来越多家庭意识到国际性人才在社会中占有优势，而接受境外高等教育是培养国际素养、获得国际能力的重要途径，因此我国社会逐渐形成积极的留学氛围。

与此同时，高等教育国际化活动的盛行帮助构建了我国对国际教育的认知，使得社会民众快速接受境外高等教育这一新鲜事物。全球化背景下的高等教育国际化呈现出新的特点，其中追求经济利益成为推动高等教育国际化发展的主要外因。商业利润驱使下，高等教育国际化竞争不仅仅限于争夺留学生源，各国开始逐渐抢占包括中国在内的国家和地区国内教育市场，通过合作办学、设立海外分校、提供远程教育等方式展开竞争。为吸引更多中国留学生，各留学国政府及高校组织提供的各类国际化活动在我国遍地开花。高等教育国际化的相关活动让人们更容易接触异域文化，也给人们提供认识和了解境外高等教育的途径，营造积极的留学氛围，推动更多留学

意愿的产生。前期问卷中与国际化氛围相关的项目"中国与其他国家的政治经济文化合作关系越来越密切""我在中国就读的学校国际交流活动多,鼓励学生出国留学""我在中国生活的城市国际化氛围浓厚"的均值得分都较高,说明这部分因素对于家庭留学动机产生积极影响。上述结论在访谈中进一步被证实,不少国际部老师与受访家长都表示人们容易受到国际化大环境的影响而产生家庭境外高等教育需求,其中有国际部主任表示:

> 高中生出国留学的主要原因是受到国际大环境的影响,随着世界国际化的蔓延,小学就出国游学研学、出国了解世界的很多,再一个就是国际化经济的影响,其实以前觉得好像其他国家发生什么事情和我们没关系,现在不一样啊,今天国外发生什么事情,明天就会对我们有影响了,就像前几年世界经济不景气,苏州很多世界五百强的企业轮着倒闭。在这种情况下,家长就要开始考虑了,将来的孩子是否属于社会上需要的人才,就会担忧孩子将来是否可以立足,不仅仅是立足苏州了,而是要立足世界了。(ZR 09)

另一方面,中国独特的社会文化进一步催生了家庭境外高等教育需求。"崇洋"的心态使得人们对海外的一切都容易产生渴望的心理,中华民族长期处于经济落后、饱受欺凌的状态,在民族记忆中容易形成"我国落后,西方发达国家好"的先入为主的判断,社会上普遍认为国外高等教育更先进,因此出国留学成为许多家庭的梦想,一旦条件允许,便会尽力实现。其次,国内社会中的精英情结助长了出国留学的社会风气。大众化高等教育时代,高校承担的功能发生转变,按照社会对不同层次人才的需求,大学也被划分为不同类型与层次,但是人们的观念却没有发生转变,依旧认为唯有研究型大学培养出的才是社会需要的精英人才。当国内无法提供足够的精英大学入学机会,人们便会通过境外市场寻求机会。

精英情结的形成来自两方面的原因。一方面,我国大学长期以来属于一种精英教育,大多数高中生的父母经历的是高等教育精英教育时代,他们对高等教育的高期望仍未调整,受到传统文化影响,期望子女能够成为社会精英,需要接受精英教育,而他们保守地认为精英型大学的教育质量才是优质的。另一方面,用人单位的理念没有从精英型高等教育转向大众化高等教育,没有建立大众化的就业观念与制度,依旧按照旧观念筛选人才,认为研究型大学培养的人才就更好,而没考虑实际岗位的需求。但在高等教育大众化阶段,除了少量研究型大学担任精英教育任务,大多数高校承担的是大众化教育任务,使得在我国获得精英大学入学机会的概率极小。在这种情况下,社会往往迷信海外大学,认为接受境外高等教育一定能够成为未来的精英人士。除此以外,我国民众的"从众""跟潮"心理也对留学热潮氛围的形成起到积极的推动作用。

四、国内教育环境推动境外高等教育需求

我国教育市场中境内教育市场的供需失衡,以及我国高等教育水平与发达国家的差距等构成国内教育环境中的消极因素,将许多家庭推向境外市场寻求满足。

我国高等教育市场长期以来表现出"量"与"质"两方面的供需矛盾,尤其是在进入大众化阶段后,我国内部市场的高等教育供给结构与质量都远不能满足社会需求。我国现代的高等教育实际上是在20世纪70年代末才开始进入快速发展时期。高校扩招之前我国适龄入学人口基数庞大但高等教育内部供给匮乏且模式单一,高等教育主要根据学生的成绩能力等人才选拔制度进行供需配置,高等教育数量明显不足,市场表现出较强的超额需求。中国高等教育发展历史较短,高校整体水平有待提高,与发达国家教育水平存在不小差距,尽管近些年不少中国高校教育质量提升较快,在世界范围内的各

类排名中表现突出,但总体而言,国内优质高等教育资源依旧匮乏。

前期问卷调查结果显示,"学业成绩在国内进不了好大学,去国外能读比国内好的大学""国内高考升学压力大"对个体留学动机贡献了一定的方差解释率,表现出对留学动机的显著影响。对家长和老师的访谈也了解到许多家庭是因为孩子的成绩在国内无法通过高考进入好的大学(家长们普遍以往年高考录取批次高低来判断学校的好坏,好的大学通常指第一批次录取的学校,即一本院校)只能在二、三本院校中选择,其中也包括一些靠后的一本院校专业,一些院校的老师教学能力不强,对学生管理不到位,培养模式僵化,课程和专业设置与社会需要脱钩,教育质量堪忧。而国外大学学术声誉较高,招生和人才培养方式更灵活,对学生学术成长可能更有利。这说明,大多数高中生出国留学并非是因国内缺乏高等教育机会,而是无法在内部市场获得符合心理要求的高等教育机会,家庭的出国留学动机是由差异需求造成,表现出家庭对高等教育的多元化需求。

高等教育大众化阶段,人们对高等教育数量与质量的需求更高。扩招满足了更多高等教育数量需求,但同时也更大程度刺激了需求的产生,使家庭与个人产生更加多元化的高等教育需求。尽管高校扩招大幅度提高了升学率,但是招生录取依旧存在严重的地区差异。对普通学生而言,每年进入985、211高校的人数非常低(多数地区低于10%),而大部分入学机会由"二本"甚至"三本"院校提供。由于我国高等教育规模发展较快,对高校的投入与资源配备不足,社会上普遍对于一些二、三本院校的质量并不认可。当下我国家庭对高等教育的消费与投资观念更强,更注重自己的选择权力,当来自高等教育水平国家的高校能提供境外高等教育机会时,许多家庭自然会将留学作为满足多元化需求的选择。

五、境内高中国际教育的发展促进境外高等教育需求

全球化背景下,我国教育国际化在各办学层次不断深化,各大、

中城市的高中纷纷涉足国际教育，创办各类国际化机构，开展国际交流合作项目。高中国际教育的兴起与壮大进一步刺激了境外高等教育需求，其中境外高等教育被动需求作为高中国际教育的副产品应运而生。

高中教育国际化机构的成立与发展顺应了教育国际化的需求。早期主要为在我国境内的外籍人士提供教育服务，其中最常见的是独立的国际学校或附属某高中的国际部。随着国际学校引入的国际课程在我国社会得到认可，国内普通高中纷纷加入，成立国际部门，引进国际课程，并在服务外籍学生的同时面向国内部分学生开放，之后逐渐衍生出海外高中在我国境内开设分校、以项目形式合作的中外合作等多种办学模式。当下的高中国际教育机构主要招收境内高中生，在某些省份已纳入中招体系，通过中考提前批次录取学生。

高中国际教育的发展与境外高等教育需求逐渐形成相互促进、相互依赖的关系。一方面，高中国际教育机构的形成是高中生境外高等教育需求增长的结果。通过访谈，研究者了解到21世纪初期随着高中生中有出国留学意愿的人数不断上升，该群体的管理问题逐步显现，如这些学生需要在校外参加各种语言以及申请的培训，需要比较灵活的时间安排，不能纳入统一的学生管理等。一些学校不得不调配专人进行纪律方面的督促以及与学校其他部门协调，该模式在一些老牌名校依旧沿袭。高中国际教育的跨越式发展开始于2005年前后，当时许多学校通过引进境外课程或者项目展开中外合作办学，学生基本不用出校园就可以接受国外的课程以及外语等标准化考试的培训课程等。经过十余年发展，高中国际教育办学模式与层次呈现多元化，既有联合办学的高中双文凭项目，也有与大学预科合作的项目和课程，还有些依旧定位为冲刺"洋高考"的学生群体服务与管理。一些地区已经将高中的中外合作办学纳入统一的中考招生提前批录取。不少访谈的国际部主任反映与过去相比，报考国际班的初中毕业生人数逐年增多,高中国际部规模越来越大,生源质量越来越好,有些学校国际部的录取分数线甚至已经超过了普通班。

另一方面,国际班的壮大与发展促进了境外高等教育的需求。首先,高中国际班的宣传与市场发展策略影响家长与学生的留学认知,国际班的教育模式向人们展示国际教育并提供亲身体验的机会,人们通过了解国际中等教育逐渐认识并接受境外高等教育,产生出国读大学的意愿。其次,本研究发现办学成功的国际部往往依托当地社会声誉较高的公立高中,更容易获得家长对办学质量的信赖。总体来看,国际部收费比境内班高出许多,录取条件相对国内班要低,使一些本来没有留学计划的学生因中考分数不够但仍希望到当地重点高中读书,就会选择支付高额学费就读国际班。然而由于国内高中教育与国际高中教育的课程设置、教学模式存在较大差异,一旦进入高中国际部学习,学生就不太可能通过国内高等教育选拔模式进入国内大学,最终只能被动选择出国,形成了境外高等教育的被动需求。访谈中了解到这部分学生所占比例并不算小。

> 我是中考没有考好,读不了很好的高中,将来就考不了很好的大学。国际部这边要求没有那么苛刻,所以就走国际高中这样出国会比较好。(XS 27)

> 我也是大概初二做的决定,但就还没有定,因为当时还是做两手准备。主要还是中考,如果中考没有考到好的成绩,没有到理想的学校的话就到这边(国际部)。所以我是在中考拿到成绩的时候决定的,这边(国际班)录取分数要低一些。(XS 38)

> 有部分学生其实本来也没有打算走出国的道路,但就想要到××中学来,因为国际班对中考要求还是低一些,这类人数量还不少。部分学生中考时本来就想考我们这里,但是分数不够,就来国际部了。国际部的要求是市重点线加20,比本部还是低不少。(ZR 06)

再次，高中国际部的成熟消除了部分在送子女出国留学问题上依旧犹豫不决家庭的心理障碍。一些父母考虑到留学潜在风险因素，纠结于是否让孩子出国读大学，担心子女出国无法适应国外学习和生活，导致无法完成学业；一些父母则由于对留学事务一无所知，不敢轻易决策。高中国际部的产生能够让学生在境内经历国际教育，有效消除上述阻碍因素，坚定家长的信心。受访家长纷纷表示相信高中三年国内的过渡期能帮助孩子适应西方教育模式，在语言能力、学习能力乃至独立生活能力方面做好准备，保障将来顺利完成大学学业，降低留学风险。

前期调查发现，高中学校牵头组织的各种教育国际化活动激发留学需求。数据分析结果显示"我在中国就读的学校国际交流活动多，鼓励学生出国留学""海外大学在我国开展的国际化活动吸引我出国留学""学校/机构提供的'一条龙'留学服务便利完善"等因素对高中生出国留学动机影响较大。不少访谈学生告诉研究者由于参加前往某国（某大学）的游学活动，决定了未来留学目的地。

> 我中学有一次去美国旅游，夏令营之类，不是学术类。去参观了一些大学，觉得那里的学校好漂亮，就想过去了。（XS 24）
> 我是初三的时候去美国参加夏令营活动，就想将来要去美国读书，我就是喜欢美国的教育。中学阶段去过两次美国，第一次是参加夏令营，第二次是参加一个辩论赛。我觉得在那边学到的东西在工作中更加实用……根据我的了解，美国大学学习的东西比较实用，学校和社会挂钩的，所学将来可以为我所用……我认为从大环境而言，美国的高校更能鞭策我吧。别的国家的教育资源不如美国，我觉得美国大学的挑战比较大，但我可以更加充实，得到锻炼。（XS 26）

此外，高中国际部的海外合作方对个体留学目的国的选择产生影响较大。我国在服务贸易协定框架下的承诺中对高中阶段教育市场开放相对程度较低，国际教育必须通过与国内教育机构合作的方式才可进入中国市场，与此同时，一些学校单凭自身办学力量无法发展国际教育，需要借助"外脑"与"外力"。这种相互需求促成了国内高中与境外教育机构的合作关系，两者通过课程或项目以及开办学校等方式进行合作，有些学校甚至与留学中介机构开办项目。每所学校由于合作方不同对学生留学国家与学校等的引导方向不同，潜在影响了学生的留学选择偏好。

从当前现状来看，境外高等教育需求是教育自然分流的结果。相关高等教育的分流在初中结束阶段已基本形成。中考之后，有出国读大学计划的学生通常选择国际部或者国际学校就读高中，没有出国计划的学生则留在普通高中部就读，也有少量学生选择两条腿走路，在就读国内高中课程的同时自行准备出国的相关考试。确定了选择境外高等教育的家庭中，一部分出于对国际教育的认可主动选择可通往海外留学的高中国际教育，表现出对境外高等教育的主动需求，另一部分家庭由于子女无法通过国内人才选拔获得优质的教育资源被动选择国际教育，表现出一种被动需求。由于家庭教育理念和经济状况所导致的教育自然分流在高中伊始初现端倪，境外高等教育成为教育自然分流的结果。

第二节　信息不对称现象对境外高等教育升学需求发挥重要影响

从消费行为理论来看，理性决策需要建立在个体对自身需求以及市场提供产品完全准确的理解之上，个体必须拥有掌握完全信息并且比较不同产品优劣的能力。然而实际上人们对需求的认知、处理和信息储存能量是有限的。研究者发现商家提供的产品和服务信息只是全部信息的一小部分,而消费者愿意主动利用的信息量少之又少[1]。据了解,就算是在购买贵重物品或社会风险性很高的物品时,消费者也没有很高的热情去了解相关信息[2]。因此个体决策最多只能表现出部分理性,个人在教育选择上也是如此。教育决策的收益体现于正确的教育选择,而正确的教育选择是以认知能力、收集和利用信息能力为决策成本的[3]。可见,由于信息不对称现象给个体境外高等教育需求带来的负面影响可能会导致盲目的留学决策。

一、高等教育选择的信息不对称现象

信息不对称理论由阿克洛夫提出,指市场的交易双方掌握的关于某一交易产品的信息有差异;通常卖方作为消费品的提供者占有更多更准确的产品信息,而买方则通常拥有不完全信息[4]。简单地说,就是交易双方对交易产品拥有的认知不对等。信息不完全是指经济主体在决策时面临的信息不充分性约束,具体表现为两方面。其一,由于行为人拥有有限的知识与能力,无法获取每处地点、每个时段、现在和未来的所有信息;其二,市场本身没有释放足够的信息并将其进行有效配置[5]。信息不对称是信息不完全的表现,信息不对称通常表现出5种基本形式:信息源占有不对称、信息时间不对

---

[1] Kardes F R, Wyer R S, Srull T K. Handbook of Social Cognition[M]. 2nd ed. Hillsdale: Lawrence Erlbaum Associates, 1994:399-466.

[2] Bloch P, Sherrel D, Ridgway N. Consumer search: an extended framework [J]. Journal of Consumer Research, 1986(13):119-126.

[3] Schneider M. Information and choice in education privatization[C]//Henry M Levin(ed.). Privatizing Education: Can the Marketplace Deliver Choice, Efficiency, Equity, and Social Cohesion? Oxford: Westview Press, 2001:79.

[4] 张娟.基于信息不对称理论的高等教育活动分析[J].黑龙江教育(高教研究与评估版),2008(1):12-14.

[5] 王国贞.微观经济学[M].北京:清华大学出版社,2014:281.

称、信息质量不对称、信息处理能力不对称、信息获取成本不对称。在高等教育市场,信息不对称现象同样存在,高等教育机构为教育服务的卖方,作为买方的受教育者(家庭)处于绝对信息劣势地位,买卖双方的信息不对称主要表现在个人的信息源占有、信息认知以及信息处理能力方面的不足①。

已有研究发现信息问题造成教育决策的盲目性与非理性。麦农(Menon)发现个体在选择大学过程中的信息搜索情况令人堪忧,远远低于传统经济学理论的前提假设,而信息搜索是理性选择的重要指标之一,由此可见,高等教育选择本身存在不理性的现象②。我国学者皮芳辉等指出我国家庭高等教育投资表面看似遵循市场规律,但背后隐藏着巨大的失灵风险,而信息不充分、信息获取渠道不通畅、能力不够是主要因素③。占盛丽等认为高等教育市场存在两方面的信息失灵,一是由于高等教育本身的不确定性特征所带来的不可避免的信息失灵,二是由于人为因素导致的信息失灵。前者表现在个体或家庭对教育带来预期收益的错误判断,后者是由于信息提供者与信息需求者的缘由造成。信息提供者如高校提供的信息不充分或不全面,信息需求方如个体没有搜索和正确利用信息。个体需要付出时间与金钱才有可能获得做出理性决策所需要的信息④。

境外高等教育选择是高等教育选择的一种类型,相对于国内高等教育的选择,由于受到地理距离、语言差异以及环境限制,个体和家庭在获取信息渠道、获得信息准确性等方面更加受限,更难获得充分且准确的信息。本研究发现我国高中生境外高等教育选择的信息

---

① 刘文晓.高等教育个人选择中的信息问题研究[D].上海:华东师范大学,2016.

② Menon M E. Information search as an indication of rationality in student choice of higher education[J]. Education Economics, 2004, 12(3):267-283.

③ 皮芳辉,梁红,张凡永.高等教育投资:家庭偏好形成的原因及影响[J].高等农业教育,2013(3):15-18.

④ 占盛丽,孔繁盛.中国高中生对留学海外高校质量信息的重视程度及其影响因素研究[J].复旦教育论坛,2010,18(5):45-51.

不对称现象主要表现在两大方面。其一,决策者在信息获取和利用方面表现出劣势;其二,决策者对境外高等教育的信息认知产生偏差。信息不对称现象严重影响我国高中生及家庭对境外高等教育的认知与判断,从而增加非理性的境外高等教育需求,导致盲目的留学决策与行为,增加了留学风险。

二、个体拥有的信息能力有限

如前文所述,多数高中生境外高等教育需求动机产生较早。中考将学生分流,有境外高等教育需求的进入高中国际部学习,一旦进入这条通道,只能选择境外高等教育。访谈发现相当多的学生与家长在确定留学时对境外高等教育一无所知,留学决策表现出一定的盲目性。为进一步了解决策主体的信息情况,本研究就学生在选择留学国家、学校和专业时表现出来的信息能力进行分析与讨论。

问卷参照前人做法将信息能力分解成为"信息需求""信息获取""信息利用"3个维度[1],设计了9个相关题项,具体见表6-1。

表6-1 个体信息能力量表

信息需求	我认为要做出理性的留学选择,必须积极主动搜集尽可能全面的信息
	决定是否留学之前,我通常会主动关注留学的相关信息
	决定是否留学之前,我会主动搜集有关留学的国家、学校和专业的信息
信息获取	申请学校时,我通常会主动搜集有关留学的国家、学校和专业的信息
	申请学校时,我很明确知道哪里可以获得有效信息
	申请学校时,我通常能方便及时地找到信息
信息利用	申请学校时,我通常都会充分利用获取的信息
	搜集信息时,我通常都会主动辨别信息的真假
	我所能搜集到的信息能够充分有效地帮助我做出留学选择

---

[1] 刘文晓.高等教育个人选择中的信息问题研究[D].上海:华东师范大学,2016.

数据显示,学生在确定留学方案的过程中信息需求较强,有较为主动的信息获取意识,有 78.4% 的学生认同信息对于理性留学选择的重要性,82.2% 的学生表示在决定是否留学之前,会主动搜集有关留学的国家、学校和专业的信息,79.4% 的学生表示在申请学校时会主动搜索留学国家、学校和专业的相关信息。然而被问到与信息获取与信息利用相关的题项时,表示赞同的比例明显下降,如"申请学校时,我很明确知道哪里可以获得有效信息""申请学校时,我通常能方便及时地找到信息",分别为 63.6% 和 61.7%。

表 6-2 个体信息能力

	非常不赞同(%)	比较不赞同(%)	一般(%)	比较赞成(%)	非常赞成(%)
我认为要做出理性的留学选择,必须积极主动搜集尽可能全面的信息	5	4.2	11.9	19.3	59.1
决定是否留学之前,我通常会主动关注留学的相关信息	6.3	4.9	12.7	23.9	52.2
决定是否留学之前,我会主动搜集有关留学的国家、学校和专业的信息	2.8	3.4	11.7	26.3	55.9
申请学校时,我通常会主动搜集留学的国家、学校和专业信息	4.6	5.2	10.9	23.8	55.6
申请学校时,我很明确知道哪里可以获得有效信息	5.8	7.6	23	27.8	35.8
申请学校时,我通常能方便及时地找到信息	6.0	8.4	24	27.9	33.8
申请学校时,我通常都会充分利用获取的信息	2.5	7.5	21.9	30	38.1
搜集信息时,我通常会主动辨别信息的真假	2.8	7.8	23.6	29.3	36.6
我所能搜集到的信息能够充分有效地帮助我做出留学选择	2.9	8.1	24.5	29.6	34.9

为进一步了解高中生获取境外高等教育信息的途径,研究者设计了相关题项。当被问到"你了解留学信息的最重要的途径"时,选择通过国外大学的网站获取留学信息的人数远远超过其他途径,占46.9%,另外有12.4%和8.7%的学生通过国内留学服务机构和国外大学在国内的各种宣讲活动。从亲人、老师、朋友处获取相关信息的比例较低。然而当被问到"你觉得最可靠的途径是什么",选择国外大学网站的学生比例下降至34.2%,而亲自前往了解和通过正在就读该校的学长或学姐介绍的比例分别上升至13.5%和10.4%,选择国内留学服务机构的人群比例降至8.8%。

由此可见,我国高中生的境外高等教育相关信息能力非常有限,学生在确定留学方案时有较强的信息意识与信息需求,但是获取信息的渠道不是十分通畅,信息利用能力亟待加强。

施耐德(Schneider)将家庭获得学校相关信息的信息来源渠道归为3类:个体社会关系信息网络(如亲戚、家人、朋友等)、学校和中学老师等中介信息网络、媒体和电脑网络等外部信息网络[1]。指出来自个体社会关系的信息质量高、成本低,最为可靠;来自中介信息网络的信息容易被夸大、失真;而来自外部信息网络的信息对个体的文化层次、信息处理能力要求较高。占盛丽在此基础上将中国大陆高三学生接受有关高等教育的信息来源渠道归纳为两个途径。第一个来源为个人信息网络,包括学生的家人及亲戚、朋友和同学、中学升学辅导活动及中学老师,其与学生都有直接的接触和交往。第二来源被称为制度化信息网络,包括传统社会媒体和现代新媒体,如广播、电视、报纸、电脑网络、大学招生活动、教育行政部门[2]。

---

[1] Schneider M. Information and choice in education privatization[C]//Henry M Levin (ed.). Privatizing Education: Can the Marketplace Deliver Choice, Efficiency, Equity, and Social Cohesion? Oxford: Westview Press, 2001:72-104.

[2] 占盛丽.高等教育私营化:中国大陆高中生对民办高等需求的研究[D].香港:香港中文大学,2004.

本研究发现我国高中生及家庭主要通过外部信息传递形式获取留学信息,更多依靠制度化信息网络。首先,其获取的多数信息来源于国外高校的自我宣传。个体在很大程度上只能在国外高校的网站、宣讲以及教育展等由海外大学直接提供的自我宣传资料中获取信息。这类信息的提供者可能出于自身利益考虑,加工甚至夸大信息诱导消费者。国际网络信息的筛选、甄别和处理对消费者的信息能力和外语语言能力都有较高要求,给境外高等教育决策主体的信息利用带来障碍与困难。通过访谈,研究者了解到许多家长和学生目前的外语水平根本无法读懂国外高校网站文字,部分学生依靠百度等中文网站获取信息,由于我国境内缺乏引导性的官方信息平台,家庭在做留学决策和选择时常无法甄别信息的正确性。

其次,不少学生和家庭依赖中介人如国内留学服务机构、就读高中的留学咨询顾问等获取二手信息,这些信息往往经过加工处理,可能会因夸大或者不全面而不太准确[①]。留学中介公司普遍存在和国外高校合作的现象,在对个体制订留学规划时会对某些合作高校进行特别推荐,留学中介机构也会不同程度地对申请的学生进行包装,甚至不惜弄虚作假,留学中介的问题在国内外媒体上都有所报道。对已经在国外大学就读的部分学生的访谈资料显示,正是由于国内中介提供的问题信息,导致其留学学习充满坎坷。

> 一般的工薪家庭寻找这些信息是不那么容易的,所以我认为中国现在出国留学还是存在一定的盲目性,不少被中介忽悠。毕竟信息渠道不充足,而且极少可以过去看的。(JZ 07)

> 很荒谬,学校和中介给我的信息都不是我想要的信息。我想知道的东西就是国外的关于这方面(专业、学校等)的信息。

---

① Schneider M. Information and choice in education privatization[C]//Henry M Levin (ed.). Privatizing Education: Can the Marketplace Deliver Choice, Efficiency, Equity, and Social Cohesion? Oxford: Westview Press, 2001:72-104.

但是他们(学校、中介)给我的信息就是这个学校在国外排名多少,地理位置环境的问题,那边生活会怎么样啊,中国的学生多不多呀。当然这也重要,但并不是最核心的问题,这些信息跟我想要的信息完全不相关。告诉我的就是大学,我问好在哪里,就说专业好。你又不确定这个专业一定是我想学的。(YLX 13)

再次,家长对于信息获取与信息利用的参与度不高,学生由于年龄阅历等原因对信息处理能力不够。调查结果显示,家长普遍缺乏海外高等教育经历,在有留学计划的样本中,父母亲有海外留学背景的仅占14%和11%。多数父母缺乏海外教育的亲身体验,学生无法从家长处获得境外高等教育直接认知。与此同时,许多家长一旦确定留学需求后便将信息获取与处理的相关事宜交给子女自行处理,参与度较低,他们认为让孩子自己与中介公司或者留学学校去联系就够了,殊不知其中问题多多。访谈中不少学生谈到信息来源时如下所述:

父母是不太懂的,他们的信息很多来源于他们周围的人群,另外我父母是一味相信排名的,这让我有点头疼。我们觉得国际部推荐的学校肯定是不错的学校,毕竟老师比较有经验,而且国际部也有十几年了,比较可靠吧。(XS 23)

我父母的信息算不灵通的,他们的信息主要通过和其他人各种聊天,加各种留学家长群。我自己的信息来源更杂,有网络的,有学姐学长的。中介刚刚开始接触,也没有时间……中介也有很大差距,机构能力不同,包装不同。像我同学找的那种20多万的中介,就可以帮他找到奥迪的兼职,放在个人陈述里面,会比较亮眼。(XS 06)

在学生的信息需求中,他们认为最可靠的了解高校信息的渠道是前往学校亲自了解情况，有50%的人认为在确定就读学校之前，有必要亲自参观考察留学目的国或目的学校。通常国外大学在当地招生时会组织高中生参加一些校园开放日等活动帮助学生与家长亲身感受校园生活，这种活动也逐渐在国内不少高校展开。然而由于成本与距离等客观因素，仅有少数家庭可以让孩子以游学等形式前往预备申请的高校，或由家长亲自去校园考察。但是家长往往也仅能从校园环境等获取直观的信息。可见，个体的预期信息渠道与现实中的信息获取渠道存在较大差异，个体占用信息源明显不足，获取准确有效信息的途径不通畅。已经在海外大学就读的学生认为：

我觉得除非是自己出国读书后，对国外有一定了解或者对国外这个教育产业有一定了解，在国内真的就很难有其他途径可以了解到国外的信息。一个原因是许多信息不公开。还有就是部分父母就是出钱，然后子女自己去了解。他们认为未来是你自己的，你必须要自己去负责。(YLX 13)

负责升学指导的外籍专家在访谈中指出许多家庭在决定留学和申请国外大学的过程中表现出很大的盲目性，拥有的有效信息非常有限。

我惊讶地发现中国学生在申请学校的过程中对国外高校的了解少之又少，我记得刚开始上这门升学指导课的时候，让学生写出自己想申请的6所学校，惊讶地发现，他们就知道几所常青藤的学校，所以大多数人填写的就是那几所，如普林斯顿、哈佛、耶鲁等超级有名的学校。在选择学校的时候，学生刚开始是什么都不知道的，他们用中文网页上的信息，对于学校也不够了解，所知道的也就是综合排名前100的学校。当然在国际部就读的过程中，他们学到了不少。家长们不太清楚美国的大学升学系统，也不完全清楚美国大学开设的专业，家长就喜欢商科、计算机、文学。对于 college(学院)，他们完全不能接受，他们根本不了解文理学院是什么。(LS 18)

综上所述，我国高中生家庭境外高等教育决策过程中存在信息源占用不充分、信息利用能力不强等问题，容易导致非理性留学行为。决策主体信息渠道不畅通，国外政府与高校为了占有我国留学市场，采用多种市场营销手段宣传展示国外高等教育，往往夸大留学效用。学生及家庭信息处理能力不足，容易被不准确信息诱导产生留学动机以及错误的留学选择。

三、家长对子女的能力与心理特征所掌握的信息不充分

高等教育投资者与消费者分离是家庭境外高等教育投资的一大特点，对我国家庭而言，通常子女的高等教育费用都由家长支付。境外高等教育费用高，不确定因素多，投资情况更为复杂，因此不论家庭对子女的养育理念如何，家长仍旧是主要的留学决策者，子女则在信息搜索、留学目的地选择阶段的参与度较高。然而本研究发现家长在获取子女的能力、心理特征等信息过程中也存在信息质量不对称的现象，决策主体并不完全了解受教育者的接受能力、理解应用能力，更不会考虑受教育者的性格爱好等，仅仅将国际教育当成境内优质教育资源的一种有效的替代品，忽略了留学行为主体的能力与特征与境外高等教育之间的匹配。学生本人也往往缺乏对自己的兴趣、能力的了解，可能错误选择留学国家、学习和专业。

一部分家庭为逃避国内人才选拔考试的压力选择境外教育。我国现有的大学人才选拔制度以考试形式为主，现阶段的高中教育在高考指挥棒的影响下应试氛围较浓，高考升学率依旧是评判中学教育质量好坏的标准，优质教育资源配置不均衡，容易向社会认可度高的好学校(重点中学)倾斜，重点高中往往是通往名牌大学的主要通

道,因此备受社会青睐,这也导致中考选拔制度的残酷。饱受中考应试折磨的家长和学生另辟蹊径,将境外高等教育视为能用高价获得的一种国内优质高等教育资源的替代品。在支付能力允许的情况下,家长认为国际高等教育是解救子女于水深火热中,逃避国内大学选拔考试制度的有效途径,期望花钱缓解学业压力对子女成长所带来的不利影响。访谈发现,父母与子女一起经历了国内的初中教育后对国内后续教育产生担忧和恐惧,担心继续这条道路在国内考大学可能会对子女的身心造成伤害,不利于子女发展,于是在初中毕业便确定出国读大学的目标,逃避国内高考。

说实话,我儿子在初中的四年并不开心。小学很开心,他每天放学能玩,到了初中,可能因为学校比较好,学校抓得紧,回家除了做作业基本没有时间做其他事情。没有什么课外活动。我们在初中毕业那年就决定要出国了。当时孩子也受了点挫折,学校选实验班的学生,他落选了。当时如果上了实验班,将来就可以上交大、复旦等名校,但是因为没有考上,所以他就觉得不如走另外一条路。他自己觉得压力太大。当时学校是这么说的,实验班是末位淘汰制,也就是说排在后面十位的同学就会被淘汰到平行班,平行班优秀的学生会替补上。这样一来,我们都不是很认可这种竞争,对孩子的打击太大,所以我们也就开始寻找另外一条道路。孩子属于偷懒的孩子,不愿意去面对这种竞争。我们家长认为这种方式也不是教育的本质,孩子在这种环境中是相当不开心的。(JZ 16)

送女儿出国读大学的想法应该是初中升高中的时候产生的。当时很多身边的朋友包括国内国外的都有一个共识,就是中国的基础教育会好于国外。基础教育比较完整的是从小学念到高中,所以刚开始并没有想让孩子出国,而是让她参加了中考打算读国内公办高中。但那时那段(备考)时间很紧张,弄得好

像面临大敌一样，后面再也不想让她再经历了，所以进入高中后就决定不要让她参加高考，开始着手准备留学的事情。(JZ 14)

另一部分家庭预测到子女的学业状况无法在国内获得理想的高等教育资源而中途转向国际教育，期望直接通过高价购买到优质高等教育资源。

河南高考压力太大，只有郑州大学一所211，而且那里文科不好，我父母也觉得我不适合国内的教育方式，比如我喜欢参加各种社会活动，我父母认为我在国内无法发挥潜力，我也觉得这样。其实我从小都想考北大历史系，但是到了初中发现成绩不行，考北大并不是那么容易。(XS 25)

在国内读大学也可以，但是他的成绩不是那么拔尖，孩子属于中等而且偏科厉害，在国内可能考不上很好的学校。如果孩子能在国内有比较好的大学读，那么我们不会让他出国的。(JZ 01)

本来我的打算是孩子通过正常高考之后在国内上大学之后出国读研究生。但孩子高中成绩不是很理想，一模考结束后发现在国内上本科还有点距离，所以只能提早做打算了。(JZ 03)

从访谈不难看出家庭普遍缺乏对高等教育需求层次的正确定位，而仅仅期望能够在留学的供需市场中跨层获取优质资源，这属于信息质量不对称现象的一种典型表现。高等教育供给与需求的匹配通常按照不同类别与层次的规则进行。高等教育供给方的类型分布为金字塔状，处于顶层的是世界精英大学，如英美等研究型大学，这些机构严格控制招生规模，保持精英大学的传统，重视学术地位，其主要任务是培养精英人才。处于金字塔中间的教学科研型以及教学型机构以及底部的社区学院、职业技术学院、成人学院等主要承担大众化教育的任务。需求方同样也被划分为精英与大众等不同的层次与类型,不同层次与类型的供给与需求方互相区隔,按照同层次相互对应的原则配置。也就是说,智商最高、学业最优秀的学生往往进入精英大学学习,而普通学生往往进入大众化高等教育机构[①]。

从本次调研结果来看,大多数家庭对高等教育需求层次缺乏理性思考,在留学决策中对子女的智力状况、付出努力程度、海外生活的适应能力缺乏全面了解,并不十分清楚子女适合做什么,对子女是否具备完成学业的能力欠缺客观的正确判断,而仅仅认为既然国内教育不适合,就走国际道路;国内无法获得优质资源,就走国际教育途径。这是一种典型的非理性表现。威斯顿曾指出,"人们投资于高等教育,但并不知道他们购买了什么,他们不知道也不可能知道。等他们知道他们购买了什么时已经太晚,已经不能再做任何选择和改变。即便是他们想改变也太晚了"[②]。教育是典型的一次性投资或一次性购买,境外高等教育也是如此,由于留学成本较高,非理性境外高等教育需求暗藏巨大风险。

四、掌握的教育质量信息不完全、不准确

以往不少文献提到国外高质量的教育是学生出国留学最主要的拉动因素[③][④][⑤]。学者陆根书等人的研究发现对国内研究生教育的不满是导致大学生出国留学的主要原因。其中,国内优质研究生教育机会不足、研究生教育创新性的欠缺是导致不满的重要因素,研究

[①] 李梅.高等教育国际市场——中国学生的全球流动[M].上海:上海教育出版社,2008:58.

[②] Gordon C W. Subsidies, Hierarchy and Peers: The Awkward Economics of Higher Education[J]. The Journal of Economic Perspectives, 1999(1):13.

[③] 周满生.教育国际化背景下我国低龄留学原因及利弊探析[J].比较教育研究,2013(10):13-16.

[④] 郑美勋,代蕊华.我国学生出国留学动机的调查报告[J].世界教育信息,2006(6):30-33.

[⑤] 韩晓蓉.中国学生留学意向环境因素影响上升[N].东方早报,2014-01-26(5).

者指出对国内研究生教育不满意程度越高的学生，出国的倾向性越强①。可见中外高等教育的差距激发了我国社会的境外高等教育需求。本研究同样发现，我国高中生家庭对境内高等教育的不满导致境外高等教育需求产生，但是其对中外教育模式的比较建立于不完全、不准确的教育质量信息之上，可能导致不理性的需求。

前期调查发现人们对于我国高等教育的人才选拔方式、人才培养模式、专业与课程设置、教师的教学能力等都表现出不同程度的不满意，受调查者认为国外高等教育质量远远超过国内高等教育，调查问卷中64.4%的学生认为国内高等教育方式过于单一，73.7%认为国外能够接受更好的高等教育，75.6%认为国外大学的人才培养方式更灵活多样，66.9%认为国外大学的课程比国内的课程设计更合理，65.7%认为国外大学的选拔方式更为合理，68.8%认为国外高等教育更容易实现自我价值。

各方面的访谈信息反映出人们对我国高等教育质量的担忧和对西方教育模式的肯定。在受访者心目中我国大学教育的形象是较为负面的，认为国内高中教育与大学教育缺乏合理衔接，两极分化趋势严重，许多学生在中学阶段学习过于忙碌，经历过紧张的高考备考，进入大学后对学习产生倦怠。中国大学"严进宽出"的现状下，混及格、混毕业形成不良的校园风气，在一些教育质量较差的高校，甚至成为一种主流氛围。当下我国高等教育的社会形象不容乐观，许多人认为国内除了北京大学、清华大学等顶尖级大学，其他大学的学术氛围都不好，教育质量令人堪忧，混出的文凭得不到雇主认可，与其在这些地方混时间，不如出国留学。

国内大学除了特别好的，其他大学就崇尚60分万岁吧，很

---

① 陆根书，田美，黎万红.大学生出国留学意愿的影响因素分析[J].复旦教育论坛，2014(5):36-44.

多人都在混毕业,觉得这样浪费4年很没有意思,高中那么辛苦,然后到大学混也没有什么意思。(XS 01)

其实中考考得挺好,可以进一个很不错的高中,然后当时还想先在国内读一段再转,但是身边有一个例子,有一个哥哥是上中理科实验班,保送到清华,然后他是觉得清华不行,一年后就转到哥伦比亚大学去了。我妈妈就觉得国内大学还是不行,连清华都不行,那其他学校就更糟糕,所以我也就不纠结了。实际上我那个哥哥由于想转学,那一年基本也浪费了,所以还是出国好。(XS 02)

举个例子,我问过一些建筑行业的人,他们其实毕业于国内这个专业非常强的学校,但他们就说在国内大学所学的知识和工作中需要的东西是脱节的。出来后要从头学起,觉得之前在学校浪费时间……但据我了解,美国的大学学习的东西比较实用,学校和社会挂钩的,所学将来可以为我所用。另外,国内的大学好像是休息的,学生高中累了去大学就不学了,而美国不是这样,学业压力很大。我觉得大学4年是黄金时期,就是应该积累学识和经验,我不想在国内白白浪费……(XS 26)

有些家长在招聘过程中发现国内大学毕业生的能力不够,尽管部分大学生毕业于名校,但是工作中或者求职过程中表现出来的能力有限,达不到要求。可能是由于国内的教育模式仅仅重视读书的能力,把这些学生打造成了只会读书的人。他们觉得是有问题,希望自己的孩子不论成绩如何,要有足够的能力,同时具备健全的人格,但是国内的中考和高考的压力实在太大,所以就选择了国际教育。(LS 02)

从以上不难看出人们对于我国高等教育与国外高等教育差距的认知导致了留学行为。然而本研究发现我国高中生家庭对于中外两种教育质量差距的认知并非建立于对两种不同教育体制充分了解和客观比较的基础上,是一种带有推测性质的认知,其接收的不完全、不准确的教育质量信息可能造成认知偏差,最终导致决策偏差。

首先,留学需求主体在确定留学之前普遍缺乏主动获取并利用我国高等教育相关信息的意识,没有形成对境内高等教育的正确认知。当被问到"你认为你对中国高校了解吗"时,仅有10%左右的人选择非常了解,29%的人选择比较了解,选择不太了解和非常不了解的人分别占到15.9%和5.3%。在被问到"你对国内高校的认知最重要的信息来源是什么"时,有13.5%的人表示没有了解过,21.5%和10.1%的人表示通过传统媒体和网络新媒体了解信息,16.9%的人通过父母或亲戚获得信息,仅仅有1.7%表示去过高校体验,4%通过大学生了解情况。由上述数据可知,高中生对我国高等教育的信息需求与信息意识不强,了解途径非常有限,获取的有效信息不充分。访谈发现,学生对国内高校的了解之少超出预期,有些人表示根本不知道中国的大学是怎样的,在决定留学之前根本没有打算去了解,有部分学生获得的少量信息来源于家长、学校老师或者新闻等社会媒体相关的报道,很多老师和家长对高校的印象还停留在很多年前读大学时的经历,对高校的发展和变化缺乏意识,社会媒体对我国高校的负面报道更丑化了大学形象。

> 印象中的中国大学啊,就是从我父母的口中,我觉得有点儿不务正业,然后从我表哥那里打听来的说学生容易受大环境的影响而浪费时间,浪费精力。我那个哥哥在电子科技大学最好的专业,他成绩很好,但是这么一个学校还是有很多混的。他们班上就有同学沉迷玩电脑,然后期末挂了4科,但是补考之前翻翻书就过去了,说明大学还是好混的。(XS 29)
>
> 我妈妈也就是说国内大学不好,为啥不好,她也说不上来,而且按照她当年考大学的情况,她认为那样太辛苦了。(XS 22)
>
> 我们就没打算让孩子在国内读大学,国内大学除了北大清

华那几所学校还可以,其他学校都很不好,特别是二本的学校……大家都这么说。(JZ 10)

人们在否定国内高等教育的同时对国外高校的教育模式的了解并不充分。如前文所述,家庭在境外高等教育市场上处于信息劣势,信息渠道不通畅。就算是高中国际部就读的学生也仅仅在境内体验过外国高中的教学模式,但是对国外大学的了解不够深入,不少家庭在选择高校之前通过旅游或者游学的方式前往校园,但可能只停留在对校园环境等硬件的印象。访谈发现有些家长在做决策时根本不了解国外大学,仅仅就因为觉得中国大学不好。

我妈说让我出国之前她其实对国外大学是完全不了解的,她可能是和我爸爸的朋友聊完天之后觉得我应该比较合适国外大学,然后也问了身边许多家长,查阅网站,我这边获得的信息也是告诉她的,她现在比较了解。(XS 22)

人们对理想的好学校的评价往往是"含糊地认为有名气、理想化,受限于对校园硬件的印象"[1],对教育质量"好"与"坏"的评判标准比较模糊,容易导致决策偏差。由于缺乏基本的高等教育知识,多数家庭对教育质量的内涵并不清楚,缺乏正确的教育质量观,也不知道如何判断教育质量的高低。既没有兴趣理性分析教育质量的评判标准,又缺乏信息的判断能力,只有人云亦云或是以偏概全。澳大利亚学者发现当地高中毕业生在申请大学时对学校的特征、提供的课程等了解程度较低,但是却自认为非常清楚这些特性,并在此基础上进行择校决策,由此可能导致决策偏差[2]。与此类似,人们往往容易

---

[1][2] Menon M E. Information search as an indication of rationality in student choice of higher education[J]. Education Economics, 2004, 12(3):267-283.

将不同类型和不同层次的中外高校混为一谈,仅仅看到国外精英大学的优势而忽视了每个国家中都有各种层次与类型的大学发挥不同功能。不可否认,我国高校同质化比较严重,缺乏特色,国外高等教育办学更具多元性与灵活性,但是国外大学也并非像人们所想的那样完美,不同类型学校的发展重点不同,精英型大学固然优质,但是普通研究型大学同样重科研轻教学,教学科研型或者教学型等大众化学校中也存在纪律等各种问题。笔者曾经分别在加拿大两所研究型大学和一所澳大利亚应用型大学求学,发现国外高校教师的工作重点同样在学术研究,对本科阶段的教学并不用心,国外大学生也同样有缺勤等纪律问题,加之国外大学管理更为松散,需要学生有较强的自我约束能力,自控能力不强的学生在出国留学后反而出现各种心理和行为问题,造成境外高等教育投资风险。但是这些问题往往不被身处国内的人们所知。访谈中一位名校的国际部负责老师说:

> 我其实对国外的大学并不了解,道听途说,好像国内大学太注重知识的掌握,实践性不强,理论太强,毕业后就很难适应社会,但是国外偏重实践性。另外国内大学发展参差不齐,有些名校读书还是很累的,但是有些大学就是混混了。其实,国外也存在着不同层次的学校,但是总体而言,可能我们这里这种混的学校比例较大。另外,社会上对于我国高校的负面传闻太多,比如说老师对学生的评估什么要求不高,听说有些老师如果太严格,好像就很多学生不选这个课了,这也给家长造成认为国内大学不好的印象。(ZR 04)

综上所述,我国高中生家庭没有强烈的国内高校信息意识与信息需求,缺乏对国内外高校的充分了解和客观评价,不了解教育质量内涵,缺乏对教育质量正确的评价方式。上述因素都可能导致境外高等教育认知偏差,造成非理性的境外高等教育需求。

五、错误利用排行榜信息

各类大学排名信息成为指导我国高中生选择境外高等教育的风向标。问卷调查结果显示,51%的人认为国际上通用的大学综合排行榜是判断一所大学好坏的标准,42.4%的人认为专业排行榜是判断海外专业强弱的权威依据。访谈中来自家长、老师、学生、留学中介各方面的信息都表明国际大学排行榜是留学选择中最重要的参考因素。

卢泰宏指出中国人的信息行为中一大特点是崇尚权威,在信息认同中,权威机构或权威人士的权重显著[①]。大学排行榜通常由国际权威机构发布,常用的几种排行榜已经存在多年,社会早已认可其可靠性,人们往往依据排名来判断大学的社会声望,认为一所高校在排行榜位置的前后代表了教育质量的高低。由于我国高等教育发展历史较短,目前在世界各类大学排行榜上靠前的学校并不多,而美国、英国等发达国家的高校往往独占鳌头。因此,在花费同等或者更少精力与时间的情况下,倘若通过多花钱能够进入一所比国内排名更靠前的国外大学,家长们也认为是非常有价值的。持此种心态的家长和个体并非少数,如有人在访谈中表示:

> 在国内只有极少数精英学生才可以进去的清华大学、北京大学这种层次的学校在世界上排名也不过如此,更何况其他学校。与其浪费3年时间在国内拼高考,不如高中开始就准备出国,能申请到比国内高校排名更靠前的学校,比较合算。(XS 50)

显然,对大学排行榜信息的迷信和错误地利用的大学排行榜信息可能造成认知偏差,导致境外高等教育决策失误。排行榜将全球

---

① 卢泰宏,等.消费者行为学:中国消费者透视[M].北京:高等教育出版社,2005:89.

大学好坏按照高低排名,看起来是权威衡量大学办学质量的依据,其直观简洁、可比性强,便于家长和学生掌握使用。然而将大学排名情况与教育质量等同并不可取。

首先,教育的本质是对人的培养,而对人的培养质量是指对人的智力、品德和创造力的培养,而人的培养是无法用排行榜指标来体现的。从人力资本的角度,受教育者经过高等教育后,必然获得人力资本的增量,包括身体、思想、心理、智力、情商、意志等各个层面,想通过客观指标对这些核心教育产出加以反映是不现实的[①]。大学从象牙塔走向社会后拥有多个利益相关群体,而每个利益相关方都从自身需要出发对高等教育提出质量要求,由此高等教育质量的概念变得模糊,教育质量标准难以用指标设定。大学功能从古典大学的人才培养,到后来柏林大学赋予的研究功能,再发展到美国大学兴起的社会服务功能,现代大学的功能复杂交错,面对这种复杂性,有限指标难以衡量大学的综合质量,更不用说大学排名由非学术性的商业性机构运作和组织,其对学术机构质量评估和等级评定的合理合法性、客观性都广受质疑。

其次,大学的异质性与指标的统一性之间存在悖论。排行榜的本质是在一定价值取向指导下对排名对象的价值衡量[②]。价值衡量重要先决条件就是被衡量的对象应该具有同质性,因为同质对象具有同一性的根本价值,才能够用统一价值标准衡量,从而得出对其本质属性的评判。然而大学分为不同类型,如研究型大学、教学型大学、应用型大学等,如果用统一的价值标准去衡量这些不同类型的学校,实际就是将一部分高校的根本价值与另一部分高校的非根本价值相比较,这种比较对于那些没有反映出根本价值的对象来说,是歪曲的、不客观的。对于高等教育需求者而言,如果无法判断自己的需求,而盲目根据排行结果进行选择,决策必然出现偏差,增加了投资

[①②] 韩飞舟.摆脱大学排行榜的指标陷阱[J].中国高教研究,2016(3):66-72.

风险。

第三,高等院校与其利益相关者之间存在的信息严重不对称,为大学排行榜提供了发展空间和巨大市场。越来越多研究证实大学排名影响到新生入学人数、申请者质量以及学校声誉,由此,大学排行榜对一些国家高校的战略决策、招生手段以及内部运作产生了重要影响。排行榜成为海外大学宣传自我、吸引学生的营销手段之一。通常海外大学会引用某个有利自己的排名体系来证明自身的地位,进行宣传。从积极方面讲,大学排名有助于高校了解自己的优势与差距,激励大学的健康发展。但如果高校为了提高排名而一味地迎合大学排名榜所采用的指标体系和测量标准,就会对高等院校的行为产生误导,牺牲部分高等教育利益相关者尤其是高等教育消费者的切身利益。

从教育消费者的角度而言,各种大学排行榜的指标五花八门,给指标体系的解读造成困难。以往研究已经证实即使是信息获取能力很强的大学生个体在选择某个排名进行参考时,对排名目的、方法以及局限性等方面的了解也很有限[1]。在我国,排行榜已经成为高中生选择海外高校的重要参考指标,甚至发挥了指导性的作用,但是大部分人仅仅知道关注几个常用排行榜中大学的位置,并不了解也不愿去了解大学排名结果的产生方式,对排名的指标构成、权重分配、数据采集等细节并不关注也不知道。访谈的外籍专家、老师和中方国际部主任都谈到家庭对学校综合排名的痴迷:

> 家长选择学校也是看排名的……他们就是相信综合排名,但是他们其实并不明白排名指标是怎么回事,他们总认为排在前面总是有原因的,总是好的,才不管排名指标是怎么来的。(ZR 10)

---

[1] 李玉琼,程莹.学生使用大学排名进行择校的原因与行为研究——基于上海四所"985"高校毕业后出国留学的学生调查[J].清华大学教育研究,2015,36(1):88-95.

一位在中国工作了13年的外方学术校长告诉研究者,中国的家长太执着于相信大学的综合排名,以至于他们想要改变家长的想法非常困难。

> 学生选择学校主要看排名,但是排名有多种系统。其实如果学生不打算回国发展,那么综合排名一无是处,主要看的是专业排名,其实在英国,学生可以申请到最好的学校(综合排名),但是专业并不好,毕业后是没有什么用处的。比如,很多学生选择学习酒店管理旅游等,但是全球最好的学校在瑞士,这些学校根本就排不上名……我觉得国际部学生都来自富裕家庭,多数家长或是成功商业人士,或是政府官员,或是学校老师。这些家庭非富即贵,家长人脉广、有钱,但是对于国际教育了解甚少,这是一件让人头痛的事情。他们在学校和专业选择中经常会误导学生,我和同事要费很多口舌去说服家长,但是事实上他们很难接受,大多数家长都承认自己不懂国际教育,也不知道怎样去选择,但是我们给他们建议的时候他们通常不太容易接受。(ZR 06)

另外有专门负责留学咨询课程的外籍教师发现中国学生选择学校时不是依据专业排名也不是考虑他们将要学习什么,而是根据学校排名,也就是声誉和名气来决定,对于究竟要选择什么专业、什么学校一无所知,更不知道自己需要有未来职业规划。

> 有人看了顶尖级大学的入学要求后认为自己的分数完全可以达到要求就想申请……这些学生认为被哈佛这类学校录取后自己就成了英雄……在选择学校的时候,学生刚开始是什么都不知道的,他们用中文网页上的信息,对于学校也不够了解,所知道的也就是综合排名前100的学校……有一部分同学通过我们的课程明白了如何选择专业和学校,也有一部分学生依旧没

有什么想法,父母给他们压力帮他们选专业,但其实父母更不懂,就一味认定大学排行榜。(LS 18)

由此可见,学生和家长教育质量概念模糊,缺乏对自我高等教育需求的判断,混淆学校声誉与教育质量,错误地迷信各类院校与专业的排行榜,错误地利用排名信息。在此情况下,一部分人由于排行信息的误导产生了盲目性境外高等教育需求,大部分人在选择专业与高校时缺乏职业规划,过于依赖排行榜信息,缺乏对排行榜的解读能力,盲目进行境外高等教育选择,可能造成择校失误,导致投资风险。

第三节 感知消费性价值对境外高等教育升学需求的影响

教育之所以能够产生和发展,是因为其对人具有重要价值[①]。教育既是一种投资行为,也是一种消费行为,因此教育既可以给受教育者带来投资性收益价值,也可以带来消费性的收益价值或消费效用。由于教育的产出具有滞后性,所以人们对高等教育的投资或者消费产生的实际上是一种感知价值,也就是对高等教育未来可能带来收益的认知或者感觉。本研究发现人们对境外高等教育的感知消费性价值远大于投资性收益,越来越多家庭将境外高等教育当成一项家庭消费活动。

一、消费性收益驱动留学需求

投资与消费的重要区别在于投资是一种资金的运用过程,是事

---

① 张旸.教育需要论[M].北京:教育科学出版社,2011:11.

业的实现过程；消费则是资金的耗用过程，具有享受性①。投资的主要目的是为了实现预期效益或者收益，包括经济效益、社会效益、环境效益，但与此同时需要承担偏离或者无法达到预期效益的风险；消费的目的是从购买的物质或者服务中获得效用，不承担风险，效用是指消费者在消费商品时所能感受到的满足程度②。

从投资角度而言，人们接受高等教育后会获得人力资本增量，在未来生产活动中能够通过再生产等活动获得进一步发展。理论表明个体通过教育投资获得知识、理解力、才能、技能等生产性能力，然后去交换收入、权力、职业地位的增量，因此，个体在进行教育投资时通常会对成本与收益进行权衡。人们投资境外高等教育是因为留学带来的收益。

从消费角度而言，人们的消费动机可以被划分为三大类：满足自身生存的需要、满足自身发展的需要、满足自身享受的需要。高等教育消费既是享受型消费，也是发展型消费，高等教育消费既可能是为当下的文化享受，也可能是为未来的发展。但这种消费具有较强的选择性与竞争性，要求消费者必须具有一定能力获得高等教育消费机会③。

从本次调查结果来看，尽管家庭对于境外高等教育带来投资性收益与消费性价值都有预期，但是对消费性收益更为重视，也就是说，人们所感知的消费性收益价值驱动了境外高等教育动机。

调查发现，家庭中的子女对境外高等教育的投资性收益预期明显高于家长。家长对投资性预期较为理性。多数家长在访谈中明确表示相对于巨大的投入，在经济方面不可能收回成本，但是他们对留学经历对子女未来职业的发展抱有较高期望。学生的态度则形成鲜明对比。对学生的调查问卷结果显示 44.1% 的被调查者认为留学作为家庭投资，将来能有较好的经济回报；38% 的人认为自己在国外读

---

①③ 陶美重.高等教育消费研究[D].武汉：华中师范大学，2007.
② 陶美重,强侠.个人高等教育消费的经济学分析[J].湖北社会科学,2006(5):156-160.

书花费的钱一定都能赚回来;46%的人认为国外大学毕业后回国比国内毕业生在职场更有竞争力,表示不赞成的仅有不到20%;40.2%的人认为国外大学毕业后容易在当地找到专业性的工作。访谈中,研究者发现学生虽然明知当下社会对于"小海归"(相对于拥有高等学历层次、拥有先进技术和国际经验的归国精英人士)的认可度未必超过国内大学毕业生,但他们对自己未来发展充满期盼和信心,认为只要去了海外大学,将来必定属于成功的那一小部分人,这种观点在有计划去美国读大学的群体中更普遍。大多数受访者希望毕业后能留在当地工作一段之后再回国,这样能够提升就业竞争力。

  出国留学的费用近100万吧,我觉得将来能赚回来,将来毕业后能找个好工作。(XS 06)
  费用是父母出,一年要几十万吧,4年要200万,目前我家已经给我准备了这笔费用。是否能赚回来,也得看,我想如果上了好学校、好专业将来是有机会赚回来,其实我觉得能否赚回来是取决于现在的努力程度,都有机会。(XS 08)

  我国当下社会中存在这样一种现象:就业机会、就业岗位和薪酬往往与学历层次、毕业学校、是否拥有海外学习背景相关。总体而言,学历越高,就业越好、收入越高的可能性较大;海外名牌大学毕业生获得高收入、好工作的可能性越大;热门专业获得高收入、好工作的可能性较大。曾经有研究者指出,拥有西方知识与技术的个体明显在中国的职场更有上升空间,西方国家的文凭(尤其是美国)带有光环,远比国内同等文凭含金量高,因此要在国内获得更好的职业发展,必须要有海外经历[1]。在中国,当前贫富差距不断增大,大学生

---

[1] Yan K, Berliner C D. Chinese International Students in the United States: Demographic Trends, Motivations, Acculturation Features and Adjustment Challenges[J]. Asia Pacific Education Review, 2011(12):173-184.

就业率的不断降低导致家长和学生个体更加期望接受高等教育获得赚钱的能力，在院校和专业的选择方面更加注重毕业后的就业能力。因此，投资海外高等教育成为家长们认为的有效途径。

相反，家庭对境外高等教育的消费性收益（或非经济收益）预期非常高。根据对学生问卷调查留学原因的因子分析结果，公因子2包括6个与自我提升能力相关的因素，其对总方差解释率的贡献达到15.33%，仅仅比排第一的公因子1差1.5%，表现出对留学动机非常显著的影响。被调查者中，85.7%表示非常赞成"留学提升综合素质与综合能力"，84%的人表示"想出国多见见世面"，82.2%的人表示"出国体验异国文化，感受不同的生活方式"，77.5%的人表示"出国提升外语交流能力"。不难看出，学生对境外高等教育消费满足自我发展的效用充满期待，同时也表现出体验不同文化等享受型消费动机。

同样，家长们也认为海外学习过程对子女能力的提升作用是使其受益终身的。几乎所有接受访谈的家长都认为子女的教育不能用投资的理念，无法用经济收益来衡量留学的价值，他们更加看重的是海外学习和生活经历对孩子的历练与眼界的开阔。家长们对"洋插队"赋予子女成长的积极作用充满期待。他们认为国内生活环境对孩子太优越，加之国内的考核体制更多关注的是智力成长，不利于子女的全面发展，而送出国留学不仅可以获得文凭，独自在海外学习生活的经历对个体的自立和综合能力提升有重要帮助。由于教育的产出具有较强的不确定性和滞后性，在家庭支付能力允许的情况下，父母愿为此一搏，甚至倾其所有，他们更看重的是境外高等教育消费带给子女自我发展的效用，认为在孩子身上投资境外高等教育从长期角度而言有价值，一定能够有所回报。

> 我不指望孩子的学历和经历被社会认可，而只是希望送孩子出国见识一下，磨炼一下，提升一下能力，将来能接班。（JZ 10）

> 我给孩子投资也不少,300万吧,我觉得合算……我认为这类似风投,因为我孩子认定的事情他就能成功……反正本来也是自己的孩子,要培养的,更重要的是我觉得他将来能成事。(JZ 7)

国际部任教的老师与管理者从较为客观的角度评价了家庭境外高等教育需求的心理:

> 其实很多家庭都没有考虑过留学的成本什么的,家长更看重的是这些孩子能出国见识世面,培养国际视野,回国后很多孩子是要接家族企业的班,需要这样的视野。很少有家庭就期望他们回国能找份体面工作什么的,毕竟本科毕业也是没有什么太多竞争力的。(LS 12)

> 相对于几百万的投资,大多数孩子毕业后几年是不太可能收回成本的。其实不管国内还是国外读大学,没有一条路能够确保将来一定能有拿到多少薪水的工作、赚多少钱。我觉得将来的发展与在大学如何学、学到了什么是正相关。家长对教育的投资是一个长期的过程,父母认为国外教育对孩子的国际视野、对将来能有一份体面的工作有利,特别是女孩子的家长希望孩子将来能过优雅的生活。这些都是更加重要的。(ZR 08)

> 我认为出国后有些价值是无法用经济衡量的,比如孩子懂得感恩了,知道嘘寒问暖,体贴父母了,我觉得这是我在这个行业中观察到的,我认为是最大的收获。另外,他们考虑问题的方式发生了变化。(ZR 10)

二、感知收益价值偏差导致盲目性需求

经过近20年的发展,我国的留学事业从精英教育向大众化教育转变,社会对海外大学本科毕业生的认可度发生了较大转变。留学

大众化的发展在提升我国人才国际化水平的同时也在一定程度上导致留学生整体质量下降。海外文凭的稀缺性降低,境外高等教育的位置商品价值随之降低,"海归"就业进入"青铜时代"①。从现状来看不论是从投资性收益还是消费性收益的角度,与动辄几百万的投入相比,家庭的境外高等教育投资收益都不尽如人意,人们对于留学收益的错误感知导致了盲目性的境外高等教育需求。

家长对于留学的感知收益往往来源于他人的经验,这种渠道获取的信息往往具有一定欺骗性质,容易导致盲目性境外高等教育需求。教育投资不同于其他一般性投资,周期长、收益滞后,本身具有较强的不确定性。留学作为一种新鲜事物在近十余年才逐渐普及,多数高中生家长本身没有经历过海外教育,甚至缺乏一定认知,因此更容易根据前人经验以及案例来判断留学的价值。从心理学角度来看,首因效应、近因效应以及晕轮效应都容易导致人们的认知偏差。早些年"海归"人士的成功经历频繁出现在社会媒体的报道中,在社会上建立了一种刻板形象,人们对海外教育的第一印象是非常美好的,容易形成首因效应,而周围人群的留学经历产生了近因效应。海外学历稀缺的时代,周围群体中具有留学背景的人更容易在职场获得成就,学成归国人员的光环造成的晕轮效应影响了整个社会的留学认知,信息能力不足的人们认为接受境外高等教育后能够成为社会成功人士,因此对境外高等教育收益抱有较高期望,不惜重金支持子女出国留学。

然而从当下的发展趋势来看,境外高等教育的家庭投资收益与家庭感知收益相差甚远。中国与全球化智库等机构发布的《2017中国海归就业创业调查报告》显示,44.8%的"海归"税后月收入在6 000元以下。近70%海归认为实际工作收入远低于个人期望工资。

---

① 王辉耀,苗绿.中国留学发展报告 NO.6[M].北京:社会科学文献出版社,2017:135.

不少人薪酬收入低于预期①。这与劳动力市场需求的动态变化直接相关。劳动力划分理论将劳动力市场划分为主要和次要市场,不同背景的人进入不同市场,享受不同待遇,也就是说劳动者的背景素质决定就业的地位与薪酬。当下我国社会中大学毕业生数量逐年增长,市场对劳动者的技能与资历的重视程度高于文凭,针对学成归国人员,经验与能力成为评判的重要标准,不再是唯洋文凭是从②。现实状况是,我国的用人单位更青睐高级"海归"人员,对缺乏工作经验的"小海归"并没有特别的优待,海归之间的薪酬分化严重,是否掌握独特技术或技能逐渐成为不少企业对"海归"群体的划分标准。通常而言,熟练掌握先进技术或成熟技能,一般需要获得博士学位,或者有多年海外工作历练的经验。那些身处人才金字塔尖的"大海归"由于真正拥有过硬的本领往往在国内职场发展如鱼得水,获得高薪高职。但是对于普通的海外高校毕业生而言,回国发展的优势并不明显。相反,由于缺乏对国内就业形势和企业需求的了解,也不能享受国内高校组织的就业服务,反而在初次求职过程中处于劣势,甚至一些留学后归国人员由于脱离国内的大环境几年后产生了反向的文化不适应反应,一旦心理调整能力不强,容易出现心理问题,反而对职业发展产生负面影响。

一位长期从事人力资源行业的家长告诉研究者:

> 其实现在社会对"海归"是有些看法的,我们公司"海归"很多,其实招人的时候根本也不看你是不是,在提拔的时候更不会看你的背景而是根据你的能力。可能还是会有一些影响,就是觉得"海归"的思维方式比较独特,与环境有点格格不入……我

---

① 中国社会科学.2017年中国海归就业创业调查报告[EB/OL].(2017-07-08)[2018-4-13].http://ex.cssn.cn/zx/zx_gjzh/zhnew/201708/t20170813_3608502.shtml.

② 王辉耀,苗绿.中国留学发展报告 No.6[M].北京:社会科学文献出版社,2017:137.

的一个侄儿英国读完本科回国,一年中换了3个工作岗位可是都不适应,主要是在做事方式、文化上觉得无法适应……(JZ 9)

从消费性收益角度而言,家长往往希望子女在留学过程中能够学习知识,磨炼意志,培养独立生活能力,发展与完善自我,获得精神上的满足感。根据研究者从不同途径获取的信息,由于语言与文化差异,加之中国留学生数量多且专业较为集中,中国留学生容易形成小集团和小圈子,不容易主动参与当地的社交活动,也缺乏锻炼自我的能力。研究者访谈一位在英国学习了5年的男生,他这样描述每天的学习生活:

我高中在国内读一年就到了(国外),就读的高中和大学的国际学生都比较多,其实和当地人接触不多。我感觉英国的教育比国内学的东西要少,像 A-level 等课学的东西就比较窄,比较聚焦。我的学校中国学生多,所以基本也就是和中国人在一起的时间比较多。英语还是有点提高的,像有些英国本地人口音比较重,过去是听不懂的,但是现在可以了。至于独立能力呢,说不上多大提高,因为我一直住校,住在学校寝室,什么事情都有人帮你想到。无非就是平常洗衣服什么的,会用洗衣机就行。做饭我也不需要,我通常在外面吃饭。平常下课就在宿舍里打游戏,追中文电视,没有什么社交活动。(YLX 7)

一些学生并没有充分利用这段时间努力体验异国文化、学习语言、提升自我,或者如家长所期望的通过海外生活提高独立生活能力,不少中国留学生在学习上勉强应付差事,甚至投机取巧、弄虚作假,课后沉迷游戏等,这种现象具有一定的普遍性。

近些年全球经济发展放缓,留学产业成为很多国家重点发展的对象,一些教育质量不高的海外高校将招收中国留学生作为牟取利益的主要途径,某些国家放宽录取标准导致招收的中国国际学生水平参次不齐,无法完成学业,还有些学校甚至盲目招生,却没有足够的资源满足学生需求[①];一些学校为了保证招进来的达不到条件的学生毕业,往往降低学术标准,甚至出现一些名校中的某些专业也专门针对中国学生采用好入易出的招生政策,社会俗称的"名校最水专业",就指某些在世界著名学府里的弱势专业。这些都在一定程度上降低了留学人才培养质量,导致部分出国留学学生实际获得的能力与学历并不匹配,"毕业后失业""海归变海待"现象也就不难理解。上述问题显然在家庭做留学决策时缺乏考虑。

三、低估留学决策风险

家庭对留学风险的认知远远低于实际情况,这也导致留学决策的盲目性。教育决策风险包括收益获得风险和学业完成风险。对未来收益的不确定性即收益获得风险,而对学业完成情况的不确定性即学业完成风险。信息不对称的条件下,个体很可能错误预计境外高等教育投资的收益水平,造成实际收益与预期收益的差距,从而造成风险。从前文分析中可以看到,家长对境外高等教育投资经济收益的风险意识越来越理性,更多地将留学作为一种家庭消费行为,因此主要追求的是出国留学带来的自我发展、自我享受的效用。但是人们依旧低估了留学的潜在风险,尤其是学业完成的风险以及消费者体验失败的风险。

访谈中涉及留学风险的问题,人们大多关注表面的风险,近些年关于留学安全问题频频曝光,家长们非常担心孩子在国外学习阶段的人身安全问题。极少有人会担心孩子可能完不成学业,更无从关注子女出国后产生的各类适应性问题。访谈发现多数家长与学生虽然意识到出国读书的艰难,但是远远没有预计到现实中在国外学习

---

① 王辉耀,苗绿.中国留学发展报告 No.6[M].北京:社会科学文献出版社,2017:294.

和生活遇到困难的程度，总觉得国外大学与国内一样都能顺利毕业。然而现实呈现的却是每年由于学术表现不佳被退学的中国留学生数量并不少，如继美国爆出2014年8000多名中国留学生被开除后[①]，韩国在2015年就有2000多名中国学生被韩国高校退学[②]。美国厚仁教育在2016年公布《2016留美中国学生现状白皮书——劝退学生群体状况分析》，考察了被劝退学生的年龄、在美年数、学校所在州、就读学位和学校排名等方面的情况，该数据披露在美就读本科的中国留学生成为被劝退学生的高危人群，近80％竟出自美国排名前200的名校[③]。厚仁集团之后每年持续发布的数据表明该现象并未出现好转。

高中生在国外接受高等教育必然要经历跨文化适应过程，跨文化适应对留学行为是否成功起到关键性作用，良好的跨文化适应能力能降低留学风险。研究者们认为留学生在心理、社会文化和学术3个方面都会经历两种文化的转变带来的压力，需要重新适应。心理适应是指留学生在跨文化转变中在生活变化的压力源刺激下对旅居经历进行评价并使用策略缓解压力的过程。社会文化适应是指留学生学习与运用东道国社会文化知识和技能的过程，涵盖了言语要素（语言以及文化）和非言语要素（表达态度、感情和情感等）。学术适应则是留学生与留学国高校学术系统和社会系统进行整合的过程。学术系统整合是指学生的学业表现与智力发展，前者指学术系统对学生的评价，比如课堂表现、遵守规章制度情况、考试结果等，后者是个人对学术系统的评价，即学生智力是否因为学术系统发挥了应有的价值。社会系统整合则是指留学生与学校的其他人员交流与

[①] 姚卓文,韩文嘉.探因数千留学生何以被退学,出国留学不仅仅学好外语这么简单[N].中国特区报,2015-07-08(A09).
[②] 王辉耀,苗绿.中国留学发展报告No.6[M].北京：社会科学文献出版社,2017：294.
[③] 留学杂志.惊人：名校生更易被退学,本科生成高危人群[EB/OL].(2018-2-15)[2016-6-20].http://edu.sina.com.cn/zl/oversea/2016-06-02/10043679.shtml.

互动的情况,比如师生关系、生生关系、社团活动参与等①。

高中生开始在异国学习后既可能由于学术适应能力不够导致无法完成学业,也可能由于社会文化和心理适应问题导致诸如与人相处不愉快等消极体验,无法获得愉悦的消费效用。国外大多数大学采用宽进严出的招生政策,一些名校更是"严进严出"维护学术声誉,许多学校对本科教学质量控制非常严格,淘汰率较高,本科阶段的学习对当地学生而言都不太容易,对于留学生而言面临着语言和教育模式等更多困难,倘若留学前准备不充分,留学过程中状态调整不好,留学风险必然陡增。这种风险意识从已有留学体验的学生访谈中充分体现。

小F是研究者访谈的一位在西班牙留学的女生,毕业于湖南某著名高中,学业成绩在高中阶段属于中等,在接受访谈时她感慨过去一年的留学生活:

> 一开始还有语言障碍,要花别人两倍的功赶上课程,多花十倍的精力超过本地人。对自己要求高就辛苦了。也可以不辛苦,天天混日子在家打游戏啊,然后灰溜溜回国呀(像我一些同学一样)……最大的困难在语言吧,在国内学的课本上的西班牙语和本地人说的还是不一样,就跟语文书上的课文和口语一样,差别很大的,刚开始经常听不懂别人说什么,上课完全听不懂,说太快了,下课抄别人笔记然后回去再查字典,上课录音笔,录了回去对着笔记听,这些困难倒是在出国前也都想到了,但是却没想到这么难。(YLX 6)

一位在国内高考后作为优秀学生获得香港某大学全额奖学金的男生也有类似感觉:

---

① 朱国辉.高校来华留学生跨文化适应问题研究[D].上海:华东师范大学,2011.

> 在香港读本科的时候碰到的困难太多了,首先我不会广东话,我的英语在高中还不错,但是刚来时是有很重的口音的,别人会嘲笑我……一年级的时候学术上也有问题,在国内高中我们被灌输的理念就是高考完了就是玩,就结束了,并没有告诉我们在学术上要继续追求。当时我刚来觉得对自己很放松了,所以第一年成绩吃了亏,后面追上了,但是一年级的成绩是会影响我的学业的。(YLX 8)

还有一位成绩不是太好的学生后来甚至因为心理问题休学回国,修养了半年才重新回到美国学校。

> 出国前没怎么想象过,我是那种不怎么乱想的人,反正也知道肯定不一样,就懒得想了。实际上刚开始大学感觉蛮闲的,然后第一学期就成绩很差,因为课少,按照原来的理念,下课了就应该玩儿。突然一下有很多空闲时间,完全不知道怎么用,没人给自己规划时间,一下子比较迷茫,完全没有办法在美国待下去了,只好回国了,休养了半年,后来在国内独居了一个多月,学会怎么一个人过日子再重新回去继续读书……出国的时候年纪还是太小,虽然有人告诉我这些问题,但是自己没有体验是不知道的。我最大的痛苦是社交。因为我性子比较寡淡,但我学校又社交氛围很浓,就得强迫自己去交朋友,我不喜欢美国人的文化。我的语言能力(口语)还过得去,所以上课能听懂,平常交流也没有问题。(YLX 2)

可见,就算是在国内名校毕业的拥有较强学习能力的高中生,出国读书也感觉不易,如果是本身学业基础差、自律不强的学生,很可能出现无法完成学业的情况。然而家长们对这些严重的问题不太清楚。他们一方面缺乏必要的途径了解这些问题,如果子女不主动提出，他们几乎无法知晓，而许多在外留学的学生出于各种原因可能并不愿意提及。另一方面，家长普遍缺乏相关经历和知识，也无法理解这些问题或给子女有效的建议和适当的帮助，这也导致部分学生由于心理问题无法完成学业，甚至由于无法承受心理压力出现极端现象。

综上所述，家庭的留学决策高估了收益，低估了风险，尽管家庭有良好的意愿期望子女获得海外文凭后能够有较好的职业发展和个人提升，但实际上出国留学只是提供了一种子女获取能力的机会，而不是能力。学者戚业国指出教育投资只能产生教育成果，即培养训练熟练劳动力和复杂劳动力，不能直接为个人带来经济财富，只有个人携带获得的人力资本投入物质生产过程，与生产资料相结合时，才会获得劳动力价值酬偿，即工资收入①。很明显，家长与个体在做留学决策时，混淆了上述两种生产过程，认为海外学习经历必然会带来不同形式的投资收益。留学精英教育时代，拥有海外学历的中国学生凤毛麟角，文凭发挥重要的信号作用，在职场上成为能力的标志，随着归国人员人数不断增长，社会对"海归"的了解越来越深刻，文凭的稀缺性降低，个体能力逐渐成为人才筛选的重要标志，也就是说个体通过境外高等教育获得的人力资本越多，生产能力越强，投入生产时产生的价值才越高。大多数家长仅仅看到结果，却忽视获取能力的过程，对境外高等教育的预期收益抱有高期望，低估了留学风险，导致不理性的境外高等教育需求。

第四节 社会流动诉求促进境外高等教育升学需求

当下我国社会生产的知识化程度不断提高，高等教育在我国社

---

① 戚业国.民间高等教育投资的跨学科分析[M].上海：复旦大学出版社，2001：65-66.

会分层中发挥的作用也越来越大。布鲁贝克曾经指出当人们意识到高等教育在"分配职业阶梯上的等级和社会结构中位置的作用,他们越来越希望获得高等教育,以使自己的社会地位得以提高"[①]。我国家庭期望通过子女接受境外高等教育获取更多的社会资本从而提升社会地位,实现社会阶层向上流动。要分析社会流动诉求对家庭境外高等教育需求的影响,需要从社会分层、资本转换等方面进行解释。

一、社会阶层流动的诉求驱动家庭境外高等教育需求

德国社会学家韦伯首次提出社会分层的概念,他从一个人拥有的财富、声望与权力总量来划分社会层次。其中,财富是社会分层的经济标准;声望是指个体在由社会公认评价方式确定的高低有序的阶梯中所处的位置;权力是社会分层的政治标准,是根据人们是否拥有权力以及拥有权力的大小确定。社会分层是根据社会成员在社会生活中占有社会资源的多少、获得社会资源机会能力的大小划分成高低有序的等级与层次的过程与现象[②]。因此在任何社会中,人们总在追名逐利争权,马克思曾指出"人们奋斗所争取的一切都同他们的利益有关"[③]。

精英循环理论认为社会阶层不是静止的,而是可以流动的。社会再生产理论认为社会阶层是可以代际复制的。初始社会地位很低的人可以凭借努力与天赋晋升到社会上层;那些出身名门的人如果资质愚钝、生性懒惰也可能跌落至社会下层[④]。占有统治地位的社

---

① 参见约翰·布鲁贝克所著《高等教育哲学》,转引自戚业国所著《民间高等教育投资的跨学科研究》(上海:复旦大学出版社,2001:185)。
② 潘秀新.论社会分层与高等教育的相互关系[J].吉林省教育学院学报,2012(1):52-54.
③ 陈曙红.中国中间阶层教育与成就动机[M].北京:中国大百科全书出版社,2007:9.
④ 戚业国.民间高等教育投资的跨学科研究[M].上海:复旦大学出版社,2001:190.

会阶层会用制度化的方式将其自身资源优势传承下来①。在现代社会中,人们往往通过高等教育获取社会资源从而实现社会流动。社会下层阶级将高等教育视为向上层流动的渠道;社会上层家庭则期望通过资源优势获得更多高等教育机会,力求实现教育继承。这也就是为何教育资源尤其是优质教育资源的争夺和占有成为各阶层共同追求的主要目标之一。这种情况在我国社会中更为严重。

改革开放前,受到经济政治环境的限制,社会阶层差异并不大,然而随着经济体制改革进一步深入,经济结构和分配体制的多元化加剧社会阶层的差异,促进社会阶层的多元发展。新兴的社会阶层如自由职业者、私营企业主等逐步壮大,社会地位也逐步上升,当前我国社会已经由改革开放前的五大阶层类型发展为十大社会阶层和五大社会等级②。

自古以来,教育在我国社会分层中表现出非常重要的作用。封建时代,科举制度是社会阶层自下往上流动的主要通道,既衡定了教育阶梯中个体的等级地位,又将教育与权力以及财产的等级地位合而为一,共同构成当时社会阶层地位的划分标准。我国社会现代化转型之后,教育背景再次成为社会分层的重要维度。是否接受过高等教育,接受高等教育层次、类别、就读院校的名望等因素都成为影响个体社会地位的重要因素。相对于人类无限的需求,资源总是有限的,资源的稀缺性同样体现在教育资源或文化资本上,人们拥有稀缺资源越多,则越可能保留或进入社会上层。

在国内高等教育机会匮乏的年代,为了获取高等教育资源提升社会层次,产生了境外高等教育需求。高校扩招后,接受高等教育的机会增多,为促进社会流动创造条件,减少了非自获性条件对社会分

---

① 陈曙红.中国中间阶层教育与成就动机[M].北京:中国大百科全书出版社,2007:10,12.

② 李煜.制度变迁与教育不平等的产生机制——中国城市子女的教育获得(1966—2003)[J].中国社会科学,2006(4):97-109.

层的影响,但也稀释了其稀缺性,减少了同一层次高等教育对社会声望产生的影响力,降低高等教育的分层价值,于是人们不得不追求高一层次的高等教育或者在同一层次中选择声望质量更优的高校。从现状来看,能在我国获得优质高等教育的概率较低,对能力的选拔严格,如按照我国对高校排序的录取率来看,近些年能被第一批录取(通常该批次录取的是国内办学水平较高的重点院校)的比例在众多省份中最高不到30%,大多数省市的比例都在10%以下。与此相比,由于发达国家高等教育发展水平总体高于我国,海外的优质高等教育资源相对更加丰富。在这种情况下,人们便产生了境外高等教育需求。

二、资本转化机制激发境外高等教育需求

布迪厄认为经济资本、文化资本与社会资本的3种基本形态是可以相互转化的。经济资本是其他资本类型的根源,可以转换为金钱的形式,并且可以实现代际相传,同时经济资本也可以有效地转换为文化资本与社会资本;文化资本以作品、文凭和学历为符号,以学位作为制度化形式,文化资本在某些条件下是可以转换为经济资本与社会资本的。社会资本是以社会关系和社会网络组成的,通常是以某种高贵头衔形式被制度化的资本,在一定条件下社会资本可以转换成文化资本与经济资本[①]。我国社会中家庭对个人的影响非常深远,家庭的三大类资本能够为个体行为提供各种资源,对子女而言家庭资本是可以随时被调用,最终被引入职业相关活动中的资源。

我国社会民众深受儒家文化的影响,自古以来重视文化资本。传统社会中的上流人士通常包括官员和拥有较高社会声望的学者与文化贵族。"士农工商"的社会声望排名中代表文化人士的"士"排第

---

① 董泽芳,赵玉莲.从布尔迪厄文化再生产理论看社会分层与高等教育公平[J].现代大学教育,2015(6):1-6.

一,而代表拥有较多经济资本的"商"排在最后一位,说明拥有较多文化资本的人社会地位最高,而拥有经济资本的人社会地位较低。从"铜臭味"等贬义词可以看出一个人拥有经济资本未必能获得社会尊重。因此,人们需要通过将经济资本转化为文化资本,从而获取社会资本,达到提升社会地位的目的,如此一来又能创造出更多的经济资本。这种文化心理长久留存。随着我国社会转型深入,文化资本对于获取社会资本的作用越来越显著。

社会资本是一种象征性资本,有助于个人目标的达成,并像经济资本或人力资本一样能获得回报。社会资本是社会关系网络中的社会资源,必须通过制度化的关系网络占有和获取。这种制度化的关系网络在特定的群体关系、工作关系、组织关系中建立并通过某种制度性关系来加强,该关系网络与某团体的会员制相关联,只有获得会员身份才可能有权力调动和利用该社会资源[1]。由此可见,文化资本是获取社会资本的重要前提,主要表现为:(1)人们总喜欢与有相同文化背景的人交往,拥有较高文化资本表明对社会上层文化有较多认知和掌握,有助于与社会上层的人进行交往;(2)好的工作和教育机会往往掌握在上层阶级成员手中,他们更倾向于将机会给予同样拥有较高文化资本的同层次的人;(3)拥有较高文化资本的人被认为是有能力、受过良好教育、有教养的人,在地位竞争中处于有利地位[2]。基于资本转换的相关理论,可以从以下几个方面解释我国高中生出国留学现象背后的原因。

家庭通过家庭经济资本为子女获得境外高等教育机会,从而获取文化资本,最终实现子女在职场上获得优势。家庭资本既影响子女获得的高等教育数量,也影响获得高等教育的质量,从最大维持不平等相关理论和有效地维持不平等相关理论角度分析,在现实生活

---

[1] 宇红,王欢.解读布尔迪厄的社会资本理论[J].理论界,2004(3):97-98.
[2] 杨凤英,阎红叶.从社会分层透视高等教育的个人需求[J].内蒙古师范大学学报(教育科学版),2006,19(7):50-54.

中,高等教育机会获取的不公平总是持续的,当高等教育机会数量有限时,拥有资本优势的社会阶层子女在高等教育数量获得方面占据优势;而随着高等教育的扩展,高等教育机会数量增加时,他们会得到更多优质的高等教育资源,在高等教育质量获得方面占据显著优势[1]。

家庭可以通过直接排斥和间接排斥的方式将家庭资本优势转化为教育机会优势,从而实现子女在高等教育获得上的优势。直接排斥主要包括经济排斥和特权排斥两种形式。间接排斥则是指通过家庭文化资本实现文化传递和文化再生产。经济排斥本质上就是通过经济资源换取入学机会。特权排斥指教育制度的设计中特定为某阶层(通常指权贵阶层)预留位置。[2]

出国留学是一种较为典型的经济排斥行为。我国高等教育人才选拔主要依据个人能力,而境外高等教育人才选拔,尤其是在本科阶段,由于各大海外高校招收本科生的主要目的是为弥补办学经费短缺、生源不足的问题,对本科阶段提供财政资助的比例非常少,就读国外大学的家庭需要支付高额费用。除此以外,在国内准备留学的各类相关费用对普通工薪家庭而言也并不容易,比如有些高中国际班每年费用高达8万—10万,甚至更高;国际化标准考试的费用动辄几千,SAT等考试还得去香港地区参加。这样一来,处于经济资本劣势家庭的子女根本无法参与竞争争取入学机会,家庭通过经济资本的转换为子女获取了文化资本的竞争优势。

由于教育是一种社会精英筛选机制,教育的不平等体现在让什么样的人被选择进入社会上层,也就是说,教育不平等的核心是精英选择策略上的倾向性[3]。当下我国社会中文化资本的竞争不仅体现

---

[1] 刘志民,高耀.家庭资本、社会分层与高等教育获得——基于江苏省的经验研究[J].高等教育研究,2011(12):18-27.

[2] 李煜.制度变迁与教育不平等的产生机制——中国城市子女的教育获得(1966—2003)[J].中国社会科学,2006(4):97-109.

[3] 刘精明.国家、社会阶层与教育[M].北京:中国人民大学出版社,2005:244-245.

在是否上过大学,而在于上过什么样的大学,是不是名校。如前面章节所述,社会对于名校的评判标准主要依赖于国际排名,存在一定偏差,从该角度来看,显然海外大学具有"名校优势"。如此一来,在职场的筛选中,这种文化资本优势就能转换为职业获得优势。

另一方面,家长期望通过子女出国留学建立社会关系网络,再通过运用这些资源达成个人目标,实现个体以及家庭社会地位的提升,这是一种文化资本转化为社会资本的过程。高等教育可以通过多种方式帮助受教育者积累社会资本,如能结识老师、同学等社会关系网络中的重要他人;能通过校友会等固有交往群体以及各种社会关系的扩散效应,获得更高层次的社会支持;能训练个体思维能力,培养个体交际能力、表达能力以及组织能力等有利于社会交往的能力。拥有高等教育经历的个体更容易获得参加各种社会组织活动的机会并为这些社会组织所接纳,并且通过社会活动形成与组织成员彼此之间密集的网络关系,从而产生共享价值,形成相互信任的观念,促成合作机会。

境外高等教育对接受者的社会阶层相对更严格,通常本科阶段留学的个体拥有的家庭资本较为丰富,家庭地位相对较高,在接受境外高等教育的过程中,子女能够与类似背景的群体建立一个关系网络,为将来的职业发展奠定基础。此外,随着全球国际化程度加深,越来越多具有海外背景和经历的人士回国投入我国经济与社会建设中,他们中的许多人发挥了重要作用,做出杰出贡献,同时也占据了重要地位,掌握许多核心社会资源,形成一个精英的群体网络。要进入这样的圈子进行社会交往,拥有海外学习经历是一个必要条件。从以下对一位资深国际部主任的访谈可以看出留学经历对于个人发展的种种益处,其中通过在海外学习的经历搭建社交平台,获取社会资本是最大的收获。

还有一个就是留学所能够获得的社会资源的平台,"90后"

都是独生子女,没有兄弟姐妹。在国外能有很多同学资源,对将来的事业也是很有帮助的。学业进步也是显著的,最起码英语是练好了吧!回国起步虽然一样,但跨步不同,发展速度不一样。国外回来对人的意志力也是有锻炼的,抗压能力大。我相信自食其力的孩子通过努力可以把这些钱挣回来的,但是如果是那种混混的孩子可能就不行。我和先生当年出国也是卖了房出去的,不过回来后收益很多,至少在经济上的投入都挣回来了。(ZR 10)

第五节 中国社会文化影响境外高等教育升学需求

每个社会都有独特的价值与规范体系,不仅调节人的行为,而且通过社会化过程内化为每一代人的人格结构并代代相传。消费社会学的观点认为个人的消费行为不只是单纯的个体理性行为,同时也是非理性行为,受到社会价值与规范影响,表达了集体意识与情感[①]。我国高中生家庭在国际市场购买高等教育服务的行为属于一种特殊的购买行为,深受中国文化与价值的影响。

一、中国消费者选择偏好深受中国文化影响

消费者购买决策行为受到文化、社会、个人状况和心理等各方面因素的影响,其中,文化因素处于核心位置。文化是指在特定群体或社会的生活中形成、为其成员所共有的生存方式的总和,包括价值观、信仰、知识、艺术、风俗习惯、法律、风尚、生活态度、行为准则以及相应的物质表现[②]。文化向个体传递本群体或民族的行为价值准则,对不同民族成员的共同人格和社会行为起决定性作用,文化的差

---

① 王宁.消费社会学:第 2 版[M].北京:社会科学文献出版社,2011:134.
② 周晓虹.现代社会心理学:多维视野中的社会行为研究[M].上海:上海人民出版社,1997:132.

异影响特定群体消费者价值观,从而影响消费者决策行为。有学者认为消费者文化价值体系的形成受到社会文化、区域亚文化和家庭价值观念的影响,个体的文化价值既包括自己独特的文化价值要素,又包括其所处群体的共同文化价值要素[①],因此不同国家、地区和民族的消费者在消费观念消费行为上表现出明显差异,形成独特的消费文化。

一个民族的文化越久远,民族文化烙印越深。中华民族历史悠久,几千年的文化熏陶下,形成特有的价值观和生活习性等对中国人消费行为构成重要影响。从文化三要素理论的角度来看,中国人在消费价值、消费行为和消费象征三方面都表现出与其他文化群体的差异。

中国历史文化对生活方式与消费习惯的影响表现在6个方面:家庭、人际关系、缘分(命运)、面子、人情、互惠[②]。研究发现影响我国消费者行为的最重要社会文化价值因素包括生命的延续、人际关系、社会地位以及群体同化,主要表现在6个方面:(1)"根"文化,即重家重族重国,看重生命血统延续,望子成龙,光宗耀祖,投资子孙;(2)关系,即崇尚礼尚往来,来而不往非礼也;(3)中庸,以阴阳平衡为行为导向,不过为好,祸福相依;(4)和,讲究和谐、和睦、和气、和平、和贵、和满,天时地利人和;(5)面子与从众;(6)地位与理,即孔子所强调的举止行为要与地位一致。[③]

自费出国读大学本质上是一种市场行为,其交易商品是国际高等教育服务,是一种特殊的消费行为。我国高中生家庭在境外高等教育服务的消费决策中同样受到中国传统文化的影响。本研究的调

---

① Luna D, Gupta S F. An integrative framework for cross-cultural consumer behavior[J]. International Marketing Review, 2001, 18(1):45-69.

② Wang Q, Mohammed A R, Kau A. K. Chinese cultural values and gif-giving behavior[J]. Journal of Consumer Marketing, 2007, 24(4):214-228.

③ 卢泰宏,等.消费者行为学:中国消费者透视[M].北京:高等教育出版社,2005:17.

查问卷结果显示,中华传统文化因子促进高中生出国留学动机,重要他人对留学动机的产生和境外高等教育的选择都产生重要影响。以下将结合调查发现对中华文化与境外高等教育需求之间的联系进行解释。

二、"根"文化与儒家文化共同作用下产生留学动机

"根"文化可以说在中国人的心底生根发芽,影响国民方方面面的消费,如教育消费、仪式消费、祭祖消费、节庆消费、礼俗消费等,其中在教育消费领域的影响最大①。中国人对子女教育向来是舍得花大本钱的,不论贫穷富裕,不论达官贵人还是普通百姓都是如此。根据新浪教育发布的《2017中国家庭教育消费白皮书》的数据,教育支出占家庭支出20%,5万多名受调查者中有30%愿意支付超出消费能力的教育费用,超61%的家长计划送孩子出国②。狂热的家庭教育消费背后是"根"文化,尤其表现在特殊的父子(家庭)关系上。

中国传统社会中家族制度是最重要的。"家"被认为是社会的核心,社会的价值通过家的"育化"和"社会化"作用传递于个体。在传统农耕社会中,中国家庭是一种初级社会群体,通过面对面互动,依靠非正式的个人间的方法从事活动,家庭是维系整个社会凝结的基本力量③。我国的家庭是指有一定范围的血缘关系的大家庭,不是现代意义上的核心家庭,往往横纵交错,形成家族的连续体。家庭关系中父子关系是一根贯通家族连续体的脉络,一旦中断,就意味着整个家族连续体的中断。因此中国人尊重祖先,重视庙宇,具有"传统导向"的心态④。尊敬先辈意味着承继过去,而对子女的重视则代表

---

① 卢泰宏,等.消费者行为学:中国消费者透视[M].北京:高等教育出版社,2005:145.
② 新浪教育.2017中国家庭教育消费白皮书[EB/OL].(2017-12-20)[2018-04-09].http://edu.sina.com.cn/tujie/2017-12-20/doc-ifypvuqe2438219.shtml.
③ 金耀基.从传统到现代[M].北京:中国人民大学出版社,1999:24.
④ 金耀基.从传统到现代[M].北京:中国人民大学出版社,1999:138.

中国人对家庭延续的重视。子嗣传承在中国家庭心目中极其重要,从"不孝有三,无后为大""子嗣承祧"等古语就能看出。

中国是一个伦理为本位的社会,人从一生下来就始终生活在各种人与人的相互关系之中,梁漱溟在《中国文化要义》中提到"人生实存于各种关系之上,此种种关系,即是种种伦理……伦理始于家庭,而不止于家庭"①,认为"人在情感中,恒只见对方而忘了自己"②。表现在家庭关系中,父母可以为儿女而忘身,子女也可以为父母而忘身,这较为形象地阐释了父母为子女可以付出一切,而子女为父母尽孝道也是天经地义的中国社会文化。

儒家意识形态中,文化资本备受推崇,"万般皆下品,惟有读书高"是儒家思想的典范。儒家思想认为优秀的孩子应该承接家族厚望实现整个家族向上流动的愿望③。个体的终极目标是要延续家族命脉,显亲扬名、光宗耀祖代表了家庭对子女的期望。接受教育是社会流动的重要途径,传统社会中人们普遍认为只有读好书才可以升官发财。

尽管社会变迁改变了许多传统观念,但人们的内心和行为依旧受到某些根深蒂固传统思维的影响,尤其是在子女教育上。教育对现代社会影响越来越大,对于光大家族的作用更加显著,因此子女教育更加被强调与重视④。相对西方社会,我国家庭对子女接受高等教育寄予更高期望,在一个家庭中,子女能够有能力接受高等教育,或者能够进入名校就读,成为整个家族的荣耀,对子女高等教育的投入与支持也更多⑤。

儒家文化中"重教"的心理和"根"文化的影响在我国高中生家庭

---

① 梁漱溟.中国文化要义[M].上海:上海人民出版社,2011:78-79.
② 梁漱溟.中国文化要义[M].上海:上海人民出版社,2011:89.
③ 陈曙红.中国中间阶层教育与成就动机[M].北京:中国大百科全书出版社,2007:94.
④ 陈曙红.中国中间阶层教育与成就动机[M].北京:中国大百科全书出版社,2007:129.
⑤ 戚业国.民间高等教育投资的跨学科研究[M].上海:复旦大学出版社,2001:152.

境外高等教育需求方面非常明显。这种观念不仅渗透家长,而且也正在影响年轻的一代。家长希望能给孩子提供最好的教育条件,为其将来事业有成、光宗耀祖打下基础,哪怕倾其所有也在所不惜。他们认为:

> 知识越多,学历越高,将来成功的机会越多,毕竟精英阶层属于这类人,所以说我们只能在有限的能力下给孩子提供最好的。(JZ 12)

因此只要对子女的发展有益,他们根本不在意花钱,更不介意是否能收回成本,认为子女的成长与将来的成就就是收益。

> 没想过花费的问题,我曾经在留学展咨询过,大概心里有个底线。没想过要收回成本。不确定因素太多,想了也没用,反正就一个孩子,将来(家里的物与钱)都是他的。(JZ 03)
>
> 其实孩子教育的花费我是没有考虑到收益问题的。我觉得钱花出去了,让孩子能够开开眼界,提升能力就够了,比方说她如果能在国内轻轻松松考个一本,或者更好的学校不出国也好,我就没想过回报的问题。我觉得不论在国内国外读,都会有各种各样的问题,孩子每个阶段考虑的问题也不同,表现也不一样。所以现在考虑太远也没有什么意义。我们也就是尽可能为孩子提供一个发展平台,也没有考虑过是否值得。我女儿从幼儿园开始住校、补习啥的,不知道花了多少钱,这也不去考虑经济回报了。我们只能根据孩子的能力和水平去选择适合她的教育(学校)。(JZ 08)

计划生育政策实施更加深化了这种观念,六加一(六个大人围绕着一个孩子)的家庭育儿模式使得家庭对子女的照顾更加细致,家长不仅期望子女能够学有所成,同时尽量帮助他们排除成功路上的困难,希望他们不要吃太多苦,选择国际教育被认为是一种更容易通往成功的通道,某国际部主任的访谈也印证了这点:

> 一部分家长对国内的应试教育颇有微词。确实有部分孩子在初中阶段就很优秀,但是很多是建立在严重睡眠不足和巨大压力之下,父母认为这对孩子身心健康不利。国内大学就是独木桥,竞争激烈,我们也有很好的学校,但是难进去啊,而国际教育就不同了,相对还是容易一些。(ZR 08)

问卷调查中,高达69.7%的学生表示"父母期望我到国外去接受更好的高等教育"。如前文所述,父母认为国外大学教育比国内更好,他们期望子女能够出国获得优质高等教育资源,能对子女未来发展有益处,而对于高昂的留学花费并不在意,就算明知道不合算也会投入。这种家庭期望正是中国深层文化影响的产物。由于个体能力的差异,家庭境外高等教育需求动机有所不同,部分家庭的孩子在国内由于能力问题无法获得高等教育机会,因此通过多花钱购买境外高等教育,由此产生一种被动的境外高等教育需求。部分家庭则是认为国外大学提供的教育要优于国内,能为子女将来的成功带来更大的胜算而选择境外高等教育。访谈中,国际部工作多年的老师认为家长这种对海外教育的需求已经进入狂热状态:

> 其实孩子出国对家庭的经济能力是极大的考验,我们发现我们的学生以来自工薪阶层的为主,很多家长说为孩子出国可能要卖一套房子。问他们为什么这样选择,他们就说想给孩子提供最好的教育,能够给孩子更多开阔眼界的机会,将来更有竞争力,而且他们都觉得自己的孩子很优秀。还有一小部分可能是孩子在国内高考读大学没戏,还不如花钱让孩子出国去读书,

至少在那边混几年,英语会比较好,找工作有优势。如果说就在国内读个普通大学,将来找工作也没什么实力。(LS 08)

调查结果显示,44.1%的学生认为留学是一种家庭投资,将来能有较好的经济回报,33%的学生希望通过留学改变现有家庭生活条件。由此可见,境外高等教育需求已经成为学生个体荣耀家族、显亲扬名的产物。

三、"面子"在需求发生过程中发挥积极作用

"面子"对于中国人而言具有特别的意义,林语堂曾经指出面子、命运、恩惠是统治中国的3位女神,其中面子是最有威力的一位[①]。在心理学上,面子指一个人因为自己通过某种方式(比如努力或者继承等)获得的非伦理道德性成就,使其在他人面前拥有声望。实际上就是指社会或者他人对某人拥有的有形或者无形的非伦理道德性成就的认可度[②]。

胡先缙认为"脸"与"面子"都是个体在社会中获得的尊重。面子是由地位、财富、权力和成就带来的名声,需要外界的重视与表彰。脸则是指个体完善的道德,是指一种优良品质,具备优良品质的人"有脸"或者"要脸",反之则"不要脸"或者"厚脸皮"。"面子"是广受重视的一种声誉,指个人在人生历程中步步高升,通过个人努力或刻意经营而累积起来的声誉,必须依赖外部环境才能获得[③]。翟学伟将脸解释为一个中国人通过印象整饰、角色扮演在社会群体的他人心目中形成的良好形象,面子则是其在社会交往中根据自我评价所

---

① 汪凤炎,郑红.中国文化心理学:增订本[M].广州:暨南大学出版社,2013:210.
② 汪凤炎,郑红.中国文化心理学:增订本[M].广州:暨南大学出版社,2013:211.
③ 胡先缙.中国人的面子观[C]//翟学伟.面子,人情,关系网.郑州:河南人民出版社,1994:43.

估量自己在他人心目中的心理地位①。他认为脸代表一个人的形象,面子是指心理地位。尽管脸与面子是否应该分开,在学术圈内颇有争议,但可以达成一致的是:脸面是中国人独特的心理,只在社会交往情境中发挥作用,与社会身份、地位和角色相关②。

当下我国社会中对境外高等教育需求的狂热与注重"面子"的心理特征无不相关。有学者指出接受高等教育成为文化人是社会理想的要求,因此接受高等教育的脸面价值可能甚至高于其他利益价值,从而导致对高等教育更强烈的需求③。"面子"文化对我国境外高等教育需求的影响涉及需求的产生和需求的内容。

首先,"面子"观念刺激了境外高等教育需要。由于我国长期处于高等教育供需失衡状态,长久以来,人们认为能够进入大学学习是非常有面子的事,能为家庭带来荣耀。中国长期以来处于落后状态,对西方社会充满向往,认为西方代表了先进。当国际高等教育突然向国人打开大门,自然倍受国内市场追捧,人们认为把子女送到国外读大学能争面子。此外,由于出国留学费用大,对家庭经济能力要求较高,有部分家长认为能够负担得起子女出国接受4年乃至更长时间的教育,是向周围人群证明自己有能力赚钱的一种有力表现。

其次,面子文化对境外高校的选择过程影响较大,"名校情结"正是其典型表现。许多家长迷信大学排行榜,坚持选择排名靠前的学校,根本不考虑子女的真正能力以及生涯规划,对专业具体教育质量情况置之不顾,仅想要名校的牌子让他们在亲戚朋友面前有脸面,不少名校中学术声誉较差的专业专门针对中国学生招生,就是抓住了这种心理。研究者的一位朋友多年前因为孩子申请到北美一所名气非常大的高校而得意,倍感荣耀,然而孩子就读的专业不仅冷门,而

---

① 翟学伟.面子,人情,关系网[M].郑州:河南人民出版社,1994:53-54.
② 谈娟.论中国人"脸面"的社会功能——"脸"与"面子"的含义[J].社会心理科学,2002(4):3-4.
③ 戚业国.民间高等教育投资的跨学科研究[M].上海:复旦大学出版社,2001:153.

且学术能力较弱,回国后几乎无法运用大学获得的任何专业知识,获得的学位也几乎没有什么用处,几百万元的教育投资从收益角度而言是失败的。不少接受访谈的学生也告诉研究者,在专业与学校的选择中,经常因为排名问题自我纠结,也和父母产生争执,于是最终会采取折中措施,选择综合排名和专业排名都还不错的学校,但是这样常常也会导致选择偏差。实际上,名校情结与脸面文化是无法分割的。从表层看,读名校是件有面子的事情,正如某校国际部主任所述:

> 家长选择学校要看面子啊,所以总是盯着学校的排名,不管我们怎么引导,他们都无法接受……家长在做取舍的时候一定是先看综合排名的,其实是有虚荣心作怪。(ZR 10)

从深层原因看,由于教育的地位商品地位,越是处于金字塔尖的学历层次和学校,带给学生人力资本增量的可能性越大。正如前文所述,我国家长缺乏高等教育常识,认为名校毕业意味着好工作,即体面又收入高的工作,好的工作可以带来事业上的成就,这些都可以为家庭带来好名声,也就是有"面子"。

四、从众行为是导致社会留学热潮的重要原因

根据前期调查问卷结果分析,高中生在产生留学动机与对留学目的地选择过程中都会受到周围人群(家人、老师、同学等)的影响,这种影响包括他人的行为(如朋友出国了)、他人的观点(如老师的鼓励)等。尽管重要他人因素在对其他国家人群高等教育选择中的影响作用也被发现,但是在中国传统文化中显得格外重要,留学行为是多种因素造成的,其中,从众跟风心理发挥了重要作用。

从众,俗称随大流,指在实际存在或者想象存在的群体压力下,个体放弃自己原来持有的观点,改变态度,采取与大多数人保持一致

的行为或者心理①。从众心理在中国人日常生活中随处可见。多数情况下,中国人的行为受集体主义影响较大,较易受到群体因素的影响②。中国文化的核心成分是"关系导向",中国文化价值形成和人与人的关系、人与社会的关系联系紧密,除"面子"外,还有"相互依赖""群体导向""尊重权威"3个重要价值③。儒家文化强调中庸、谦和、忍让,使得中国人更注重团结和谐、相互依赖,遵从社会规范。与西方人注重个体自我的个性截然不同,中国人更强调社会自我,注重自我与他人间的关系,往往把自己当成群体的一员,遵守群体规范,竭力与其他成员保持言行举止一致,尽量避免个人突出,因此中国人的行为更容易受到参照群体影响,产生群体一致意识,也更容易导致从众行为。

要研究参照群体对境外高等教育需求的影响,首先必须对参照群体对人的行为影响的特征与表现进行分析。从消费行为学的角度来看,参照群体对个体在消费情境下的态度信念以及决策和行为产生显著的、关键的、非偶然的影响。参照群体是指对消费者而言非常重要的社会群体,消费者会将本人的行为与该群体比较④。参照群体既可以是实际的,也可以是想象的;既可能是某一个群体,也可能是存在于特定情境下的某一个人⑤。

消费者行为研究者认为,参照群体对个体决策与行为的影响表

---

① 汪凤炎,郑红.中国文化心理学:增订本[M].广州:暨南大学出版社,2013:211.
② Hofstede G. Cultural Constraints in Management Theories[J]. The Executive, 1993, 7(1):81-94.
③ Oliver H M, et al. Chinese Cultural Values: Their Dimensions and Marketing Implications[J]. European Journal of Marketing, 1988, 22(5):44-57.
④ Escalas E J, Bettman R J. You Are What They Eat: The Influence of Reference Groups on Consumers' Connections to Brands[J]. Journal of Consumer Psychology, 2003, 13(3):339-348.
⑤ 贾鹤,王永贵,刘佳媛,等.参照群体对消费决策影响研究述评[J].外国经济与管理,2008,30(6):51-58.

现在三大方面：信息性影响、功能性影响、价值表现性影响。

（1）消费者遇到不确定性情境时，会试图搜索信息降低风险。这种情况下，参照群体的信息性影响产生。消费者在面对不确定性时会积极从其认为具有相关知识的人处获取消费信息（比如观察专家的消费行为）。一旦参照群体提供的信息增加了消费者有关某消费情境的知识或者提升了处理消费问题的能力，参照群体的信息性影响就产生了。

（2）消费者受到来自周围群体的压力并被迫在消费决策中遵从某些规范，以获得参照群体的肯定与认可。如果消费者预期某消费行为会受到参照群体的惩罚，就会去迎合参照群体，这时参照群体的功利性影响产生。

（3）参照群体的价值表现性影响通过两种方式产生。其一，消费者通过模仿其所向往或者崇拜的某参照群体的消费行为来实现自我提升。消费者借助其模仿对象的形象来提升自我形象，使现实的"自我"更接近理想中的"自我"。其二，消费者通过与某参照群体做出一致消费决策，对其心理归属群体表现出积极的反应以表达对该群体的喜爱[1]。

在我国高中生境外高等教育需求产生的过程中，参照群体的信息性影响、功利性影响和价值表现性影响交织缠绕，共同发挥作用。首先，个体和家长通过周围的参照群体获取留学信息，如通过老师、留学中介或者有留学经历的人群获取信息，部分家长看到周围朋友的子女出国了，出于一种群体压力不得不考虑走同样的途径。参照群体的价值表现性影响在这里最明显，不少家庭受到参照群体成功经历的影响产生留学需求，并且在选择境外高校时喜欢参照他人做法，以至于某些国家的某些高校成为来自国内同一群体的中国学生

---

[1] 贾鹤,王永贵,刘佳媛,等.参照群体对消费决策影响研究述评[J].外国经济与管理,2008,30(6):51-58.

的聚集地。访谈中不少国际部主任都反映了这种现象,他们认为:

> 家长是一定会受到周围人群影响的,他们会看到周围的成功案例,然后去打听。理智一点的会看看是否适合自己的孩子,有一些就照葫芦画瓢了,完全靠自己思考的(家长)很少……(ZR 10)

> 家长可能也就是看到朋友家的孩子曾经在某所学校读过,反馈很好,就跟着复制这条道路。家长也是有圈子的,在圈子中他们会了解其他孩子的状况,如果觉得好也就跟着决定了。(ZR 08)

家长的观点与此相似,一位身处公司要职的家长告诉研究者:

> ……我觉得身边国外回来的毕业生回国工作收入都很高啊,我一个邻居家的孩子是四川大学本科毕业后出国的,回国后工作第二年的薪水就达到 200 万。我还有一位朋友的孩子当时从成都外国语学校毕业后到了耶鲁,本科毕业在香港工作就是年薪 200 万,在一家投资公司工作。目前来讲,我接触到的海归的发展都很好,所以我送我女儿到国际部读书,然后出国读大学。(JZ 09)

"看别人如何想的,如何做的"是人们对是非判断的标准之一,要决定什么是正确的行为,或者人们对自己的处境不是很有把握时(不确定性),更有可能根据他人的行为来决定自己的行为。境外高等教育决策具有不确定的特征,当下家长对留学体验甚少,缺乏基本了解,因此更容易受到参照人群的影响。周围留学人群的成功经历让其争相模仿,往往忽略了个体的差异对教育成效的影响。

虚拟参照人群的影响也不容小觑。社会媒体常常打造种种成功

"海归"的案例展现给人们,形成社会示范作用,留学归国人员在社会上造成刻板形象,人们往往容易将拥有海外留学背景与职场精英的形象关联。在我国普通百姓眼里,社会媒体是值得信赖的信息源,由媒体打造的参照群体可信度非常高。研究发现参照群体可信度越高,对消费者的信息性影响就越大[①]。被社会媒体打造的参照群体的价值观误导了家庭对境外高等教育收益认知,使人们认为会像媒体宣传的那样,出国留学归国后一定能成就一番大事。然而事实是媒体往往为吸引眼球选择非寻常的个案,甚至可能带有炒作成分,普遍性的常规事件不具备新闻价值而鲜有报道。说者无心听者有意,媒体并非故意误导老百姓,但却使其会把媒体报道的个案当成大概率的普遍性事件。这种以偏概全的理解严重影响人们的留学认知。

综上所述,不论是身边熟悉的人群还是由媒体打造的参照群体,在我国高中生家庭境外高等教育需求产生过程中发挥了信息性、功利性和价值表现性影响,促进了我国高中生的出国留学热潮,但值得注意的是其中存在不少非理性行为。

五、民族记忆促进了境外高等教育的狂热需求

从前文论述可见,不论是从家庭延续与光宗耀祖的角度,还是面子文化影响的角度,都可见人们心目中存在一个前提假设:国外大学就是比我们自己的大学好。尽管我国的高等教育总体水平与发达国家还存在不小的差距,但是本研究发现大多数受访者在并不是很清楚两种不同高等教育体制差异的前提下已经存在"国外的东西就是好"的假设,这与我国社会文化中的民族记忆息息相关。中华民族一直以来因落后而饱受欺凌,容易产生外国好的先入为主的判断,认为国外高等教育更加先进,留学就是好,缺乏民族自信心。

[①] 贾鹤,王永贵,刘佳媛,等.参照群体对消费决策影响研究述评[J].外国经济与管理,2008,30(6):51-58.

民族自信心指某民族成员对自己国家与民族的生存价值和发展能力的肯定性评价和前瞻性认同[①]。民族自信心是一种民族的自我意识与国家心态，构成了民族精神的核心部分，是民族意识结构中的理性基点，为国家与民族在世界上自强自立和奋发进取提供强大的内部驱动力。中华民族在古代历史上曾经拥有过非常强大的民族自信心，然而近现代随着国家衰落和西方国家以工业文明为后盾的侵略，西方物质文明和精神因子也同时在中国大地大规模扩张。中华民族的民族自信心受到严重挫折，民族自卑感在社会上蔓延，长期发展下形成一种普遍的心理趋向。

1949年后中国社会全面恢复，进入赶超阶段。尽管改革开放后我国经济发展迅猛，经济增长速度领先世界，但是人们对西方社会的认知还是需要时间改变的，在中国人心目中"西方的东西就是好"这种认知已经形成了百年，尽管随着中国经济崛起，这一观念已逐渐转变，但是理性认知体系的形成仍需时日。大学产生于西方，我国近代的大学体制是直接从西方引进的，缺乏文化根基，目前依旧处于学习、模仿和逐渐超越的阶段。总体而言，我国高等教育发展水平离高等教育发达国家还有些差距。但是近十几年来，我国的大学教育发展迅猛，变化较大，不仅高等教育机会大幅增多，而且教育质量也有较大进步，随着双一流高校建设步伐加快，多数高校借此契机进行各方面改革创新，不断提升人才培养、科学研究、社会服务等功能。

对于社会大众而言，经济快速发展后需要一定时间才能重建民族和文化自信。尽管当下我国经济发展速度已经达到国际领先水平，部分家庭已经富裕起来，但是对于长期处于落后状态的中华民族而言，民族文化自信的缺乏是需要时日慢慢调整和重建的。国民的这种心理，造成我国公众对留学的误判，激发了不理性的留学动机。

---

① 文侃.民族自信心的重建与中国特色社会主义文化建设[J].萍乡高等专科学校学报，2009，26(1)：14-18.

一方面,家庭对我国的大学教育缺乏信心,抱着只要是国外大学就好的思想,盲目地让子女出国留学;另一方面,民族自信的缺乏从我国学生钟情于选择毕业后容易移民的国家中可见一斑。一些家庭由于对我国生活环境和将来发展状况缺乏信心,期望通过子女留学方便全家移民。访谈家庭中有不少有移民计划,认为国内不论自然环境、社会环境、教育环境都不如国外,所以要移民。这部分家庭往往在国内生活条件优越,有雄厚的经济保障。人才国际流动本来是正常的,能促进国际合作与交流,但是这种借助留学移民的现象以长远眼光来看不利于我国经济与社会发展。

第七章 研究结论与政策建议

理性留学对国家和个体的发展皆有益处。对国家和社会而言，境外高等教育成为我国高等教育内部市场的一种有效补给，在一定程度上缓解高等教育资源供需失衡，为我国培养大量具有国际化视野和国际化能力的人才，促进我国在经济、政治、教育、文化等各领域的国际合作与交流；为家庭提供高等教育的多元选择，减轻挤高考"独木桥"的压力，同时也为学生提供了解异国文化、开拓视野的机会。然而，盲目性的留学不仅浪费金钱，而且还可能对正处于心理发展关键期的高中生造成不可逆转的伤害。因此，需要重视高中生境外高等教育需求。针对需求产生和选择过程中可能产生的问题提供解决方案，对引导理性留学、降低留学风险有重要意义。

第一节 我国高中学生境外高等教育升学需求研究结论

本研究基于消费者行为产生的过程，结合消费者社会心理、院校选择、推拉因素等理论建构境外高等教育需求的阶段理论模型，通过大规模问卷调查与深度访谈结合的混合式研究揭示我国高中生境外高等教育需求的影响因素，解释当下我国家庭狂热境外高等教育需求产生的原因。研究发现新留学时代背景下，高中生境外高等教育需求呈现出新特点，其需求的产生受到社会文化心理影响较大，盲目性需求所占比例不小。

一、境外高等教育升学需求特点

(一) 境外高等教育需求强烈且产生较早

我国高中生留学意愿强烈。家庭对境外高等教育购买意愿强烈,对留学费用的经济承受能力较强。学生完成学业之后马上归国的意愿不强烈,多数学生希望毕业后能留在当地获取工作经验再回国。

需求形成时间不断提前。高中国际教育的发展为教育的自然分流提供途径。由于我国优质教育资源对人才的选拔以考试为主(比如中考、高考),竞争激烈,在国内无法获得优质资源的家庭或者不愿意在应试上浪费时间和精力的家庭通过支付高额费用选择国际教育。在此情况下,境外高等教育成为我国社会教育自然分流的产物。

我国高中国际教育产生于20世纪末,2005年前后进入高速发展期。近十余年来,国际班不断壮大,每年从国际部毕业后出国读大学的人数呈井喷式增长,而同期也是我国留学教育的黄金时期,其中以出国读本科的人数增加最多。越来越多家庭在中考结束后就确定了境外高等教育需求,有些甚至提前至初中或小学阶段就制订留学规划,并开始有倾向性地选择相关国际教育课程。中考成为大多数人的教育分流节点,一部分经济条件较好、认可国际教育的家庭主动选择高中国际教育,也有部分家庭因为无法获得境内优质高中教育,选择高中国际教育。该群体构成目前境外高等教育需求的主体,公办高中的国际部成为普通中学生出国读大学的重要基地。

(二) 境外高等教育是通过经济排斥获得的多元化选择

我国高等教育市场长期存在供需矛盾。高等教育数量匮乏年代,人们选择境外高等教育主要是作为补充需求,随着境内高等教育机会增多,高中生家庭选择境外高等教育更多属于差异需求。海外高等教育供给满足人们的多元化教育需求,是高中生升学的一种选择。差异的多元化需求不仅表现为对优质高等教育资源的追求,同时也表现为对不同的人才选拔方式、人才培养模式的追求。

境外高等教育服务的消费机会以能力选拔与价格为双重条件,部分家庭通过直接经济排斥的方式将家庭经济资本优势转化为教育机会优势(文化资本优势),为子女争取高等教育资源。教育服务贸易背景下,境外高校招收国际本科学生主要追求的是商业利润,提供财政资助非常少,国际学生必须支付高额费用,处于经济资本劣势家庭的子女根本无法参与竞争争取入学机会。

(三)境外高等教育需求具有投资与消费双重特点,投资收益预期回归理性

境外高等教育选择是一种家庭决策行为,个体出国留学的投资者、决策者主要是父母。境外高等教育实际上是我国家庭高等教育选择的一种特殊类型,具有投资与消费双重性质。但是本研究发现经济因素对于留学动机的产生影响不大,家庭会在选择留学国家与院校的阶段考虑留学成本,通常会在同层次中选择生活开销较小的地区和收费较低的学校和专业。留学家庭对留学经济性收益预期并不高,多数家长明确表示对子女的教育不能用投资的概念,并不指望子女毕业后能够收回成本而主要看重留学经历能带给子女的消费性收益,如文化体验、开阔眼界、磨炼意志等。

近年来我国经济快速发展,家庭可支配收入不断增加,消费结构处于升级时期。居民消费结构经历由生存型消费向发展型消费、商品消费向服务消费、传统型消费向新型消费转变。越来越多家庭完成从物质敏感时期向体验敏感时期转变,人们更注重消费带来的愉悦感、满足感,具备追求能满足享乐、发展以及健康需求的消费能力,也就更注重子女的发展,在教育决策上对经济回报的考虑越来越少。当然有些家庭依旧将其作为投资活动,还有家庭介于两者之间。但可以肯定的是总体而言,越来越多家庭对于境外高等教育的决策是基于教育消费带来的体验与满足感,以及境外高等教育经历对自我完善、自我发展的作用。

（四）积极的外部环境保障了境外高等教育需求的实现

大规模问卷调查发现，留学政策与环境因素是影响高中生留学动机的最主要因素，其影响程度远远强于其他因素。我国自费留学市场经历了从无到有、从无序到有序的蓬勃发展。在教育国际化程度不断深化的大背景下，在我国政府"支持留学，鼓励回国，来去自由"方针政策的指引下，政策环境、经济环境、教育环境、社会文化环境发挥积极作用，共同构成健康而有序的留学市场环境，强力促进我国社会高中生家庭境外高等教育升学需求的产生。

国内鼓励性留学政策的推动和各主要留学国对中国留学生特别优惠的系列政策创造了积极的政策环境；我国经济社会发展为家庭境外高等教育需求提供强大的经济支撑；我国长期以来高等教育在"质"与"量"两方面的供需失衡形成推动境外高等教育需求的教育环境；全球一体化发展对社会人才的需求以及我国特有的重教的文化特点孕育了激励境外高等教育需求的社会环境。

（五）教育水平、人才选拔方式、市场营销推动需求

本研究发现对于我国高等教育的不满导致了境外高等教育升学需求。这种不满主要表现在对我国高校的人才选拔方式、人才培养模式、专业与课程设置、教师的教学能力等方面。

我国高等教育机会的获得方式主要是通过高考。高考指挥棒影响中考升学、高中教学内容等方方面面，给学生及家庭造成非常大的应试压力，而国外大学人才选拔方式以申请为主，与我国一考定终身的方式差异较大，各类国际标准化考试往往可以多次参加，对考生造成压力相对较小。两种不同招生方式对学生培养模式的影响较大，后者更有利于学生的全面发展，于是有条件的家庭会选择走"洋高考"路线。

一所大学的教育质量和学术声誉是学生选择海外高校的首要因素，说明我国出国留学生普遍意识到中外高等教育的差距，期望出国接受心目中理想的高等教育。访谈发现被调查者（包括学生、家长和

老师)普遍对于我国的高等教育质量持否定态度,认为我国整体高等教育水平与发达国家差距较大,不少高校的校风学风存在问题,大学生混日子的现象较多,这与学校的管理不佳、课程设置单一、专业设置与社会需求脱离等各种因素相关,而人们认为国外大学的宽进严出让学生能够更有效利用读大学的几年时间学习知识,提升能力。除此以外,国外高校的社会声望(包括雇主评价、预期收入、就业前景、社会认可)也是一大评判标准。

国外政府与高校主动出击,在中国市场使用各种宣传与推广策略所产生的作用也不容小觑。新留学时代,留学教育呈现出浓厚的商业化气息,各大留学目的国以追逐商业利益为主要目标,展开各种市场营销策略吸引更多学生,如举办教育展,与国内教育机构开展项目合作等教育国际化活动,通过在华的留学中介咨询机构合作招生等,吸引了大量中国留学生。假期的游学以及交换生等项目也很大程度上刺激了境外高等教育的升学需求。国内相关留学机构、学校等也起了推波助澜的作用。

(六)成就动机、中国民族性驱动需求

我国高中生境外高等教育升学需求的产生受到经济因素的影响较小,受到成就动机的驱动较大,自我提升与自我完善的诉求构成了主要内部驱动力。与此同时,我国独有的民族性对家庭留学决策影响重大。

我国高中生境外高等教育升学需求的内部驱动力主要来自3个方面:其一为不满足于平凡而单调的成长路径,期望经历更多磨炼与挑战,从而达到开阔视野、增加人生阅历、提高综合素质的目的;其二为满足对不同文化的兴趣,高中生好奇心强,对于异国文化和生活方式颇感兴趣,期望能通过留学感受不同文化与生活;其三来自对国外教育理念的认同感,学生们喜欢西方的教育方式,也更看重西方丰富的教育资源,期望能够利用国外有利资源学习先进知识,提高能力。

中华民族的"根"文化、孝文化、"面子"文化也发挥了重要作用。

受到"根"文化、孝文化的共同影响,我国家庭中父母与子女的关系自古以来联系紧密,"血脉相传"。父母通常愿意为子女付出一切,儒家思想认为优秀的孩子应该承接家族厚望实现整个家族向上流动的愿望。①接受教育是社会流动的重要途径,传统社会中人们认为"万般皆下品,惟有读书高",因此中国父母不论社会地位高低,对子女的教育是舍得花大价钱的,砸锅卖铁供孩子读书的家庭不少。一旦家长认为境外高等教育对子女的发展有益处,就根本不在意花钱,更不介意是否能收回成本,认为子女的成长与将来的成就就是收益。传统的面子观念也造成了一部分需求,在我国民族记忆中,中国一直处于落后的状态,人们潜意识会觉得国外高等教育比国内的好,能够让孩子去接受先进的国际高等教育是能够给家庭带来面子的。由于中国人强调社会自我、注重与他人之间的关系,容易遵守群体规范,竭力与其他成员保持言行举止一致,尽量避免个人突出,行为更容易受到参照群体的影响,产生从众行为。周围人群的留学经历、社会媒体对留学成功人士的报道都对家庭境外高等教育需求有积极影响。

(七) 我国社会的精英情结是境外高等教育需求的催化剂

境外高等教育的旺盛需求与我国社会的精英情结与大众化高等教育所形成的矛盾主客体相关。②大众化高等教育时代,高校承担的功能发生转变,社会对人才的需求呈现多层化、多样化趋势,走出象牙塔的大学依据社会需求被划分成不同类型与层次,完成培养各种层次毕业生的使命,但是我国的社会观念却没有随之转变,高等教育质量观的认知依旧停留在大学精英教育阶段,导致家庭在国际教育市场寻找心目中的名校。

我国大众化的就业制度与理念尚未形成,社会用人过度强调学历层次与毕业学校类型导致境外高等教育需求的增长。由于用人单

---

① 陈曙红.中国中间阶层教育与成就动机[M].北京:中国大百科全书出版社,2007:94.
② 纪宝成.我国高等教育大众化进程中的挑战与对策[J].高等教育研究,2006(7):1-10.

位还未建立大众化的就业观念,随着大学毕业生逐年增多,就业市场不仅不断提升对求职者高等教育层次的要求,而且按照学生毕业学校的学术声誉排名选人,不考虑实际岗位需求,而是笼统地认为研究型大学的毕业生就比大众化高校学校的学生优秀,精英大学培养出来的才是精英人才。但实际上,不同类型的大学承担不同的功能,研究型大学以培养学术人才为主要目标,教学型及应用型大学以培养实用型人才为主要目的,每所高校人才培养模式背后的社会价值不同,每种类型的大学都可以培养出社会各行各业的精英,但显然在我国就业市场上,不论公司岗位性质,都一味偏好研究类的精英学校毕业生。

另一方面,我国大学长期以来是一种精英教育,大多数高中生父母经历的是高等教育精英教育时代,对高等教育的高期望仍未调整。受到传统文化影响,他们期望子女能够成为社会精英,因此需要接受精英教育,并保守地认为精英型大学的教育质量才是优质的。在此背景下,家庭期望通过经济资本为子女获得境外优质高等教育,最终帮助子女获取更多社会资本,成为社会精英人士。

(八) 境外高等教育被动需求多,存在盲目的非理性留学需求

我国高中生家庭的被动境外高等需求不断增多,许多家庭的留学决策缺乏理性规划。本研究发现,许多家庭在产生境外高等教育倾向阶段缺乏对国际教育的认知,不少人是被国际部所依附的当地优质高中吸引,留学需求的产生非常仓促。由于国内高中国际教育费用较高但通常比同一所学校国内部的录取条件宽松,一些学业成绩、学术能力达不到人才选拔标准却又期望获得优质高中教育资源的学生会转向国际部(国际课程中心)接受国际高中课程。这部分学生在选择国际高中教育时其实对境外教育几乎一无所知,但他们一旦开始在国际部的学习就几乎无法回到国内升学通道,在高中阶段被迫产生境外高等教育需求。近些年公办高中国际部、独立国际高中的规模不断扩大说明有此类需求的人数越来越多,符合当下社会

的低龄化留学趋势。从时间节点来看，大多数家庭的需求并非建立于境外高等教育的正确认知之上，而是出于害怕被淘汰或者盲目追求重点高中的被动选择，是一种被动需求，需求的产生与建立往往缺乏对自身能力的理性认识和未来的清晰规划，具有一定盲目性。

需求的盲目性还表现在对留学国家、院校与专业的选择上。高中生留学目的国（地区）选择依旧较为集中。专业选择的多元化结构逐步形成，但依旧存在一定的扎堆现象和盲目性，经济管理依旧是最热门的专业。选择的留学目的国也较为集中，多数人认为美国是最理想的留学目的国，其次为加拿大、英国和澳大利亚。多数人对高学位存在心理预期。

（九）需求主体呈现出多样化特点

在短短十余年间，境外高等教育需求主体发生了较大变化。当前我国出国留学的高中生群体不仅规模大，生源结构日趋复杂化、多样化，留学已经不再是经济富裕家庭的特权，也不仅仅是在国内考不上大学的高中生群体寻找读书机会的特别通道。

从本次调研结果来看，留学群体中既包括精英学生，又包括一般学生和学业成绩较差的学生。留学需求家庭的社会经济状况同样呈现出多元化趋势，但以拥有稳定收入、高学历的中产阶层家庭和从事个体工商职业家庭的子女居多。调查数据显示成绩越好、外语语言能力越强的学生，留学意愿越强烈。从家庭背景来看，工薪阶层成为需求主体，来自公务员、事业单位家庭、企业管理者的学生依旧较多。值得关注的是私营企业主家庭的境外高等教育需求非常强烈，这部分家庭通常父母文化程度不高，经营商业规模不算太大，但收入比工薪阶层高一些，进一步说明人们期望通过将经济资本转化为文化资本与社会资本的意愿强烈。

（十）个体特征、地域差异显著影响需求产生与选择

个体的学业成绩、外语水平、对新环境的适应能力、海外学习经历对个体留学意愿有显著影响。个体的学术能力越强、外语水平越

高则留学需求越强。个体对新环境的适应能力越强,留学意愿越强。个体拥有的海外经历在半年之内的留学意愿最强。民族和性别对留学意愿没有显著影响。从留学动机与留学目的地选择来看,性别、学术能力、海外留学经历在不同的动机因子和院校选择因子上表现出显著差异。

父母亲受教育程度越高、家庭收入越高,个体的留学意愿越强。家庭收入、父母最高学历、父母职业阶层对个体的留学动机与留学目的地选择的影响表现出显著差异。父母拥有海外学习或者工作经历的家庭,子女的留学意愿较强。境外高等教育需求表现出明显的地区差异性,经济发达地区的留学需求明显强于经济欠发达地区,大都市的留学意愿强于中小城市。

二、非理性境外高等教育需求的主要根源

教育决策的收益体现在正确的教育选择上。信息收集与利用能力以及认知能力是正确教育选择的成本。我国社会对留学的认知偏差是造成高中生境外高等教育需求中非理性需求的重要根源。国际高等教育市场中信息不对称现象以及社会文化价值观严重影响了人们的留学认知,导致留学决策偏差,提高潜在的留学风险。

(一) 需求主体处于信息弱势地位

家庭在境外高等教育市场上处于明显的信息弱势地位,需求主体拥有较强的信息需求意识,但信息获取途径与信息利用能力非常有限,无法获得准确完全的留学信息。多数学生受到地域等客观条件限制无法亲自考察目的学校,也无法从缺乏海外学习经历的家长处获取相关信息,主要通过外部信息传递形式获取留学信息,其中以制度化信息网络为主。个体在很大程度上只能通过各类网站、国外高校宣讲会、教育展等由海外大学直接提供的宣传资料中获取有可能被夸大或加工过的信息。网络信息的筛选、甄别和处理对消费者的信息能力和外语语言能力都有较高要求,境外高等教育的决策主

体很可能由于语言的限制产生信息利用障碍与困难,因此不少决策者过度依赖国内留学服务机构、就读高中的留学咨询顾问等获取二手信息。受到利益驱使,国外大学与留学中介机构所提供的信息都有可能失真,甚至有些海外高校直接与国内留学中介机构合作在升学指导中有意诱导学生。

由于缺乏有效的获取信息途径与信息利用能力,家长对于信息获取与利用的参与度不够,许多家庭选择了"外包"服务,将留学事务交给留学中介服务机构办理,由学生自己在留学中介的帮助下完成高校与专业选择、申请等工作。这些都会带来潜在留学风险,许多学生到了国外才发现选择错误,追悔莫及。

(二)境内高中国际教育盲目发展,助推境外高等教育需求形成

我国公办高中的国际教育从产生到发展壮大仅经历十多年时间,对我国高中教育的国际化、多元化发展有深远意义,但是一些高中国际教育机构的盲目快速扩张不可避免地带来了负面影响,造成一些非理性甚至盲目的境外高等教育需求。

通过各方掌握的数据与资料,本研究发现大多数办学成功的国际部依托当地社会声誉较高的公立高中,并且收费比境内班高出许多倍。当下不少学校将国际部视为赚钱的重要工具,完全忽视了教育国际化的本质。有些学校从师资配备等软件来看根本不具备开办国际教育的能力,不少国际部借助母校的声誉招生,却交给外包公司去管理和组织教学,许多高中国际教育部(或国际教育中心等)变成了留学培训班,沦为境外高校的生源基地。为了招收更多的学生,许多学校加大广告宣传等市场营销力度,其中不乏对国际教育优势的过度渲染,势必会影响社会的留学认知,导致部分不知情的家庭选择国际高中教育。

此外,研究者了解到国际部的录取条件往往要比同一所学校的境内班低很多,一些本来没有留学计划的个体由于中考分数不够,又希望能到当地重点高中读书,就会选择支付高昂学费就读国际班。

这部分学生一旦进入高中国际部，就不太可能通过国内高等教育选拔模式进入国内大学，最终只能被动选择出国读大学。这种条件下形成的境外高等教育的被动需求往往是较为盲目的。

（三）我国传统文化影响留学认知，从众心理较强

我国高中生家庭的境外高等教育需求决策受到中国传统文化价值观影响较大，在儒家文化、面子文化、参照群体等影响下，决策主体对境外高等教育的认知容易产生偏差，忽视受教育者的能力与真正需求，造成决策偏差。

受儒家文化中"重教"心理和"根"文化的影响，家长对子女的教育投资意愿非常强烈，常常不计成本、倾其所有。有些家庭期望通过经济排斥方式直接获得稀缺的优质教育资源，也有部分家庭认为国内高考太辛苦，帮子女减轻应试负担，花多少钱都值得。

面子观念也引起认知偏差，不少家长为了面子将子女送出国。一来因为他们不能容忍成绩不太优异的子女仅在国内上高职类学校，二来他们认为周围人群的子女出国了，他们也要这样做，不然就会失去面子。这部分家长往往偏好在中国社会知名度高的"名校"，根本不考虑专业选择是否与子女的喜好、能力匹配，更不会从职业生涯规划的视角看待留学问题。

跟风产生的境外高等教育需求也不少见。在我国高中生境外高等教育决策过程中，常见参照群体的信息性影响、功利性影响和价值表现性影响。个体和家长通过周围的参照群体获取留学信息，如通过老师、留学中介或者有留学经历的人群，看到周围朋友的子女出国了，家长可能出于群体压力也效仿。家庭受到参照群体成功留学经历（包括社会媒体打造的留学成功案例）影响产生留学需求，并且喜欢参照他人的做法选择境外高校与专业，以至于某些国家的某些高校成为来自国内同一群体的中国学生聚集地。但是人们常常忽略了教育的对象是人，个体差异对教育成效的影响较大，他人的成功经历未必能够复制。

（四）我国社会文化中的民族记忆对国外教育的推崇，促进盲目需求

我国民族记忆形成的"崇洋"等社会心理对人们的留学认知影响较为严重。中华民族的自信心被以工业文明为后盾的西方文明压制已久，容易陷入自卑心理。社会群体记忆中西方发达国家比较先进，盲目地认为国外的大学教育比中国的好，只要出国留学就比在国内读书更受益。这种公众心理造成我国公众对留学的误判，激发了不理性的留学动机。

民族文化与自信的重建需要一定的时间，尽管当下我国经济发展速度快，家庭逐渐富裕，但是对于长期处于落后状态的中华民族而言，民族记忆需要时日慢慢调整和重建。

（五）决策主体缺乏对于教育者的认知

决策主体与受教育者的分离是境外高等教育决策的一大特点，调查发现在留学决策中家长对子女的智力状况、付出努力程度、海外生活的适应能力缺乏全面了解，并不十分清楚子女适合做什么，对其是否具备完成学业的能力欠缺客观正确的判断，更欠缺对孩子未来的职业规划，而仅仅认为境外高等教育就是无法获得的境内优质教育资源的一种有效替代品，忽略留学行为主体的能力与特征是否真正适合接受境外高等教育。而学生本人也往往缺乏对自身兴趣、能力的了解，错误地选择留学国家、学习和专业。大多数家庭对其所追求的境外高等教育缺乏理性思考，不少家长为逃避国内人才选拔考试而考虑境外高等教育。

（六）高中生家庭对中外两种不同高等教育模式的比较认知建立于不完全、不准确的教育质量信息之上

中外教育质量的差距是促使我国高中生家庭寻求境外高等教育的一个重要因素。但是本研究发现多数学生及家长高等教育知识匮乏，对教育质量内涵的理解不明晰，获得的教育质量信息不完全、不准确，导致对两种高等教育的评估与比较不理性。

最突出的问题表现在留学需求主体对我国高校的发展与变化的

信息需求意识不强。家长往往根据几十年前的亲身经历判断当前我国的大学教育，学生则从家长、老师或者是媒体报道中获得一点信息就以此评价我国高等教育质量。受到信息渠道和信息利用能力的限制，人们对国外高校的了解也仅停留于排名、校园环境等，对其提供的课程、教学模式等细节了解程度非常低。

由于缺乏基本的高等教育知识，大多数家庭对教育质量的内涵并不清楚，没有建立正确的教育质量观，没有兴趣也没有能力分析教育质量评价的具体指标，对教育质量好坏的评判标准模糊，对理想好学校的评价为非常含糊的"有名气"。[1]常常人云亦云，或以偏概全，将两种教育模式下各种层次的办学机构混为一谈、笼统评价，由此不可避免地产生误判和认知偏差，影响理性的留学决策。

(七) 迷信排行榜，混淆排名高低与教育质量高低

人们对排行榜表现出超乎想象的热爱与信赖，不论是境外高等教育需求主体还是帮助家庭完成境外高等教育决策的学校老师或留学中介，都热衷于选择在大学排行榜位置靠前的学校。他们往往根据排行榜上的位置判断大学的核心竞争力，尤其重视学校的综合排名。一些家长为了能让孩子进入排名尽量靠前的学校，不惜牺牲对专业的选择。然而大多数人却并不了解排名指标的设计、目的、方法以及局限性，缺乏必要的排名信息解读能力。

忽略了教育的本质是培养人，重点是对受教育者智力、品德和创造力的培养，排行榜指标无法体现。受教育者经过高等教育获得人力资本的增量，体现在身体、思想、心理、智力、情商、意志等多个层面，这些教育的核心产出无法通过客观指标加以反映。[2]现代大学的功能复杂交错，有限指标难以衡量大学的综合质量，更不用说大学排名由非学术性的商业性机构运作和组织，其合理合法性、客观性都广受质疑。

---

[1] Menon M E. Information search as an indication of rationality in student choice of higher education[J]. Education Economics，2004，12(3):267-283.

[2] 韩飞舟.摆脱大学排行榜的指标陷阱[J].中国高教研究,2016(3):66-72.

(八)家庭境外高等教育投资较过去理性,但依旧低估留学决策风险

本研究发现随着家庭消费结构升级,境外高等教育的消费性质加强,多数家长较为理性地看待留学带来的经济收益,更多地将留学视为一种消费性的行为,更加看重消费性收益。过去那种砸锅卖铁、举家借贷送子女出国的极端情况并不多见,大部分家长明确表示并不期望子女学成后收回投资成本,追求的是出国留学对学生自我发展和自我享受的效用。但是家庭对留学风险的认知远远低于实际情况,这也导致了留学决策的盲目性。

留学决策风险包括收益获得风险和学业完成风险。前者指未来收益的不确定性,后者指对个体完成学业状况的不确定性。家长大多关注留学安全问题造成的风险,极少有人会担心孩子可能完不成学业,虽然意识到出国读书的艰难,但是远远没有预计到现实中在国外学习和生活会遇到困难的程度,总觉得国外大学与国内一样都能顺利毕业。境外高等教育消费的特殊性在于消费过程中,消费者必须具有相应的能力、智力并投入时间与精力才能成功消费教育服务。国际学生在新的文化环境中通常要经历学术适应、社会文化适应和心理适应。完成国外大学学业对受教育者的语言、自主学习能力的要求更高,可能导致受教育者无法完成学业。除此以外,高中生心智发育未完全成熟,只身一人离开熟悉的环境与家人前往异国他乡求学,社会和心理方面也会出现不同程度的适应问题,倘若处理不当将导致心理等各种问题,导致消费者体验失败。

第二节 我国高中学生境外高等教育升学需求的变化趋势

随着我国社会家庭消费结构升级新时代的来临,许多城市家庭的衣食住行等基本生活消费已经得到满足,人们越来越关注精神层面的消费需求,深受儒家文化影响的中国家庭自然将子女的教育消费当成最重要的家庭消费,对子女的高等教育预期越来越高,进一步推动境外高等教育升学需求。

一、境外高等教育升学需求与归国需求都将持续增长

经济全球化的不断推进对社会人才标准提出新要求,同时也提升人们对高等教育的需求。人们不再仅仅满足于对高等教育数量的需要,而是期望获得更多更优质的高等教育资源,对高等教育层次、类型、质量等提出了多元化需要。在高等教育全球范围内的供需配置下,教育供给的多样化格局逐渐形成,境外高等教育成为我国高等教育市场的一种有效差异供给。

我国经济在跨越式发展后,已经进入稳定发展时期,家庭的支付能力持续增加,家庭对教育的支出意愿强烈,根据新浪教育发布的《2017中国家庭教育消费白皮书》数据显示,我国家庭的教育支出占家庭总收入的20%以上,有超过61%的家庭有送子女出国读书的意愿。①

从本研究的调查结果来看,当下教育国际化已经逐渐从高等教育向下延伸至中学阶段,学校高中国际部规模在实现迅猛扩张后依旧保持了稳定增长的趋势。公办高中招生时对境内平行班设定的中考录取分数线与国际部录取之间要求的距离越来越小,可以看出国际中等教育需求将持续旺盛,这也就意味着对境外高等教育的需求将呈现同样趋势。随着低龄化留学所带来种种问题的曝光,家庭对送太小的孩子出国读书的态度将越发谨慎,高中毕业后学生生理、心理都相对较为成熟,是较合适的时间节点。

---

① 新浪教育.教育支出占家庭支出20%,超61%的家长计划送孩子出国[EB/OL]. (2018-01-19)[2018-04-11].https://www.sohu.com/a/207831839_528969.

本研究调查结果显示,在 1 640 个有效样本中,66% 的学生表现出非常强烈的出国意愿。即使是在可获得国内充分的优质高等教育的情况下,学生们依旧愿意支付高昂留学费用出国或者出境读大学,说明社会大众对境外高等教育的推崇。这种心理并非短期可以改变,由此可知,我国社会对境外高等教育的需求将持续旺盛。我国高等教育总体水平与发达国家之间的差距是不争的事实,近些年我国精英高校发展较快,有少量进入世界顶级大学行列,但占比仍然偏低,相对而言,国外的优质高等教育资源要丰富一些。在同一层次的高校中,我国家庭对海外的学校认可度更高。

值得注意的是,境外高等教育需求主体的变化趋势显示中等收入家庭已经成为出国留学的主力军。我国目前社会发展稳定,中产阶层已经形成并逐步壮大。从时间上推算,我国的学成归国人员迅猛增长期大约从 2003 年开始,这意味着之后的高中生群体中,父母有海外学历的比例会大幅度增高,除此以外,由于工作合作关系出国交流学习的群体也越发壮大。本研究发现,父母的海外经历对家庭境外高等教育需求的产生有促进作用,也就是说,高中生出国留学的人数将持续上升。

另一方面,目前几大主要留学国纷纷收紧移民政策,国际学生毕业后留在当地发展的机会日趋减少。我国经济的发展后劲较强,人们的生活水平与发达国家差距缩小,加之政府持续出台各种有利政策吸引各层次留学生归国发展,留学目的国的推动力与我国拉动力的共同作用下,将会有越来越多毕业生选择归国就业或创业。

二、消费结构升级改变我国社会的留学消费观念

我国自改革开放之后经历了多次消费结构升级,随着物质产品越来越丰富,人们的消费观念发生变化,更多追求精神产品的享受。当下,越来越多家庭完成从物质敏感期向体验敏感期的转变。物质满足带给生活的快乐慢慢减退,人们的消费对经济因素考虑越来越

少，取而代之的是追求消费满足感。家庭消费结构升级时代，人们逐渐建立起新的留学观念，境外高等教育消费意义较投资意义更为重要。

我国居民的家庭消费结构经历几次大升级。恩格尔系数从改革开放初期的55%降到2015年的30.6%，2017年仅为29.3%，已经与发达国家持平。[1]在此期间，人们所消费的代表性商品也悄然变化，从20世纪八九十年代的代表性消费品"三转一响"（缝纫机、自行车、手表、收音机）升级到"三大件"（冰箱、洗衣机、彩电）。进入21世纪后，住房与汽车成为追求的商品。当下我国社会进入新一轮的消费结构升级，住房和汽车等生活需求用品得以满足后，人们开始追求健康、享乐以及发展型消费，家庭也更注重子女的教育和发展，出国留学成为大众化的家庭教育消费。

本研究结果显示，经济因素不再是刺激境外高等教育需求产生的重要因素。人们会根据家庭的经济能力选择合适的留学目的地，说明通过留学获得回报已经不是重要动机，有留学需求的家庭考虑的并非能否消费得起境外高等教育，而是能消费何种层次的境外高等教育。访谈资料显示，多数家庭根本不考虑境外高等教育投资回报，家长们非常清楚当下海外文凭的价值，只是将留学作为一种家庭消费，其已有足够的储蓄（或赚钱的能力），能够支付留学费用，目的就是为让孩子出国见见世面。随着我国经济转型成功，社会即将步入稳定发展时期，消费结构将持续升级，该群体的规模会进一步扩大。

研究者于2004年毕业于加拿大，获得硕士学位后回国就业，2017年获得国家留学基金委资助再次前往加拿大阿尔伯特大学访学半年，其间深感周围留学人群与十余年前大有不同。不仅表现在

---

[1] 凤凰网资讯.统计局回应居民恩格尔系数下降：我们仍是发展中国家[EB/OL]. (2018-03-14)[2018-04-11].http://news.ifeng.com/a/20180314/56728620_0.shtml.

留学层次逐渐降低,更多变化在于留学生群体的生活状态。本科学生群体的消费能力明显较强,就算在多伦多大学、阿尔伯特大学等名校也可以明显感觉到学生与十多年前来加拿大求学者的家庭背景、消费习惯大相径庭。加拿大本地人对中国留学生的印象和态度的变化,也表明我国家庭的留学消费观念发生了很大变化。

三、个体留学从以投资行为为重点转变为以消费行为为重点

如前文所述,随着家庭消费结构的优化升级,家庭对经济收益的预期越来越低,更多家庭将留学作为一种单纯的消费行为,追求在消费境外高等教育后感受到的满足程度与享受水平。个体留学从以投资行为为重点逐渐转变为以消费行为为重点,需求主体的收益关注点也由留学带给受教育者身份职业的变化逐渐转变为自我完善、自我提升。

境外高等教育决策中经济收益不再是主要动机,家长越来越重视留学的消费体验即满足感。投资与消费的性质不同。投资是事业的实现过程,是资金的运用过程,具有事业性质。消费是效用的实现过程,是资金的耗用过程,具有享受性。[①]自费留学兴起初期,由于海外文凭的稀缺,海归人士在我国社会备受推崇,海外高校毕业生较本土大学毕业生在就业、薪酬、职业发展等方面更有优势,家庭往往对子女留学经历带来的经济收益预期较高。从早期自费留学人员的情况来看,大多数人发展顺利,留下定居者凭借自身能力在留学国扎根,归国就业者在我国经济发展黄金期发挥了重要作用,导致人们争相效仿,纷纷投重金让子女出国留学,期望学成后能有所回报。随着留学与归国人员规模不断扩大,海归人士的光环逐渐褪去,社会对留学价值逐渐回归理性,家庭对留学经济收益的预期逐渐降低。我国新一轮家庭消费结构优化升级的新时代已经来临,更多的人已经完

---

① 陶美重.高等教育消费研究[D].武汉:华中师范大学,2007.

成生存性消费（如吃、住、行）的满足，追求发展型、享受型消费，越来越多家长对子女出国留学的经济因素考虑减少，基本不会期望对动辄几百万的境外高等教育支出收回成本，更多注重留学经历带来的满足感、愉悦感，以及对受教育者能力的提升等，包含对不同教育模式的感知、对异域文化的体验、国际化视野的养成、素质的提高等。

境外高等教育需求主体的关注从留学所带来的身份职业变化转变为对自我完善的体验。麦克马洪认为教育的消费性收益指其为个人一生因教育而增加的非货币收益，不但包含学生在校期间的非货币补偿，还包括工作和退休后的闲暇时间中教育对家庭生产和最终消费者补偿的贡献等。[①]教育的消费性质使得一部分教育决策不受经济收益影响，教育消费过程中有些人接受教育的目的仅仅是为追求消费性收益。我国高中生家庭境外高等教育决策也逐渐朝着这种趋势变化，消费性收益成为家庭境外高等教育决策的重要关注点。全球范围内的国际学生数字不断上升，以美国为代表的世界中心国家早已改变留学政策，过去的相互理解、移民政策等价值取向早已被经济利益所取代，通过留学吸引人才帮助本国完成人力资本积累的需求也逐渐降低，从近两年英国、澳大利亚、法国等对毕业后国际学生留下定居政策的收紧可以推断出未来通过留学移民的机会将大幅度减少，过去为了移民而产生的留学需求将逐渐转变为增加体验、开阔视野的需求。

个人（家庭）高等教育决策受到价值观的影响最大。留学进入大众化时代，海外学历的稀缺性大幅度减低，留学的位置商品价值降低，已经成为不争的事实。马斯洛将人的需要按照重要性分为5个层次：生理需要、安全需要、社交需要、尊重需要、自我实现需要。其中，第一层次属于最低级的需求，是指人们生存的需要。自我实现是

---

① 陶美重.高等教育消费研究[D].武汉：华中师范大学，2007.

指为达完美境界,人们施展并发展自我能力或者潜力的需要,接受境外高等教育本身就是一种自我实现的过程。现代大学教育的功利目的非常明显,海外文凭稀缺时代,人们送子女出国留学更多的是出于工作职位安全的需要,期望孩子毕业后能找到一份高薪体面的工作,获得他人的尊重和社会地位。随着自费出国以及归国人员规模迅猛扩张,海归光环褪去,越来越多家庭意识到无法用投资理念来衡量留学价值,他们更加看重的是海外学习和生活经历对孩子的历练与眼界的开阔,担心国内优越的物质生活条件让子女未来难以面对生活工作中的种种困境,国内依旧应试导向的教育可能限制智力与个性的培养。家庭境外高等教育决策更加关注如何通过出国磨炼,帮助孩子获得知识、学习外语、增加阅历、磨炼意志、开阔眼界,使其提升综合素质,实现自我完善与自我实现。

综上所述,我国社会消费结构优化升级的新时代,高中生境外高等教育需求将持续旺盛,留学规模将稳步增长。随着我国经济继续上行,归国人员也会越来越多。新时代背景下,家庭的留学决策更倾向于是一种教育消费决策,个体的留学行为更多是一种消费行为,人们的留学动机将发生较大变化。过去为寻找高等教育机会而产生的留学动机将转向寻求自我发展的留学;过去追逐经济收益将转向留学经历对受教育者自我实现的作用;过去为了移民而产生的留学需求逐渐转变为增加体验、开阔视野而产生的需求。

第三节 政策建议

我国高中生群体留学规模上升趋势难以阻挡,然而当下我国高中生家庭境外高等教育需求具有一定盲目性,加大了留学的风险系数。失败的留学行为会使家庭蒙受经济损失,对个体身心造成伤害,倘若对高中生出国留学行为不加以规范管理与引导,任其自由发展,会给我国教育发展带来冲击,造成资金与人才的流失。家庭的留学需求成因错综复杂,影响因素繁多,需要政府部门、社会媒体、学校以及家庭共同合作构建一个合理的高中生出国留学保障体系,降低留学潜在风险。

一、国家层面

(一)继续实行宽松的留学政策,鼓励理性出国留学

理性的出国留学于社会、于个人都有利。全球一体化影响将持续,各国间的政治经济文化联系只可能越来越紧密,鲜有国家可以仅仅依靠自身力量发展高等教育。我国学生向外部流动不仅加速我国高等教育发展的步伐,而且为加强我国与世界各国的国际交流提供了便利。

我国的自费留学政策经历了从无到有、从保守到积极的转变,与我国各阶段的经济发展形势相关。积极的自费留学政策鼓励学生出国留学,满足我国社会对高等教育的多元化需求,有效缓解我国高等教育市场的供求矛盾。借助国外高等教育的力量培养了大量的国际化人才,为我国的经济建设做出重大贡献。同时推动我国高校的改革与发展,为提升国内高等教育水平贡献了力量。

从当前形势来看,我国高等教育的总体水平与发达国家之间依旧存在差距,优质高等教育资源供给严重不足,这种情况下优质的境外高等教育无疑是一种有效的补充,经济条件较好的家庭送子女出国接受高等教育不失为一种选择。我国的经济建设还需要大量通晓中西文化、拥有高端技术与先进知识的海归人士,因此应该持续鼓励理性的个人留学行为,合理安排好学成归国人员,吸引更多有真才实学的海外毕业生回国发展。

(二)建立透明留学信息平台,规避留学风险

信息不对称是导致非理性留学的主要原因之一,当前学生与家长的留学信息渠道不畅,信息利用能力差,需要政府牵头建立透明准

确的官方信息系统,帮助决策者辨别信息真伪,利用掌握的信息评估和监控境外高等教育质量,引导形成理性的高等教育决策,保障高中生家庭的切身利益。

教育主管部门、政府宣传部门等相关机构应该进一步完善留学的信息化建设制度,扩大留学信息公开程度。当下,政府已经通过官方网络渠道,如"中华人民共和国教育部教育涉外教育监管信息网"监督留学事业的合法合规性,及时公布留学合法中介以及国外学校名单等,同时开设专线电话接受社会公众咨询。政府可进一步提供更全面更准确的留学信息,如海外高校费用、申请条件、人才需求信息、政策法规制度等,同时及时发布留学预警,帮助把好信息质量关,方便有留学计划的个体及家庭结合自身条件做出判断并适当调整形成正确的留学决策。与此同时,相关政府部门应该监控海外高校在我国境内提供的各类展会与宣讲等活动,严格把控来华海外院校质量,克服因信息不对称所造成的决策失误。这些措施在一定程度上可以畅通留学信息获取渠道,帮助需求主体理性决策,维护高中生留学群体的利益。

(三)不断健全自费留学中介机构服务体系,加大政府监控力度

尽管20世纪末,教育部与公安部联合对全国自费留学中介机构建立审核机制后,留学中介服务市场总体而言运行较为正常平稳,但据研究者了解,签约学校质量低劣、提供不实信息等问题依旧存在,可见规范和完善留学中介服务是一项长期任务。

中介机构是帮助人们实现出国愿望的助推器,合法且优质的中介服务机构,具有专业化、规范化的服务管理体系。高素质且经验丰富的国外教育体系咨询团队,能真正地起到国外教育机构和国内出国人员的桥梁作用。选择合适的出国中介机构非常关键,而政府应加强对中介机构的管理。相关部门应该加快对行业规范的建设,实施对留学中介机构的奖惩制度,推动留学中介服务转型,使留学中介机构实现规范化运转。

(四) 组织相关部门为家长与学生个体提供信息解读辅导

由于缺乏通畅的信息渠道以及充分的信息处理能力和外语能力,高中生家庭在境外高等教育决策过程中对信息的获取与解读过度依赖留学中介机构等外部力量,容易受到错误信息诱导。此外,整个社会受到大学排行榜的影响较大,而大多数人对于排名指标缺乏解读能力,对于指标的来源与含义也缺乏正确认知,导致决策时容易盲目相信看似客观的排名体系,在境外高等教育需求的产生与境外高等教育选择过程中受到误导。另一方面,海外一些高校与留学中介有意利用排名信息误导留学决策者。众所周知,排名体系纷繁复杂,海外高校往往选取有利于自身宣传的排名榜夸大其词,留学中介更是根据自身利益采用不同榜单做文章。要解决这个问题,就需要为境外高等教育需求家庭提供信息解读辅导。政府相关部门可会同媒体定期通过各种形式如公益讲座等加大宣传力度,普及相关知识,组织力量对学生与家长进行相关辅导,让留学决策者正确解读并理性运用留学信息。

(五) 提升我国高等教育质量,增强境内大学吸引力与竞争力

有研究者指出大规模出国留学折射出国内大学教育的不足[①]。要减弱出国留学动机,必须加强我国高等教育的内涵式发展,提高教育质量,倘若在国内也能接受相当水平甚至质量更好的教育,那么人们也就不会考虑接受境外高等教育。近些年中国名校的国际影响力不断提升,各项排名指标不断上升,科研水平也逐渐跃居世界一流行列,然而从总体办学水平来看,我国高等教育质量还有待提高,在教育观念的改变、教育质量标准、入学选拔方式、教育内容与课程设计、教学管理、师资队伍建设等核心指标上还跟不上教育大众化进程的步伐,未能显现出高等教育大众化的特征。换言之,我国高等教育大

---

① 郝英奇.大陆离香港有多远——香港中文大学访问有感[J].现代大学教育,2011(4):32-35.

众化目前还停留于规模的增长，在发展模式的转变和教育制度的创新上明显不足。

国内优质教育资源竞争激烈，国外高等教育自由性和选择性更强，知名高校也更多。倘若国内大学的科研水平、教学质量、老师学术能力能赶超世界先进水平，师生的学术环境能得以优化，那么就容易稳住有出国留学可能性的高中生，不仅可以提高我国高等教育生源质量，也可以吸引更多境外学生前来学习。

在当下我国高等教育供给数量和类型都增多的情况下，高中生家庭高等教育需求的规格也同时提高了，追求教育质量较高的资源，因此从长期目标而言，要加速我国高等教育建设，推进高等教育制度创新，进一步提升整体教育质量，办出适应高等教育大众化的特色高校，增加本科教育对国内学生的吸引力。同时，要加强高校信息发布，让社会能有更多途径了解我国境内高校的真实发展动态，提高国内大学在人们心目中的形象和信心。

另一方面，要进一步发展中外合作办学。利用教育国际化的发展趋势，结合自身特点与优势，加强与国外优质高校的合作与交流，引进先进的办学理念和教育模式，改进我国高校教育教学及管理模式，借助外力加速我国高校发展，增强中国大学在世界范围内的吸引力。

（六）加强对高中国际教育的引导与规范，回归理性本质

高中教育国际化机构的成立与发展顺应了教育国际化需求，构成多元的高中教育服务体系，促进高中多样化办学体系形成，有利于学生个性化发展。当下接受高中国际教育已经成为我国学生通往国际高等教育之路的重要途径，为了发展理性的境外高等教育需求，必须引导理性的高中国际教育消费需求。从政府角度而言，对境内公办国际教育要积极引导和控制，规范办学，在国际化与本土化之间寻找适合中国教育的平衡点，此外应进一步规范基础教育阶段的游学活动，确保游学安全，坚持以培养学生国际化能力为目标，杜绝过度

商业化，不要让我国高中国际化相关活动成为纯利润驱使的行为。

教育国际化的根本目的是借鉴国外先进教育理念与教学模式，一方面推动国内学校课程体系改革，另一方面促进高中办学多样化与特色化，满足来自不同阶层人群对于优质教育资源的需求。但是高中教育国际化现在被片面解读为出国化、留学化，许多学校认为国际化就是出国留学，甚至把办学目标定位为"一切为了出国"，教育资源利用、师资配备、教学活动组织等相关活动都围绕此目标。还有一些公立高中打着国内名校的品牌在国内招收出国留学学生，却交给校外公司管理，校中校的形式比比皆是，尽管在国家出台相关规定之后，占用公共资源的现象大有改观，但是不少地方依旧以某某高中国际部为幌子招生，却由外包公司进行教师资源配置与学生管理，有"挂羊头卖狗肉"的嫌疑。

高中教育属于基础教育，也是学生世界观、价值观和人生观形成的关键时期，学生民族情怀形成的关键时期。中学生本土基本价值观尚未形成之时，外域文化思想的过多刺激容易产生不良影响，因此必须规范高中教育国际化办学，加强对高中国际教育的管理，让高中国际化教育回归理性。高中教育国际化应该是教育发展的一种手段，应促进多样化办学，通过国际合作引进国外先进的教育方式方法，丰富学校课程内容、教学活动等，培养学生的国际意识、国际交往能力和国际竞争能力，而不是成为国外的生源基地。

二、社会层面

（一）加强社会舆论正面导向，引导形成正确的人才质量观

高等教育大众化时代，对境外高等教育的旺盛需求实际上是对优质教育资源需求的表现，与我国社会的精英情结与大众化高等教育所形成的矛盾主客体相关[1]。社会上一种典型的错误认知就是将

---

[1] 纪宝成.我国高等教育大众化进程中的挑战与对策[J].高等教育研究，2006(7):1-10.

办学规格与办学质量混淆，用评价精英大学的标准衡量不同层次高校教育质量，错误地认为只有研究型的大学才能培养出人才。实际上，不同层次与类型的大学都能够培养出具有创新思维的优秀人才。除了培养高、精、尖的学术型、研究型人才外，大学更多的是培养具有创新精神和实践能力的应用型、技能型高级专门人才[1]。

社会舆论必须树立正面典型，正向引导人们的人才质量观，使其正确理解不同层次类型的高等教育发挥的功能。用人单位要改变用人标准，按照能力高低而不是文凭高低用人，将合适的人用在合适的岗位上，发挥其最大才能。

（二）媒体应该正确引导，帮助家庭树立正确的留学认知观

人的认知决定行为，理性留学必定建立在对留学的正确与理性的认知基础上。要引导理性的境外高等教育需求，必须引导高中生家庭对境外高等教育建立正确的认知与态度，形成正确的留学价值观。

应发挥好媒体信息传播与舆论导向的功能，促进境外高等教育需求的社会理性发展。我国大众依赖新闻媒体等大众传媒传播信息，应利用这些载体的优势，为留学群提供便捷的信息途径。新闻媒体应该秉持客观、公正的立场，避免受到留学市场中暗藏的利益驱使误导公众，如实客观地进行报道评述，营造理性留学的社会舆论氛围。可以提供更多留学生活与学习的客观报道，通过多种形式（如讲座、访谈等）普及留学相关知识；对外国高校进行深度报道，增加国人对国外高等教育的了解。在互联网快速发展的今天，要积极利用网络社交媒体的正面导向功能，向公众提供各类免费信息服务，建立市民服务平台提供留学支持服务；为家庭在留学申请过程中发生的各种疑问以及纠纷提供咨询服务；为在国外遇到困难的学生家庭提供咨询服务。

---

[1] 纪宝成.我国高等教育大众化进程中的挑战与对策[J].高等教育研究，2006（7）：1-10.

三、学校层面

(一)国内高中要重新定位国际化发展目标,确定正确发展方向

从当前高中教育国际化机构办学现状来看,不少学校的国际教育变成了一种特殊的出国留学机构。学校需要重新定位并围绕国际化教育的重要目标,努力培养适应经济全球化、信息全球化,有国际意识、国际交往能力和国际竞争能力的人才。

教育国际化不仅是要把学生送出国去,更是一种特定的教育过程,是一种综合全面和立体的活动,包括4个方面的内容:教育活动,涵盖培训、研究有关学者和学生的国际流动、课程交流活动、国际技术援助和合作计划等;发展能力,即发展师生的新技能、态度以及新知识等;全球意识,形成国际化氛围与学生国际化精神气质;教育发展过程,即将国际维度和观念融入学校或教育的各种主要功能之中。

当下不少学校国际部的学科与课程设置功利性太强,不少已经沦为赚取利润的工具,为追求眼前利益,不顾人才培养目标,学科教学侧重应试,将能力培养抛诸脑后。有些高中国际部虽然引进了国际课程,却流于形式,依旧采用中国教学方式讲授课程,无心体会课程设计背后的教育理念和教学方式。

当下我国的高中教育需要国际化发展,但是不需要留学化。各类高中国际化办学机构不应该沦为出国班,也不能成为国外高校的生源基地,而是应该秉承其国际化发展的初衷,通过借鉴国外先进经验提高教育质量,通过引进国际课程丰富课程体系,通过中西融合的培养模式提升学生的国际化视野和跨文化交流能力,让他们了解世界、理解世界、融入世界,最终培养出既具有国际化视野又具有中国情怀的国际化人才。

(二)建立留学评估体系,为学生提供留学指导与留学规划服务

境外高等教育需求决策对于一个家庭而言至关重要,正确和理性的留学规划是规避风险、确保留学成功的有效手段。当前高中生往往都制订了相关留学规划,然而由于家庭拥有的境外高等教育知识非常有限,信息不对称,使家庭无法靠自己的力量构建正确的留学认知体系,如对学生自身能力的客观评价、对海外生活与学习的困难估计不足等,需要和专业人士共同完成留学决策前期的评估。

学校是学生成长成才的主要基地,是学生及家庭获取留学信息的重要公共组织来源,因此,学校应该发挥主导作用,为有留学需求的群体提供信息帮助和留学指导。学校可以组织专门团队设计科学的评估系统对学生的综合情况进行评估,对其留学规划提出建议,举办各类讲座对家长进行相关知识培训,督促和鼓励家长参与信息决策过程中,在完善当前为家庭提供国外高校信息的工作的基础上,客观评价优劣势,为家庭制订详细的留学规划提供权威解读意见,加强师资国际化建设,增强老师的信息处理和利用能力,通过老师引导学生的留学认知,加强在读学生与已经出国留学学生的交流,为个体提供了解留学真实状况的信息途径。

四、家庭层面

(一)拓展信息来源,提高信息利用,加强信息搜索参与

信息问题是困扰留学决策者,导致盲目性留学需求的最大因素,错误且不完全的信息增加了留学风险。信息不对称现象在留学市场中不可能完全消除,因此从需求者角度而言,如何尽量获取有效信息,避免受到信息劣势地位影响,才是降低风险的主要手段。

要避免不对称信息的影响,家庭应该一方面拓展信息来源,另一方面加强信息能力的培养。家庭应该积极参与信息搜索过程中,避免过分依赖留学中介服务机构提供的二手信息,主动通过其他途径(如国外高校的网站、当地学生等)多方面获取一手信息,并认真研究、主动分析。家长更不能付钱委托中介后不闻不问,要与子女一起对信息的真伪、质量进行辨别,有条件的家庭应该尽量去学校所在地了解当地情况,加强与在该校就读学生的交流,获取一手信息。对中

介机构提供的信息不能完全相信,要运用批判性思维的能力选取真实信息。平常要注意多与有海外生活经历的人群接触,获取信息,客观判断,注意积累信息,为家庭境外高等教育决策提供依据。

(二) 建立合理的个人发展规划

理性的规划能够降低留学的盲目性,保障留学的成功。合理的境外高等教育规划是建立在对学生自身与环境的评估与判断基础之上。从当前调研结果来看,每个学生及其家庭都会针对学生本人的实际状况制订某种程度的留学规划,大多数学生都会在学校的留学规划老师或者中介机构等外部力量帮助下进行规划,然而研究发现,学生的留学规划普遍缺乏连续性,仅限于申请哪些学校、专业等。从境外高等教育决策过程来看,多数学生不仅缺乏合理的留学前规划,而且也未对留学后的规划有清楚的认识。留学动机的产生具有一定盲目性,逃避国内的升学压力、盲目跟风等社会心理因素影响较大,家庭对子女的能力兴趣等评估能力不够,部分学生并未考虑毕业后的发展规划,对学校与专业选择容易受到排名、他人的影响。

合理的境外高等教育规划应该考虑到留学前、留学中和留学后3个阶段,充分考虑到接受境外高等教育的个人特性、未来发展等多方面因素。在留学前阶段,家长与学生必须一起对于境外高等教育接受者的个性特征、兴趣爱好、学业水平、未来职业定位、家庭经济能力等有清晰认识和综合评估。家庭应该明确接受境外高等教育的动机与目的,客观而理性地评价学生个体的优劣势再决定是否出国接受高等教育;学生个体需要对自己将来可能从事的职业有大致规划,定位好"职业锚",同时结合兴趣爱好选择留学目的国、学校以及专业,在此基础上,充分利用有效信息制订细致到每一阶段实施步骤的留学计划。[①]

---

① 方守江.中国学生国际流动:驱动力及风险防范[D].上海:华东师范大学,2010:117.

(三）家庭需要量力而行,理性选择留学

教育消费通常属于一次性消费,不能逆转,无论境外高等教育是家庭投资活动还是家庭消费活动,其风险都是客观存在的。境外高等教育消费金额大,并非大多数普通居民家庭的收入可以支付得起,因此家庭在境外高等教育消费决策过程中应该更加理性选择。

需要从家庭承受能力与子女的学术能力两方面考虑实际情况,决定是否留学,选择去哪里留学,而不是人云亦云、盲目从众。首先要考虑家庭经济承受能力。从现状来看,如此高额的投入可能获得的回报是有限的,家长需要衡量留学的正负效益,考虑这种购买行为的后果对家庭的影响,尽量避免消费风险的发生。经济状况稍弱的家庭在留学国家、学校的选择上可尽量选择成本较低的国家以降低成本。另一方面,要切实考虑受教育者的天赋、兴趣、个性等,以避免在国外学习生活中由于适应困难带来心理伤害。

从境外高等教育的消费层次和类型来看,目前普遍存在追求名校,追求高学历层次的现象。该现象在一定程度上存在合理性,但其中不乏盲目的非理性决策,从人们对各类大学排行榜的迷信以及多数学生毕业后想继续攻读研究生的意愿中都得到反映。个人个性特征、知识基础等决定其适合不同类型的教育,家庭需要依据自身状况量力而行理性选择,既要考量经济实力,也要考量受教育者的智力体力精力,避免盲目追求超过家庭经济能力和个体智力的境外高等教育消费。

(四）加强跨文化能力培养,规避留学风险

本研究发现,我国家庭普遍低估留学风险。留学风险包括收益获得风险与学业完成风险。尽管人们对留学预期较过去更为理性,但是依旧存在一些非理性的收益预期,尤其表现在非经济收益上,对学业完成风险意识不足,对留学后出现的适应问题估计不足。因此,家庭在做留学决策前需要提高风险意识,调整对留学收益的预期,要明白现实生活中,留学的花费很难在近期得到回报,对于大多数留学生而言,要想收回成本可能比较困难。

倘若决定留学,在出国前必须充分认识到留学过程中可能面临的困难,做好各方面准备工作。海外求学对于高中生而言并不容易,他们将会受到来自学业、文化与心理等各方面的压力,因此在境外接受高等教育实际上是对个体综合素质与能力的考验,要成功完成学业,要求学生具备良好的信息能力、沟通能力、判断能力等。在留学前期准备中,要了解跨文化适应可能会经历的种种困难,加强外国语言应用能力培训,了解该国的风土人情,培养独立生活能力,以应对留学过程中可能出现的种种问题。家长应该主动参与到这些能力的培养过程中,和学生一起做好心理建设,共同抵御由于文化转换带来的压力,帮助学生留学后快速适应。

由于研究者的时间、精力、财力有限,本研究还存在一些不足之处,比如样本的数量偏小,分布欠均衡。此外,人的行为复杂多变,对影响因素的指标选取难免有疏漏之处,导致影响研究结果。在今后的研究中,将进一步扩大研究范围,更广泛地收集样本,加强对家长的问卷调查,了解家庭决策者与受教育者之间的认知差异,从更加全面的角度深入对此主题的研究。另外,将研究主题扩展至中外合作办学,探索留学主体为什么不选择中外合作办学院校的原因,为中外合作办学的深入发展提供理论依据。国家对中外合作办学一直持鼓励引导和支持的态度,其介于境内高等教育与境外高等教育之间,能够较好地降低境外高等教育潜在风险,同时通过借鉴海外高校的先进经验提升我国高校的教育质量,具有较大的研究价值。

参考文献

一、中文参考文献

(一)著作类

[1] 白莉民.出国留学与预想不到的问题[M].上海:华东师范大学出版社,2008.

[2] 陈曙红.中国中间阶层教育与成就动机[M].北京:中国大百科全书出版社,2007.

[3] 陈学飞,等.留学教育的成本与收益:我国改革开放以来公派留学效益研究[M].北京:教育科学出版社,2003.

[4] 崔爱林."二战"后澳大利亚高等教育政策研究[M].保定:河北大学出版社,2011:145.

[5] 翟学伟.面子,人情,关系网[M].郑州:河南人民出版社,1994.

[6] 丁笑炯.基于市场营销理论的留学生教育服务[M].北京:北京大学出版社,2012.

[7] 格里高利·曼昆.经济学原理:微观经济学分册[M].梁小民,梁砾,译.北京:北京大学出版社,2015.

[8] 加里·贝克尔.人力资本[M].梁小民,译.北京:北京大学出版社,1987.

[9] 江林.消费者心理与行为[M].北京:中国人民大学出版社,2015.

[10] 蒋凯.全球化时代的高等教育:市场的挑战[M].北京:北京

大学出版社,2013.

[11] 金耀基.从传统到现代[M].北京:中国人民大学出版社,1999.

[12] 靳希斌.国际教育服务贸易研究[M].福州:福建教育出版社,2005.

[13] 靳希斌.教育经济学:第4版[M].北京:人民教育出版社,2009.

[14] 李梅.高等教育国际市场——中国学生的全球流动[M].上海:上海教育出版社,2008.

[15] 梁漱溟.中国文化要义[M].上海:上海人民出版社,2011.

[16] 马永霞.个人高等教育投资论[M].哈尔滨:黑龙江人民出版社,2002.

[17] 刘精明.国家、社会阶层与教育[M].北京:中国人民大学出版社,2005.

[18] 卢泰宏,周懿瑾.消费者行为学:中国消费者透视[M].北京:中国人民大学出版社,2015.

[19] 苗绿,曲梅.国际学生来华留学与发展[M].北京:中国社会科学出版社,2022.

[20] 迈克尔·所罗门.消费者行为学:第8版[M].卢泰宏,杨晓燕,译.北京:中国人民大学出版社,2009.

[21] 戚业国.民间高等教育投资的跨学科研究[M].上海:复旦大学出版社,2001.

[22] 沙莲香.中国民族性[M].北京:中国人民大学出版社,2012.

[23] 时蓉华.现代社会心理学[M].上海:华东师范大学出版社,1988.

[24] 斯蒂格利茨.经济学(上)[M].梁小民,等,译.北京:中国人民大学出版社,1997.

[25] 孙隆基.中国文化的深层结构[M].南宁:广西师范大学出

版社,2015.

[26] 田玲.中国高等教育对外交流现象研究[M].北京:民族出版社,2003.

[27] 汪凤炎,郑红.中国文化心理学:增订本[M].广州:暨南大学出版社,2013.

[28] 王国贞.微观经济学[M].北京:清华大学出版社,2014.

[29] 王辉耀,苗绿.中国留学发展报告 No.1[M].北京:社会科学文献出版社,2012.

[30] 王辉耀,苗绿.中国留学发展报告 No.2[M].北京:社会科学文献出版社,2013.

[31] 王辉耀,苗绿.中国留学发展报告 No.3[M].北京:社会科学文献出版社,2014.

[32] 王辉耀,苗绿.中国留学发展报告 No.4[M].北京:社会科学文献出版社,2015.

[33] 王辉耀,苗绿.中国留学发展报告 No.5[M].北京:社会科学文献出版社,2016.

[34] 王辉耀,苗绿.中国留学发展报告 No.6[M].北京:社会科学文献出版社,2017.

[35] 王辉耀,苗绿.中国留学发展报告 No.7[M].北京:社会科学文献出版社,2021.

[36] 王宁.消费社会学:第2版[M].北京:社会科学文献出版社,2011.

[37] 王雪峰.高等教育资本运营[M].北京:知识产权出版社,2002.

[38] 西奥多·舒尔茨.人力资本投资——教育和研究的作用[M].蒋斌,张蘅,译.北京:商务印书馆,1990.

[39] 西奥多·舒尔茨.论人力资本投资[M].吴珠华,等,译.北京:北京经济学院出版社,1992.

[40] 西蒙·马金森.教育市场论[M].金楠,等,译.杭州:浙江大学出版社,2008.

[41] 许祥云,张凡永,等.高等教育投资:家庭的决策与选择行为[M].厦门:厦门大学出版社,2016.

[42] 约翰·克雷斯威尔.研究设计与写作指导:定性、定量与混合研究的路径[M].崔延强,译.重庆:重庆大学出版社,2007.

[43] 张旸.教育需要论[M].北京:教育科学出版社,2011.

[44] 周晓虹.现代社会心理学:多维视野中的社会行为研究[M].上海:上海人民出版社,1997.

(二)论文类

1. 学位论文

[1] 方守江.中国学生国际流动:驱动力及风险防范[D].上海:华东师范大学,2010.

[2] 郭秀晶.我国高等教育境外消费出口市场研究[D].天津:天津大学,2009.

[3] 刘文晓.高等教育个人选择中的信息问题研究[D].上海:华东师范大学,2016.

[4] 聂映玉.2001年以来中国学生自费赴加拿大留学教育研究[D].上海:华东师范大学,2009.

[5] 谭瑜.高校中外合作办学项目学生跨文化适应研究[D].北京:中央民族大学,2013.

[6] 陶美重.高等教育消费研究[D].武汉:华中师范大学,2007.

[7] 王琪.高中生自费出国留学投资决策研究[D].武汉:华中农业大学,2014.

[8] 吴剑锋.中国高中生赴美留学政策及留学取向研究[D].石家庄:河北师范大学,2010.

[9] 肖思汉.中国小留学生父母教育观念研究[D].上海:华东师范大学,2010.

[10] 占盛丽.高等教育私营化:中国大陆高中生对民办高等需求的研究[D].香港:香港中文大学,2004.

[11] 朱国辉.高校来华留学生跨文化适应问题研究[D].上海:华东师范大学,2011.

[12] 曾雅婷.广西个人自费出国留学的成本与收益分析[D].南宁:广西大学,2013.

2. 期刊论文

[1] 陈昌贵.1978—2006:我国出国留学政策的演变与未来走向[J].高教探索,2007(5):30-34.

[2] 陈宏军,江若尘.高等教育个人需求的系统分析与高等教育需求类型关系的诠释[J].清华大学教育研究,2006,27(2):31.

[3] 陈霓.改革开放以来我国自费出国留学政策分析[J].大学,2012(4):25-31.

[4] 董泽芳,赵玉莲.从布尔迪厄文化再生产理论看社会分层与高等教育公平[J].现代大学教育,2015(6):1-6.

[5] 杜屏,钟宇平.中国大陆高中生国际化高等教育的需求状况分析[J].教育与经济,2006(1):51-54.

[6] 郭鑫,和欣,彭富强.中国学生留学低龄化问题的教育反思[J].四川文理学院学报,2011(7):126-128.

[7] 韩飞舟.摆脱大学排行榜的指标陷阱[J].中国高教研究,2016(3):66-72.

[8] 郝英奇.大陆离香港有多远——香港中文大学访问有感[J].现代大学教育,2011(4):32-35.

[9] 洪柳.高等教育国际化背景下我国出国留学现状及分析[J].河北师范大学学报(教育科学版),2013,15(2):29-33.

[10] 纪宝成.我国高等教育大众化进程中的挑战与对策[J].高等教育研究,2006(7):1-10.

[11] 贾鹤,王永贵,刘佳媛,等.参照群体对消费决策影响研究述

评[J].外国经济与管理,2008,30(6):51-58.

[12] 姜海山,张沧海,吕志清,谢仁业,张秋萍.自费出国留学及低龄化发展趋势研究[J].教育发展研究,2000(2):35-40.

[13] 蒋凯.高等教育市场及其形成的基础[J].高等教育研究,2013(3):9-21.

[14] 靳希斌.国际教育服务贸易研究——规则解读与我国的承诺[J].北京师范大学学报(社会科学版),2004(1):14-19.

[15] 旷群,戚业国.赴澳"留学热"探源——基于推拉因素理论的分析[J].高教探索,2016(1):20-26.

[16] 黎凡.弃考留学:中国高等教育的尴尬[J].煤炭高等教育,2015(3):117-121.

[17] 李航敏,陈文敬.全球高等教育服务贸易发展态势及对我国的启示[J].国际贸易,2014(3):63-66.

[18] 李鸿泽.从教育消费性收益看当代留学动机[J].世界教育信息,2007(8):53-55.

[19] 李洁.跨境高等教育发展及质量保障制度建设——基于中外合作办学视角的探讨[J].集美大学学报(教育科学版),2017,18(5):35-40.

[20] 李文星,刘子瑞.美国的底线 八成留美被开除学生来自前200名校——《2016留美中国学生现状白皮书》发布[J].留学,2016(11):10.

[21] 李晓伟.自费留学的经济分析[J].科技与教育,2002(4):54.

[22] 李玉琼,程莹.学生使用大学排名进行择校的原因与行为研究——基于上海四所"985"高校毕业后出国留学的学生调查[J].清华大学教育研究,2015,36(1):88-95.

[23] 李煜.制度变迁与教育不平等的产生机制——中国城市子女的教育获得(1966—2003)[J].中国社会科学,2006(4):97-109.

[24] 李祖超,汪孟旋.我国高中生自费出国留学问题分析及对策

建议[J].江汉大学学报,2013(5):114-118.

[25] 廖小健.金融危机下的"美国留学热"及其发展趋势[J].当代中国史研究,2011(2):70-75.

[26] 刘红霞,房熹煦.新生代大学生出国留学动机研究——对北京高校中7名欲出国留学大学生的深度访谈分析[J].中国青年研究,2011(7):86-89.

[27] 刘俊学.高等教育产出的理性思考[J].中国高教研究,2003(2):34-37.

[28] 刘扬,孔繁盛,钟宇平.我国高中生自费出国留学意愿调查研究——基于7个城市的抽样调查数据[J].教育研究,2012(10):59-63.

[29] 刘扬,孔繁盛.海外留学高等教育专业选择问题研究[J].复旦教育论坛,2010(1):53-57.

[30] 刘永兵,赵杰.布迪厄文化资本理论——外语教育研究与理论建构的社会学视角[J].外语学刊,2011(4):121-125.

[31] 刘志民,高耀.家庭资本、社会分层与高等教育获得——基于江苏省的经验研究[J].高等教育研究,2011(12):18-27.

[32] 陆根书,田美,黎万红.大学生出国留学意愿的影响因素分析[J].复旦教育论坛,2014(5):36-44.

[33] 马金森,李梅.全球化背景下高等教育公私属性的思考[J].教育发展研究,2007,29(5):8-11.

[34] 毛勇.教育市场之探讨[J].高教探索,2008(3):21-26.

[35] 苗丹国,程希.1949—2009:中国留学政策的发展、现状与趋势(上)[J].徐州师范大学学报,2010(2):1-7.

[36] 苗丹国.我国自费出国留学政策的持续性发展与趋势研究[J].江苏师范大学学报,2013(6):1-12.

[37] 潘昆峰,蒋承.我国大学生留学选择的影响因素分析[J].中国高教研究,2015(3):15-20.

[38] 潘秀新.论社会分层与高等教育的相互关系[J].吉林省教育学院学报,2012(1):52-54.

[39] 皮芳辉,梁红,张凡永.高等教育投资:家庭偏好形成的原因及影响[J].高等农业教育,2013(3):15-18.

[40] 申培轩,陈世俊.论高等教育供需及其调节[J].济南大学学报(社会科学版),2005,15(3):77-80.

[41] 申跃,孟芊.大学吸引力的因素分析:基于留学选择的实证研究[J].清华大学教育研究,2005,26(1):76-81.

[42] 石邦宏.国际教育服务贸易的相关理论及其解释力[J].教育研究,2005(6):54-61.

[43] 孙凯,张劲英.中国研究型大学新生择校影响因素实证分析——以某"985工程"高校2009级新生为例[J].中国人民大学教育学刊,2013(2):59-71.

[44] 谈娟.论中国人"脸面"的社会功能——"脸"与"面子"的含义[J].社会心理科学,2002(4):3-4.

[45] 陶美重,强侠.个人高等教育消费的经济学分析[J].湖北社会科学,2006(5):156-160.

[46] 王德林.售后服务:高等教育质量保障的新理念[J].现代教育科学,2004(1):49-51.

[47] 王立生,林梦泉,李红艳,等.跨境教育及其质量保障的探究与实践[J].学位与研究生教育,2016(3):33-38.

[48] 文侃.民族自信心的重建与中国特色社会主义文化建设[J].萍乡高等专科学校学报,2009,26(1):14-18.

[49] 熊庆年,王修娥.高等教育国际贸易市场的形成与分割[J].教育发展研究,2001,21(9):44-49.

[50] 杨凤英,阎红叶.从社会分层透视高等教育的个人需求[J].内蒙古师范大学学报(教育科学版),2006,19(7):50-54.

[51] 姚锐.高中毕业生留学现象分析及政策建议[J].教学与管

理,2010(1):14-16.

[52] 宇红,王欢.解读布尔迪厄的社会资本理论[J].理论界,2004(3):97-98.

[53] 占盛丽,孔繁盛.中国高中生对留学海外高校质量信息的重视程度及其影响因素研究[J].复旦教育论坛,2010,18(5):45-51.

[54] 张娟.基于信息不对称理论的高等教育活动分析[J].黑龙江教育(高教研究与评估版),2008(1):12-14.

[55] 张民选,黄复生,闫温乐.大学的收益:留学生教育中的经济学意义[J].教育研究,2008(4):22-29.

[56] 张民选.跨境教育中的学生利益保护[J].教育发展研究,2006(4):26-33.

[57] 张彦玲,颜辉.深圳市中学生出国留学透视[J].教育科学研究,2001(2):38-40.

[58] 赵蒙成.WTO与我国的对外高教贸易[J].苏州大学学报(哲学社会科学版),2002(1):124-127.

[59] 郑美勋,代蕊华.我国学生出国留学动机的调查报告[J].世界教育信息,2006(6):30-33.

[60] 中国青少年研究中心课题组.我国低龄留学生发展状况研究报告[J].中国青年研究,2013(11):5-25.

[61] 钟宇平,陆根书.收费条件下学生选择高校影响因素分析[J].高等教育研究,1999(2):31-42.

[62] 周金燕,王青山,刘云波.中国高中生留学地选择意愿的经济学分析[J].教育学报,2013(12):82-90.

[63] 周满生.教育国际化背景下我国低龄留学原因及利弊探析[J].比较教育研究,2013(10):13-16.

[64] 周满生.基础教育国际化的若干思考[J].教育研究,2013(1):65-75.

[65] 周水源.世界高等教育境外消费出口的发展走向研究[J].中

国高等教育,2010,30(Z1):77-78.

[66] 朱家德.建设高教强国背景中出国留学政策的悖论[J].现代大学教育,2012(5):28-34.

[67] 朱适.经济全球化背景下高等教育产品的属性及供给[J].江苏高教,2010(4):95-96.

[68] 陶美重.高等教育消费市场发展趋势[J].大学教育科学,2008,3(3):90-93.

3. 论文集

[1] 陈霓.我国世纪之交自费出国留学政策分析[C]//改革开放与中国高等教育——2008年高等教育国际论坛论文汇编,2008:440-448.

[2] 王远伟.影响个人高等教育选择的因素分类与变迁研究[C].高等教育国际论坛,2004:262-269.

4. 报纸类

[1] 韩晓蓉.中国学生留学意向环境因素影响上升[N].东方早报,2014-01-26(5).

[2] 潘勤学."低龄化"留学热潮含隐患[N].中国改革报,2014-2-25(10).

[3] 姚敏.出国留学能否成为高考失利的最佳出路——专家提醒,出国留学宜早规划,切忌盲目跟风[N].中国消费者报,2011-06-24(A04).

[4] 姚卓文,韩文嘉.探因数千留学生何以被退学,出国留学不仅仅学好外语这么简单[N].中国特区报,2015-07-08(A09).

[5] 王峥.出国留学三思后行[N].天津日报,2005-06-16(A15).

(三) 网页类

[1] 凤凰网资讯.统计局回应居民恩格尔系数下降:我们仍是发展中国家[EB/OL].(2018-03-14)[2018-04-11].http://news.ifeng.com/a/20180314/56728620_0.shtml.

[2]付晓英.消费结构开始升级[EB/OL].三联生活周刊,(2016-08-29)[2018-03-19]. https://www. fx361. com/page/2016/0829/230257.shtml.

　　[3]教育部.2019年度留学人员情况统计[EB/OL].(2020-12-14)[2022-05-23].http://www. moe. gov. cn/jyb_xwfb/gzdt_gzdt/s5987/202012/t20201214_505447.html.

　　[4]教育部.我国建成世界最大规模高等教育体系 接受高等教育的人口达2.4亿[EB/OL].(2022-05-17)[2022-06-02].http://www.moe.gov.cn/fbh/live/2022/54453/mtbd/.

　　[5]留学杂志.惊人:名校生更易被退学 本科生成高危人群[EB/OL].(2018-2-15)[2016-6-20].http://edu. sina. com. cn/zl/oversea/2016-06-02/10043679.shtml.

　　[6]王嘉.出炉看看海归回国后薪酬多少?[EB/OL].(2017-06-10)[2018-04-10].http://mt.sohu.com/20170610/n496459537.shtml.

　　[7]新浪教育.2017中国家庭教育消费白皮书[EB/OL].(2017-12-20)[2018-04-09].http://edu.sina.com.cn/tujie/2017-12-20/doc-ifypvuqe2438219.shtml.

　　[8]新浪教育.教育支出占家庭支出20%,超61%的家长计划送孩子出国[EB/OL].(2018-01-19)[2018-04-11]. https://www.sohu.com/a/207831839_528969.

　　[9]中国社会科学.2017年中国海归就业创业调查报告[EB/OL].(2017-07-08)[2018-4-13].http://ex. cssn. cn/zx/zx_gjzh/zhnew/201708/t20170813_3608502.shtml.

　　[10]中国政府网.经济总量114.4万亿元,超世界人均GDP水平,2021年中国经济亮点![EB/OL].(2022-01-17)[2022-04-10].http://gov.cn/xinwen/2022-01-17/content_5668815.htm.

二、外文参考文献

[1] Altbach P. Comparative Higher Education: Knowledge, The University and Development[M]. Hong Kong: The University of Hong Kong, Comparative Education Research Center, 1998: 240.

[2] Bao Y. Marketing strategies for promoting Ulster Business School to China(Shanghai)[D]. Belfast: University of Ulster, 1997.

[3] Binsardi A, Ekwulugo F. International marketing of British education: research on the students' perception and the UK market penetration[J]. Marketing Intelligence & Planning, 2003, 21(5):318-327.

[4] Bloch P, Sherrel D, Ridgway N. Consumer search: an extended framework[J]. Journal of Consumer Research, 1986(13): 119-26.

[5] Bodycott P. Choosing a higher education study abroad destination: What mainland Chinese parents and students rate as important[J]. Journal of Research in International Education, 2009 (3):349-373.

[6] Bourdieu P. The Forms of Capital[C]//Richardson J G (ed.). Handbook of Theory and Research for the Sociology of Education. New York: Greenwood Press, 1986:243.

[7] Cantwell B, Luca S G, Lee J J. Exploring the orientations of international students in Mexico: Differences by region of origin [J]. Higher Education, 2009(57):335-354.

[8] Chen L H. Choosing Canadian graduate schools from afar: East-Asian students' perspectives [J]. Higher Education, 2007,

54(5):759-780.

[9] Chen L H. Internationalization or international marketing? Two frameworks for understanding international students' choice of Canadian Universities[J]. Journal of Marketing for Higher Education, 2008, 18(1):1-33.

[10] Choi S H J, Nieminen T A. Factors influencing the higher education of international students from Confucian East Asia [J]. Higher Education Research & Development, 2013, 32(2): 161-173.

[11] Cowen R, Kazamias A M. International Handbook of Comparative Education[M]. 2nd ed. Berlin: Springer Netherlands, 2009.

[12] Cubillo J M, Sanchez J, Cervino J. International students' decision-making process[J]. International Journal of Educational Management, 2006, 20(2):101-115.

[13] Eder J, Smith W W, Pitts E R. Exploring factors influencing student study abroad [J]. Destination Choice, Journal of Teaching in Travel & Tourism, 2010(10):3, 232-250.

[14] Edwards R, Edwards J. Internationalisation of education: a business perspective[J]. Australian Journal of Education, 2001, 51(1):104-117.

[15] Escalas E J, Bettman R J. You are what they eat: the influence of reference groups on consumers' connections to brands [J]. Journal of Consumer Psychology, 2003, 13(3):339-348.

[16] Falindah P S, Kamaruddin A R, Baharun R. International students' choice behavior for higher education at Malaysian Private Universities[J]. International Journal of Marketing Studies, 2010, 2(2):202-211.

[17] Gareth D. Chinese' students motivations for studying abroad[J]. International Journal of Private Higher Education, 2010 (2):16-21.

[18] Gordon C W. Subsidies, Hierarchy and peers: the awkward economics of higher education[J]. The Journal of Economic Perspectives, 1999(1):13.

[19] Gu Q, Schweisfurth M, Day C. Learning and growing in a "foreign" context: intercultural experiences of international students[J]. Compare: A Journal of Comaprative and International Education, 2010, 40(1):7-23.

[20] Hemsley-Brown J. "The best education in the world": reality, repetition or cliché? International students' reasons for choosing an English university[J]. Studies in Higher Education, 2011, 37(8):1005-1022.

[21] Hofstede G. Cultural Constraints in Management Theories[J]. The Executive, 1993, 7(1):81-94.

[22] Hossler D, Gallagher K S. Studying student college choice: a three-phase model and the implications for policymakers [J]. College and University, 1987, 62(3):207-221.

[23] Kardes F R, Wyer R S, Srull T K. Handbook of Social Cognition[M]. 2nd ed. Hillsdale: Lawrence Erlbaum Associates, Inc, 1994.

[24] Kell P, Vogl G. International students in the Asia Pacific: mobility, risks and global optimism[M]. Berlin: Springer Netherland, 2012.

[25] Kemp S, Madden G, Simpson M. Emerging Australian education markets: a discrete choice model of Taiwanese and Indonesian student intended study destination[J]. Education Economics,

1998,6(2):159-169.

[26] Knight J. Internationalization remodeled: definitions, rationales and approaches[J]. Journal for Studies in International Education, 2004(1):9.

[27] Kondakci Y. Student mobility reviewed: attraction and satisfaction of international students in Turkey[J]. High Education, 2011(62):573-592.

[28] Kun Y, Berliner D C. Chinese International students in the United States: demographic trends, motivations, acculturation features and adjustment challenges [J]. Asia Pacific Education Review, 2011(12):173-184.

[29] Lai L S L, To W M, Lung J W Y, et al. The perceived value of higher education: the voice of Chinese students [J]. Higher Education, 2012, 63(3):271-287.

[30] Lai L, Lung J W Y, et al. The perceived value of higher education: the voice of Chinese students [J]. Higher Education, 2012, 63(3):1-17.

[31] Lawley M, Perry C. Thai and Malaysian students' perceptions of overseas study destinations: an exploratory study [Z]. Unpublished management papers, University of Southern Queensland, 1997.

[32] Lee C F. An Investigation of Factors Determining the Study Abroad Destination Choice: A Case Study of Taiwan [J]. Journal of Studies in International Education, 2014, 18 (4): 362-381.

[33] Lee C, Choi K, Morrish S C. Cultural values and higher education choices: Chinese families [J]. Australasian Marketing Journal, 2012, 20(1):59-64.

[34] Lee E S. A theory of migration[J]. Demography, 1966(3):47-57.

[35] Li M, Bray M. Cross-border Flows of Students for Higher Education: Push-pull Factors and Motivations of Mainland Chinese Students in Hong Kong and Macau[J]. Higher Education, 2007(53):791-818.

[36] Luna D, Gupta S F. An integrative framework for cross-cultural consumer behavior[J]. International Marketing Review, 2001, 18(1):45-69.

[37] Lysgaard S. Adjustment in a foreign society: Norwegian Fulbright grantees visiting the United States.[J]. International Social Bulletin, 1955(7):45-51.

[38] McMahon M E. Higher Education in A world Market: An historical look at the global context of international study [J]. Higher Education, 1992, 24(4):465-482.

[39] Maringe F, Carter S. International students' motivations for studying in UK HE[J]. International Journal of Educational Management, 2007, 21(6):459-475.

[40] Maringe F. University and course choice: implications for positioning recruitment and marketing[J]. International Journal of Educational Management, 2006, 20(6):466-479.

[41] Mark H S, Paul D U, Michael B P, Ernest T P. Going-global: understanding the choice process of the intent to study abroad[J]. Research in Higher Education, 2009(50):119-143.

[42] Mazzarol T, Soutar G N. Push-pull Factors Influencing student destination choice[J]. International Journal of Education Management, 2002(2):82-90.

[43] Menon M E. Information search as an indication of rationality

in student choice of higher education[J]. Education Economics, 2004, 12(3):267-283.

[44] Niehaus E, Inkelas K K. Understanding stem majors' intent to study abroad[J]. College Student Affairs Journal, 2016, 34(1):70-84.

[45] Oberg K. Culture shock: adjustment to new cultural environments[J]. Curare, 1960, 7(2):177-182.

[46] OECD. Education at a Glance 2007: OECD Indicators [R]. Paris: OECD, 2007:304.

[47] Oliveira D B, Soares A M. Studying abroad: developing a model for the decision process of international students[J]. Journal of Higher Education Policy & Management, 2016, 38(2):126-139.

[48] Oliver H M, et al. Chinese cultural values: their dimensions and marketing implications[J]. European Journal of Marketing, 1988, 22(5):44-57.

[49] Park E. Analysis of Korean students' international mobility by 2-D model: driving force factor and directional factor [J]. Higher Education, 2009, 57(6):741-755.

[50] Rudd B, Djafarova E, Waring T. Chinese students' decision-making process: a case of a Business School in the UK [J]. The International Journal of Management Education, 2012 (10):129-138.

[51] Salisbury M H, Umbach P D, Pascarella P E T. Going global: understanding the choice process of the intent to study abroad[J]. Research in Higher Education, 2009(50):119-143.

[52] Salisbury M H, Pascarella P E T. To see the world or stay at home: applying an integrated student choice model to explore the gender gap in the intent to study abroad[J]. Research in

Higher Education, 2010, 51(7):615-640.

[53] Samuelson P A. The pure theory of public expenditure [J]. Review of Economics and Statistics, 1954, 36(4):387-389.

[54] Sánchez M C, Marianela F, Zhang M X. Motivations and the Intent to study abroad among U. S., French, and Chinese Students[J]. Journal of Teaching in International Business, 2006, 18(1):27-52.

[55] Schneider M. Information and choice in education privatization[C]//Henry M Levin(ed.). Privatizing Education: Can the Marketplace Deliver Choice, Efficiency, Equity, and Social Cohesion? Oxford: Westview Press, 2001.

[56] Shanka T, Quintal V, Taylor R. Factors influencing international students' choice of an education destination—A correspondence analysis[J]. Journal of Marketing for Higher Education, 2006, 15(2):31-46.

[57] Simões C, Soares M A. Applying to higher education: information sources and choice factors[J]. Studies in Higher Education, 2010, 35(4):371-389.

[58] Smart J C. Higher Education: Handbook of Theory and Research[M]. Berlin: Springer Netherlands, 2006:545-590.

[59] Wang Q, Mohammed A R, Kau A K. Chinese cultural values and gift-giving behavior[J]. Journal of Consumer Marketing, 2007, 24(4):214-228.

[60] Wu Q. Motivations and Decision-Making Processes of Mainland Chinese Students for Undertaking Master's Programs Abroad[J]. Journal of Studies in International Educational, 2014, 18(5):426-444.

[61] Yan K, Berliner C D. Chinese International Students in the

United States: Demographic Trends, Motivations, Acculturation Features and Adjustment Challenges[J]. Asia Pacific Education Review, 2011(12):173—184.

[62] Yang M. What attracts mainland Chinese students to Australian higher education[J]. Studies in Learning, 2007, 4(2): 1-12.

[63] Zwart J. Study abroad choices of Chinese students: factors, influences and motivations[J]. Quarterly Journal of Chinese Studies, 2013, 2(2):68-90.

图书在版编目(CIP)数据

我国普通高中学生境外高等教育升学需求研究 / 旷群著. — 上海：上海社会科学院出版社，2022
ISBN 978-7-5520-3998-6

Ⅰ.①我… Ⅱ.①旷… Ⅲ.①高等教育—留学教育—研究—中国 Ⅳ.①G648.9

中国版本图书馆CIP数据核字(2022)第207356号

我国普通高中学生境外高等教育升学需求研究

著　　者：旷　群
责任编辑：曹艾达
封面设计：周清华
出版发行：上海社会科学院出版社
　　　　　　上海顺昌路622号　邮编200025
　　　　　　电话总机 021-63315947　销售热线 021-53063735
　　　　　　http://www.sassp.cn　E-mail:sassp@sassp.cn
照　　排：南京理工出版信息技术有限公司
印　　刷：上海颛辉印刷厂有限公司
开　　本：890毫米×1240毫米　1/32
印　　张：10
插　　页：1
字　　数：271千
版　　次：2022年12月第1版　2022年12月第1次印刷

ISBN 978-7-5520-3998-6/G·1220　　　　　　定价：79.00元

版权所有　翻印必究